JN113382

まえがき

日商簿記2級とは、日本商工会議所が主催する簿記検定2級の略称です。本書は日商簿記2級受験者を合格へ導くバイブルとして開発しました。

検定試験を攻略するためには、まず、過去の出題内容を十分研究しその傾向をつかむこと、次に、その上で、出題傾向を踏まえた対策を講ずることが重要です。

本書はこうした趣旨に沿って過去問を分析し、試験に出る予想問題集として編集を行っておりますが、学習者が、さらに効率よく学習できるようにするための工夫を行っております。

代表的なポイントを紹介すると、以下のとおりです。

⑴ ネット試験体験プログラム、解答用紙抜き取り式など、本試験を想定した形式によることにより、本試験さながらの体験をしてもらうように配慮したこと

⑵ 基本書だけでは学習がむずかしい問題の解き方（解法）をくわしく紹介していること

以上のほかにも、「資格の大原」が培ってきたさまざまな工夫を施しております。

本書をフルに活用し、ひとりでも多くの方が合格の栄冠を勝ち取ることを制作スタッフ一同、心よりお祈り申し上げます。

資格の大原 簿記講座

特典のご案内 Challenge!!!!

「ネット試験体験プログラム」で本番の模擬体験！
本書の問題を一通り解いたら本番環境でいざチャレンジ!!

いきなり会場でいざ本番はやはり戸惑うものです。
一度でも体験しておけば安心して本番に挑めます。
余計な心配はなくなり、試験問題に集中できますよ！

まずは**「ネット試験体験プログラム」**をダウンロードしましょう！（Windows10・11対応）

> ! 対応OSは**Windows10・11**のみです（ARM版Windows除く）。ご利用の際には、お使いのパソコンOSを十分にご確認ください。

ダウンロードの流れ

(1) 次のURLへアクセスし、ダウンロードページへ
URL https://goukakuweb3.o-hara.ac.jp/Download/Boki

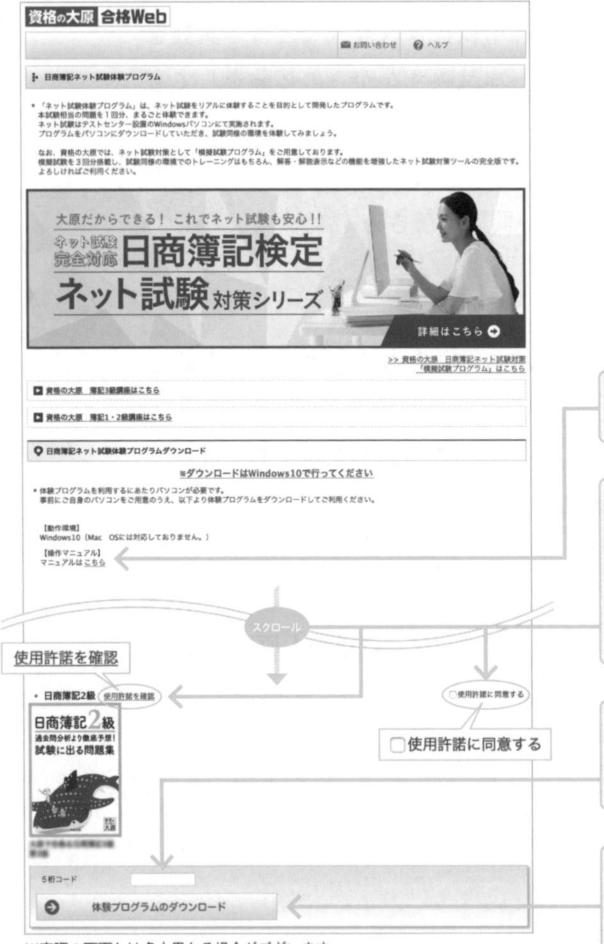

※実際の画面とは多少異なる場合がございます。

(2)**【操作マニュアル】**をチェック！

(3) 画面をスクロールすると本書の表紙画像が表示されていますので、まずは**「使用許諾を確認」**していただき、**「使用許諾に同意する」**にチェック。

(4) 次ページの**「5桁コード」の確認方法**を参照して入力。

(5)**「体験プログラムのダウンロード」**をクリックしてダウンロードしてください。

「5桁コード」の確認方法

5桁コードは、大原ブックストア（次のURL）の本書のページにてご確認ください。
URL https://www.o-harabook.jp/

※記載場所はイメージです。実際の画面とは多少異なる場合がございます。

「体験プログラムのダウンロード」から実行まで

【操作マニュアル】を確認しながら操作を行ってください。
下記が体験プログラムのスタート画面となります。
「開始」ボタンをクリックしていざ体験スタート！

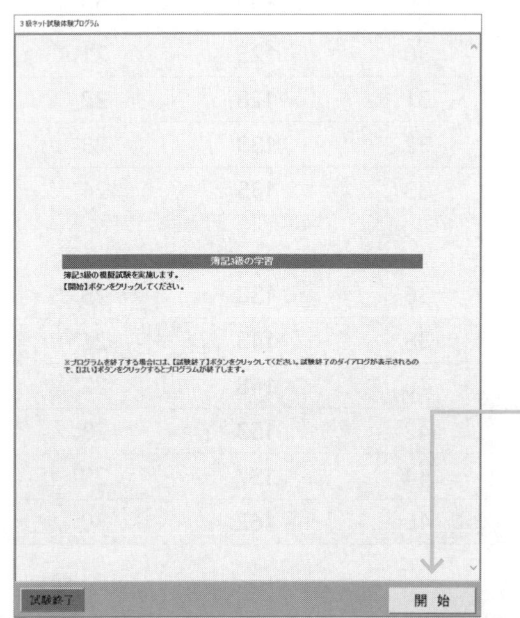

「開始」ボタンを押すと経過時間と問題が表示されスタートします！
※体験していただく問題は本書に掲載されている総合問題①です。

解答につきましては、本書に掲載されている総合問題①の解答解説ページをご確認ください。

（注）当サービス（体験プログラムのダウンロード）は、本書改訂発刊月の末日までとなります。

目次

問題編

第1問対策

問題番号
1-01 役務収益・役務原価・商品売買等

解答・解説 ▶ P88　解答用紙（別冊）▶ P4

次の各取引について仕訳しなさい。ただし、勘定科目は、設問ごとに最も適当と思われるものを選び、解答用紙の（　）の中に記号で解答すること。

1．役務収益

⑴　甲社は、資格取得のための受験学校を経営しており、翌週に開講する予定の講座（受講期間1年）の受講料金￥300,000を現金で受取った。

⑵　決算日を迎えた。上記講座について、全体の10%が完了している。

ア．現　　　金	イ．当座預金	ウ．前　払　金	エ．前　受　金
オ．仕　掛　品	カ．役務原価	キ．役務収益	ク．受取手数料

2．役務収益・役務原価

⑴　建築物の設計等を請負っている乙設計事務所は、建物の設計の注文を受け、当該案件の請負価額￥900,000の一部￥400,000が普通預金に振込まれた。

⑵　上記⑴で注文を受けた建物の設計を行い、当該設計に直接要した給料￥500,000、旅費交通費￥150,000、通信費￥50,000を仕掛品勘定へ振替えた。

⑶　上記⑴で注文を受けた建物の設計図が完成したため、これを注文主に引渡し、請負価額￥900,000の残額￥500,000が普通預金に振込まれた。役務収益の計上とともに、対応する役務原価を計上する。

ア．当座預金	イ．普通預金	ウ．前　払　金	エ．前　受　金
オ．仕　掛　品	カ．役務原価	キ．給　　　料	ク．旅費交通費
ケ．通　信　費	コ．役務収益		

3．販売のつど売上原価勘定に振替える方法

高知商店は、愛媛商店に原価￥100,000の商品を￥120,000で売上げ、代金は掛とした。なお、商品売買の記帳は、商品を仕入れたときに商品勘定に記入し、販売したときに売上原価をそのつど売上原価勘定に振替える方法による。

ア．現　　　金	イ．売　掛　金	ウ．買　掛　金	エ．繰越商品
オ．商　　　品	カ．仕　　　入	キ．売上原価	ク．売　　　上

4．消費税

決算にさいして、消費税の納付額を確定し計上する。なお、今年度の消費税仮払分は￥137,000、消費税仮受分は￥196,000である。また、消費税の会計処理は税抜方式によっている。

ア．現　　　金	イ．当座預金	ウ．仮払消費税	エ．仮受消費税
オ．未払消費税	カ．租税公課	キ．仕　　　入	ク．売　　　上

問題番号 **1-02**

現金預金

解答・解説▶P91　解答用紙（別冊）▶P5

次の各取引について仕訳しなさい。ただし、勘定科目は、設問ごとに最も適当と思われるものを選び、解答用紙の（　）の中に記号で解答すること。

1．通貨代用証券

⑴　当社が保有するA社社債の利札￥3,000の支払期限が到来した。
⑵　当社が保有するB社株式について、配当金領収証￥10,000が送付されてきた。

ア．現金	イ．当座預金	ウ．未収入金	エ．未払金
オ．支払利息	カ．受取利息	キ．有価証券利息	ク．受取配当金

2．銀行勘定調整表

水道橋株式会社（決算年1回3月31日）は、決算にさいして取引銀行に当座預金の残高を確認したところ、銀行側の残高証明書の金額は￥760,000であった。なお、当社の当座預金勘定残高は￥438,000であり、この不一致の原因を調査したところ、次の事実が判明したため、決算においてこれを修正する。また、仕訳が不要な場合には、借方科目欄に「仕訳不要」の記号のみ記入すること。

⑴　受取手形の支払期日到来にともなう当座振込み￥200,000があったが、銀行からの通知が未達であった。
⑵　3月31日に預入れた現金￥35,000が営業時間外であった。
⑶　仕入先神奈川商事株式会社に掛代金支払いのために振出した小切手￥72,000が、決算日現在、銀行へ未呈示であった。
⑷　車両運搬具購入にかかる未払金支払いのために小切手を振出していたが、￥100,000を￥185,000と誤記入していた。

ア．現金	イ．当座預金	ウ．受取手形	エ．売掛金
オ．車両運搬具	カ．買掛金	キ．未払金	ク．仕訳不要

3．相手先に未渡しの小切手

⑴　金庫に保管されていた小切手￥80,000について調査していたところ、以前、備品を購入したさいに振出し、当座預金の減少として処理していたが、その小切手が相手先に引渡されずに金庫に残っていたことが判明した。
⑵　仕入先から買掛金￥35,000について、支払われていない旨の連絡を受けた。そこで振出した小切手￥35,000について調査したところ、振出した時点で当座預金の減少として処理していたが、仕入先にいまだ渡していないことが判明した。

ア．現金	イ．当座預金	ウ．売掛金	エ．備品
オ．買掛金	カ．未払金	キ．仕入	ク．売上

問題番号

1-03 債権・債務等

解答・解説 ▶ P93　解答用紙（別冊）▶ P6

次の各取引について仕訳しなさい。ただし、勘定科目は、設問ごとに最も適当と思われるものを選び、解答用紙の（　）の中に記号で解答すること。

1．クレジット売掛金

広島商店は、売価¥3,000,000の商品をクレジット払いの条件で販売した。なお、信販会社へのクレジット手数料を差引いた手取額は¥2,970,000であった（クレジット手数料は商品販売時に認識）。商品売買の記帳は三分割法による。

ア. 現　　金	イ. 当座預金	ウ. 売　掛　金	エ. クレジット売掛金
オ. 仕　　入	カ. 支払手数料	キ. 売　　上	ク. 受取手数料

2．電子記録債権

埼玉商店は、神奈川商店に対する買掛金¥100,000の支払いのため、取引銀行を通じて電子記録債権¥100,000の譲渡記録を行った。

ア. 現金預金	イ. 売　掛　金	ウ. 電子記録債権	エ. 買　掛　金
オ. 電子記録債務	カ. 仕　　入	キ. 電子記録債権売却損	ク. 電子記録債権売却益

3．手形の更改（支払人）

福岡商店は、かねて商品購入時に振出していた約束手形¥250,000について、手形を所持している岡山商店に支払期日の延期を申し入れ、了承を得た。なお、満期日の延期に伴い発生した利息¥6,000は新手形の金額に加え振出した。

ア. 当座預金	イ. 受取手形	ウ. 売　掛　金	エ. 支払手形
オ. 買　掛　金	カ. 支払利息	キ. 手形売却損	ク. 受取利息

4．手形の不渡り

仙台商店は、掛代金の回収として受取った新潟商店振出し、盛岡商店裏書きの約束手形¥1,000,000について、満期日に取引銀行を通じて取立を依頼したところ、取立不能になったので、盛岡商店に対して手形代金の支払いを請求した。なお、この請求にあたって支払った償還請求の諸費用¥30,000を現金で支払った。

ア. 現　　金	イ. 当座預金	ウ. 受取手形	エ. 売　掛　金
オ. 不渡手形	カ. 支払手形	キ. 支払手数料	ク. 手形売却損

5．手形の不渡り

前期に不渡りとして処理していた手形額面¥400,000と償還請求に伴う諸費用¥14,000について、¥300,000を現金で回収したが、残額は回収困難と判断し貸倒れ処理する。なお、貸倒引当金の残高が¥50,000ある。

ア. 現　　金	イ. 受取手形	ウ. 不渡手形	エ. 貸倒引当金
オ. 支払手数料	カ. 貸倒損失	キ. 貸倒引当金繰入	ク. 償却債権取立益

問題番号 1-04

有価証券

解答・解説▶ P95　解答用紙（別冊）▶ P7

次の各取引について仕訳しなさい。ただし、勘定科目は、設問ごとに最も適当と思われるものを選び、解答用紙の（　）の中に記号で解答すること。

1．有価証券の売却（株式）

当社は、2回に分けて売買目的で取得した福島株式会社の株式のうち15,000株を@￥850で売却し、代金は小切手で受取り、ただちに当座預金とした。第1回目（20,000株、取得原価@￥720）は前期に取得したもので、前期末に@￥750に評価替えされている（切放法）。第2回目（10,000株、取得原価@￥810）は当期に取得したものである。なお、株式の払出単価の計算方法は、移動平均法によっている。

ア．現　　　金	イ．当 座 預 金	ウ．売買目的有価証券	エ．仮　払　金
オ．仮　受　金	カ．資　本　金	キ．有価証券売却損	ク．有価証券売却益

2．有価証券の購入（社債）

当社は、満期保有目的で九州産業株式会社が発行した社債（額面総額￥50,000,000）を額面￥100につき￥97の裸相場で×2年9月16日に買入れ、代金は売買手数料￥180,000および端数利息（日割計算）とともに小切手を振出して支払った。なお、この社債の利息は、年利率2.19%、利払日6月および12月末日の年2回、満期日は×5年12月31日である。また、当社の決算日は年1回3月31日である。

ア．現　　　金	イ．当 座 預 金	ウ．満期保有目的債券	エ．仮　払　金
オ．仮　受　金	カ．有価証券利息	キ．有価証券売却損	ク．有価証券売却益

3．有価証券の売却（社債）

売買目的で取得した札幌株式会社の社債を、×7年8月7日に@￥98.5で売却し、売却代金は端数利息（日割計算）とともに小切手で受取った。なお、この有価証券は、×7年5月15日に額面総額￥30,000,000（利率年2.92%、利払日3月および9月末日の年2回、償還期間5年）を額面￥100につき￥97.8で購入したもので、代金は売買手数料￥90,000と前回の利払日の翌日から購入日までの端数利息（日割計算）とともに小切手を振出して支払っている。

ア．現　　　金	イ．当 座 預 金	ウ．売買目的有価証券	エ．満期保有目的債券
オ．支払手数料	カ．有価証券利息	キ．有価証券売却損	ク．有価証券売却益

問題番号 1-05

固定資産1

解答・解説▶ P97　解答用紙（別冊）▶ P8

次の各取引について仕訳しなさい。ただし、勘定科目は、設問ごとに最も適当と思われるものを選び、解答用紙の（　）の中に記号で解答すること。

1．有形固定資産の割賦購入

当社（決算年1回：3月31日）は、x3年10月1日に事務所用のコピー機￥4,140,000を購入し、代金は毎月末に支払期限が到来する額面￥850,000の支払手形5枚を振出して支払った。

ア．現　　　金	イ．当座預金	ウ．受取手形	エ．備　　　品
オ．支払手形	カ．営業外支払手形	キ．未　払　金	ク．支払利息

2．減価償却

決算にあたり営業用自動車（取得原価￥3,000,000）の減価償却費を計上する。減価償却方法は生産高比例法、記帳方法は間接法によること。なお、当該営業用自動車の残存価額は取得原価の10%、総走行可能距離は150,000km、当期の走行距離は12,500kmであった。

ア．現　　　金	イ．当座預金	ウ．車両運搬具	エ．買　掛　金
オ．未　払　金	カ．減価償却累計額	キ．減価償却費	ク．損　　　益

3．圧縮記帳

(1)　20x1年1月1日、福岡商店は、備品の取得を助成するため国より交付された補助金￥240,000を現金で受取った。また、補助金￥240,000と自己資金￥560,000により、備品￥800,000を取得し、代金は今月末に支払うことにした。なお、この備品は、補助金に相当する額の圧縮記帳（直接控除方式）を行う。

(2)　20x1年12月31日、決算につき上記備品について定額法（残存価額ゼロ、耐用年数4年）による減価償却を行った。なお、決算は年1回であり、減価償却費の記帳方法は間接法による。

ア．現　　　金	イ．当座預金	ウ．備　　　品	エ．未　払　金
オ．減価償却累計額	カ．減価償却費	キ．固定資産圧縮損	ク．国庫補助金受贈益

4．有形固定資産の売却

x4年5月1日に取得した車両（購入代価：￥550,000、付随費用：￥50,000、残存価額：ゼロ、耐用年数：5年、記帳方法：間接法、償却方法：定額法、決算日：3月31日）が不用になったので、x7年5月31日に￥145,000で売却し、代金は小切手で受取った。また、当期首から売却時までの減価償却費は月割りで計算すること。

ア．現　　　金	イ．当座預金	ウ．車両運搬具	エ．支払手数料
オ．減価償却累計額	カ．減価償却費	キ．固定資産売却損	ク．固定資産売却益

5．有形固定資産の売却

所有している土地（購入代価：¥10,000,000）を大原株式会社に¥12,000,000で売却し、代金の一部¥5,000,000は小切手で受取り、残額は大原株式会社振出しの約束手形で受取った。

ア．現　　　金	イ．当 座 預 金	ウ．受 取 手 形	エ．営業外受取手形
オ．未 収 入 金	カ．土　　　地	キ．固定資産売却損	ク．固定資産売却益

問題番号 **1-06**

固定資産2

解答・解説 ▶ P100　解答用紙（別冊）▶ P9

次の各取引について仕訳しなさい。ただし、勘定科目は、設問ごとに最も適当と思われるものを選び、解答用紙の（　）の中に記号で解答すること。

1．有形固定資産の滅失

東京（株）は、火災により倉庫（取得原価￥10,000,000、焼失時の減価償却累計額￥7,000,000、記帳方法は間接法）を焼失したが、この倉庫には￥2,000,000の火災保険契約を結んでいたので、ただちに保険会社へ保険金の請求をした。

ア．現　　　　金	イ．未　収　入　金	ウ．建　　　　物	エ．減価償却累計額
オ．減　価　償　却　費	カ．火　災　損　失	キ．保　険　差　益	ク．未　決　算

2．未決算

前月に工場で火災が発生し、工場（取得原価￥10,000,000、減価償却累計額￥7,000,000）が火災によって焼失した。この工場について、火災保険契約￥5,000,000を結んでいた保険会社に対し、保険金の支払いを請求していたところ、本日、査定の結果、￥4,000,000の保険金を支払う旨の連絡を受けた。なお、火災発生日現在の簿価の全額を未決算勘定に振替えていた。

ア．現　　　　金	イ．未　収　入　金	ウ．建　　　　物	エ．減価償却累計額
オ．減　価　償　却　費	カ．火　災　損　失	キ．保　険　差　益	ク．未　決　算

3．リース取引（ファイナンス・リース取引：利子抜き法）

(1)　東京株式会社は20×1年4月1日に以下の条件によって名古屋リース株式会社と複合機のリース契約を結んだ。なお、このリース取引はファイナンス・リース取引であり、利子抜き法によること（決算年1回　3月31日）。

リース期間：5年間　　リース料：年額￥84,000（毎年3月末日に現金払い）
リース資産：見積現金購入価額　￥400,000

(2)　20×2年3月31日、東京株式会社は上記複合機について、1回目のリース料を現金で支払った。また、本日決算日であるため、耐用年数5年、残存価額ゼロとして定額法で減価償却を行う（記帳方法は間接法）。ただし、リース料に含まれている利息は、毎期均等額を費用として処理すること。

ア．現　　　　金	イ．備　　　　品	ウ．リ　ー　ス　資　産	エ．リ　ー　ス　債　務
オ．減価償却累計額	カ．減　価　償　却　費	キ．支払リース料	ク．支　払　利　息

4．リース取引（ファイナンス・リース取引：利子込み法）

大原リース株式会社と事務用機器5台をリース料月額￥50,000、リース期間5年の契約でリースし、本日、事務用機器が納入され、同時に第1回リース料を現金で支払った。なお、このリース取引はファイナンス・リース取引であり、利子込み法によること。

ア．現　　　　金	イ．備　　　　品	ウ．リ　ー　ス　資　産	エ．リ　ー　ス　債　務
オ．減価償却累計額	カ．減　価　償　却　費	キ．支払リース料	ク．支　払　利　息

5．ソフトウェア

A社に契約総額¥10,000,000の社内利用目的のソフトウェアの開発を依頼し、契約時には全額未払計上している。契約総額のうち¥7,000,000の支払いはすでに完了していたが、本日、A社より完成した旨の連絡を受け使用を開始したため、ソフトウェア勘定へ振替えるとともに、未払代金を普通預金より支払った。

ア. 当座預金	イ. 普通預金	ウ. 仕掛品	エ. ソフトウェア
オ. 未払金	カ. ソフトウェア仮勘定	キ. 役務原価	ク. 役務収益

問題番号 1-07

為替換算会計

解答・解説 ▶ P103 解答用紙（別冊）▶ P10

次の各取引について仕訳しなさい。ただし、勘定科目は、設問ごとに最も適当と思われるものを選び、解答用紙の（　）の中に記号で解答すること。

1．外貨建取引

仕訳が不要な場合には、借方科目欄に「仕訳不要」の記号のみ記入すること。

(1)　×2年3月1日にアメリカのB社に商品500ドルを輸出し代金は掛とした。同日の為替相場は1ドル￥110であり、掛代金の決済日は×2年5月20日の予定である。なお、商品売買の記帳は、3分法によること。

(2)　×2年3月31日の決算日において必要な決算整理を行う。決算日の為替相場は1ドル￥113であった。

(3)　×2年5月20日に上記B社より売掛金500ドルの送金があり、取引銀行で円貨に両替し当座預金口座に入金した。なお、同日の為替相場は1ドル￥111であった。

ア．現金	イ．当座預金	ウ．売掛金	エ．買掛金
オ．仕入	カ．売上	キ．為替差損益	ク．仕訳不要

2．外貨建取引

仕訳が不要な場合には、借方科目欄に「仕訳不要」の記号のみ記入すること。

(1)　×3年3月10日にアメリカのX社に対し商品3,000ドルを発注し、輸入に先だって1,000ドルを現金で支払った。同日の為替相場は1ドル￥104である。なお、商品売買の記帳は、3分法によること。

(2)　×3年3月31日の決算日において必要な決算整理を行う。決算日の為替相場は1ドル￥103であった。

(3)　×3年4月10日に先のアメリカのX社に発注していた商品が納品され、手付金と相殺した残額は掛とした。同日の為替相場は1ドル￥107である。

ア．現金	イ．売掛金	ウ．前払金	エ．買掛金
オ．前受金	カ．仕入	キ．為替差損益	ク．仕訳不要

3．為替予約（振当処理）

(1)　×3年2月1日にアメリカのC社より商品3,000ドルを掛で購入した。同日の為替相場は1ドル￥104であり、掛代金の決済日は×3年5月31日の予定である。なお、商品売買の記帳は、販売のつど売上原価勘定に振替える方法によること。

(2)　×3年3月1日に取引銀行との間で、×3年5月31日の買掛金支払いのために3,000ドルを1ドル￥108で購入する為替予約契約を締結した。なお、振当処理により行うが、×3年2月1日の為替相場による円換算額と為替予約による円換算額との差額はすべて当期の損益として処理する。また、×3年3月1日の為替相場は1ドル￥107であった。

(3)　×3年5月31日に為替予約契約にもとづき、上記C社に対する輸入代金3,000ドルの決済を当座預金で行った。なお、×3年5月31日の為替相場は1ドル￥110であった。

ア．現金	イ．当座預金	ウ．売掛金	エ．商品
オ．買掛金	カ．売上原価	キ．売上	ク．為替差損益

4．為替予約（振当処理）

×5年10月1日にアメリカのA社に商品800ドルを輸出し、代金は×5年11月30日に決済の予定である。なお、同日の為替相場は1ドル￥100であったが、×5年9月20日に×5年11月30日に500ドルを1ドル￥110で売却する為替予約を締結していたため、為替予約を締結している金額について振当処理を行う。

ア．現　　金	イ．当座預金	ウ．売　掛　金	エ．繰越商品
オ．買　掛　金	カ．仕　　入	キ．売　　上	ク．為替差損益

問題番号 **1-08**

引当金

解答・解説▶P106　解答用紙(別冊)▶P11

次の各取引について仕訳しなさい。ただし、勘定科目は、設問ごとに最も適当と思われるものを選び、解答用紙の（　）の中に記号で解答すること。

1．貸倒引当金

得意先反町商店に対して売掛金残高￥900,000があった。その反町商店が、本日、倒産しその全額が回収不能になった。売掛金残高のうち￥350,000は前期の売上に対応し、残額は当期の売上に対応する。なお、当期首現在の貸倒引当金残高は￥400,000であった。

ア．現金	イ．当座預金	ウ．売掛金	エ．貸倒引当金
オ．貸倒引当金繰入	カ．売上	キ．貸倒引当金戻入	ク．貸倒損失

2．商品保証引当金

大原株式会社は決算（×7年3月期）にさいし、商品保証引当金の決算整理前残高￥10,000を全額取崩し、当期の売上高￥30,000,000の1％を商品保証費用として洗替法にて引当金を設定する。

ア．現金	イ．繰越商品	ウ．商品保証引当金	エ．商品保証費
オ．商品保証引当金繰入	カ．仕入	キ．売上	ク．商品保証引当金戻入

3．商品保証引当金

前期に￥800,000で大分商事(株)に販売していた商品の一部について、本日、修理の申し出があったため商品交換による保証￥45,000を実行した。なお、当社は、前期末決算において￥55,000の商品保証引当金を計上していた。

ア．繰越商品	イ．商品保証引当金	ウ．修繕引当金	エ．商品保証費
オ．修繕費	カ．商品保証引当金繰入	キ．修繕引当金繰入	ク．仕入

4．修繕引当金

当社保有の商品保管用倉庫について修繕を実施し、小切手￥10,000,000を振出して支払った。なお、この修繕のうち￥7,500,000は資本的支出に該当し、残額は収益的支出に該当するものである。また、今回の修繕に備え前期末に修繕引当金￥2,000,000を設定している。

ア．現金	イ．当座預金	ウ．商品	エ．建物
オ．修繕引当金	カ．仕入	キ．修繕費	ク．修繕引当金繰入

5．退職給付引当金

当期首現在、従業員Aに対しての退職給付引当金残高は￥3,980,000あった。その従業員Aが退職したため、Aに対し退職金￥4,200,000を小切手を振出して支払った。退職給付引当金の不足分は当期の費用として計上すること。

ア．現金	イ．当座預金	ウ．退職給付引当金	エ．役員賞与引当金
オ．給料	カ．役員賞与	キ．退職給付費用	ク．役員賞与引当金繰入

問題番号
1-09 法人税等

解答・解説 ▶ P108　解答用紙（別冊）▶ P12

次の各取引について仕訳しなさい。ただし、勘定科目は、設問ごとに最も適当と思われるものを選び、解答用紙の（　）の中に記号で解答すること。

1．法人税、住民税及び事業税

決算にさいして、本年度の法人税、住民税及び事業税￥3,200,000が確定した。
なお、期中において￥1,500,000の法人税、住民税及び事業税の中間申告を行っている。

ア．現　　　金	イ．当 座 預 金	ウ．仮払法人税等	エ．未払法人税等
オ．繰延税金資産	カ．繰延税金負債	キ．法人税、住民税及び事業税	ク．法人税等調整額

2．課税所得の算定

決算にさいして、未払法人税等を計上した。なお、当期の法人税、住民税及び事業税の法定実効税率は30％であり、税引前当期純利益は￥1,000,000、減価償却費の損金不算入額は￥200,000であった。

ア．現　　　金	イ．当 座 預 金	ウ．仮払法人税等	エ．未払法人税等
オ．繰延税金資産	カ．繰延税金負債	キ．法人税、住民税及び事業税	ク．法人税等調整額

3．貸倒引当金繰入額（差異の発生および解消）

⑴　当社は、×3年度の決算において、売掛金期末残高に対して貸倒引当金を設定したが、￥150,000は税法上、損金算入が認められなかった。なお、法人税等の実効税率は30％として、税効果会計を適用する。

⑵　×3年度に損金不算入となっていた貸倒引当金繰入額について、該当する売掛金が貸倒れたことから、￥150,000を当期の損金に算入することが認められた。そこで、税効果会計に関する仕訳を行う。

ア．現　　　金	イ．当 座 預 金	ウ．貸 倒 引 当 金	エ．貸倒引当金繰入
オ．繰延税金資産	カ．繰延税金負債	キ．法人税、住民税及び事業税	ク．法人税等調整額

4．減価償却（差異の発生）

当社は、×4年度の決算において、建物の減価償却を行ったが、￥200,000は税法上、損金算入が認められなかった。なお、法人税等の実効税率は30％として、税効果会計を適用する。

ア．現　　　金	イ．当 座 預 金	ウ．減価償却累計額	エ．減 価 償 却 費
オ．繰延税金資産	カ．繰延税金負債	キ．法人税、住民税及び事業税	ク．法人税等調整額

5．その他有価証券の評価差額

(1)　当社は、x2年8月10日に、A社株式をその他有価証券として¥450,000で購入し小切手を振出した。

(2)　x3年3月31日、決算につきA社株式を時価評価する。決算日現在の時価は¥480,000であり、全部純資産直入法により処理する。なお、法人税等の実効税率は30%として、税効果会計を適用する。

(3)　x3年4月1日、前期末に計上した評価差額を振戻した。

ア．現　　　金	イ．当座預金	ウ．その他有価証券	エ．その他有価証券評価差額金
オ．繰延税金資産	カ．繰延税金負債	キ．法人税、住民税及び事業税	ク．法人税等調整額

問題番号
1-10 株式会社の純資産等1

解答・解説▶P110 解答用紙(別冊)▶P13

次の各取引について仕訳しなさい。ただし、勘定科目は、設問ごとに最も適当と思われるものを選び、解答用紙の（　）の中に記号で解答すること。

1．株式の発行

会社設立にあたり、株式1,000株を1株￥60,000で発行し、払込金は全額当座預金とした。また、発起人が立替払いしていた会社設立に伴う定款作成費用￥92,000、登記所に支払う登録免許税￥420,000、および手数料￥88,000を現金で支払って清算した。なお、会社法に定める最低限度額を資本金に計上する。

ア．現金	イ．当座預金	ウ．立替金	エ．仮払金
オ．資本金	カ．資本準備金	キ．創立費	ク．株式交付費

2．株式の発行

公開会社の設立にあたり、会社法が定める必要最低株式数を1株あたり￥10,000で発行し、その全額について引受けと払込みを受け、払込金は当座預金とした。なお、定款に定められた発行可能株式総数は100,000株であり、会社法が認める最低限度額を資本金として計上する。

ア．現金	イ．当座預金	ウ．売買目的有価証券	エ．その他有価証券
オ．創立費	カ．株式交付費	キ．資本金	ク．資本準備金

3．株式の発行

当社は、1株￥55,000で未発行株式のうち400株を増資のため発行し、払込金は全額当座預金とした。また、株式募集のための広告費￥90,000および新株発行に伴う諸費用￥60,000を現金で支払った。なお、会社法が認める最低額を資本金とした。

ア．現金	イ．当座預金	ウ．有価証券	エ．広告宣伝費
オ．創立費	カ．株式交付費	キ．資本金	ク．資本準備金

4．株式申込証拠金

大原株式会社は、増資により株式200株を1株当たり￥90,000で募集し、申込期日までに全額が申込まれ、全額を株式申込証拠金として受入れ、別段預金としていたが、本日、申込証拠金を資本金に振替え、同時に別段預金を当座預金に預け替えた。なお、資本金計上額は会社法規定の最低金額とする。

ア．当座預金	イ．別段預金	ウ．有価証券	エ．仮受金
オ．資本金	カ．資本準備金	キ．その他資本剰余金	ク．株式申込証拠金

問題番号
1-11 株式会社の純資産等2

解答・解説▶P112　解答用紙（別冊）▶P14

次の各取引について仕訳しなさい。ただし、勘定科目は、設問ごとに最も適当と思われるものを選び、解答用紙の（　）の中に記号で解答すること。

1．準備金から資本金への振替え

株主総会の決議により、資本準備金￥1,000,000を資本金に振替えた。

ア．現金	イ．当座預金	ウ．資本金	エ．資本準備金
オ．その他資本剰余金	カ．利益準備金	キ．繰越利益剰余金	ク．損益

2．準備金から剰余金への振替え

株主総会の決議により、資本準備金￥800,000を剰余金に振替えた。なお、減少する資本準備金はその他資本剰余金として処理する。

ア．現金	イ．当座預金	ウ．資本金	エ．資本準備金
オ．その他資本剰余金	カ．利益準備金	キ．繰越利益剰余金	ク．損益

3．剰余金の配当等

x5年6月25日に開催された株主総会において、繰越利益剰余金を財源とした剰余金の配当等が次のとおり決定した。なお、株主総会直前の資本金は￥15,000,000であり、資本準備金は￥2,400,000、利益準備金は￥1,200,000、新築積立金は￥1,500,000である。

配当金：￥2,000,000　利益準備金：会社法が規定する積立額　新築積立金：￥600,000

ア．現金預金	イ．資本金	ウ．資本準備金	エ．その他資本剰余金
オ．利益準備金	カ．新築積立金	キ．繰越利益剰余金	ク．未払配当金

4．剰余金の配当

x4年6月25日に開催された株主総会において、その他資本剰余金￥700,000と繰越利益剰余金￥800,000を財源とし配当金を支払うことが決定した。なお、同時に資本準備金￥70,000と利益準備金￥80,000を積立てた。

ア．現金	イ．未払配当金	ウ．資本金	エ．資本準備金
オ．その他資本剰余金	カ．利益準備金	キ．繰越利益剰余金	ク．受取配当金

5．企業結合（合併）

大原株式会社は、東京株式会社を吸収合併し、同社の株主に対して株式6,500株（1株あたりの時価は￥950であり、1株あたり￥550を資本金、1株あたり￥300を資本準備金、残額をその他資本剰余金とする）を交付した。なお、合併直前における東京株式会社の貸借対照表には、現金￥680,000、売掛金￥1,020,000、建物￥3,000,000、土地￥3,820,000、買掛金￥990,000、長期借入金￥1,750,000が計上されている。また、同日の土地の時価は￥3,850,000であり、土地以外の項目は帳簿価額と時価は一致している。会計処理はパーチェス法による。

ア．現　　　金	イ．売　掛　金	ウ．建　　　物	エ．土　　　地
オ．買　掛　金	カ．長期借入金	キ．資　本　金	ク．資本準備金
ケ．その他資本剰余金	コ．の　れ　ん		

問題番号
1-12 本支店会計

解答・解説 ▶ P114　解答用紙（別冊）▶ P15

次の各取引について仕訳しなさい。ただし、勘定科目は、設問ごとに最も適当と思われるものを選び、解答用紙の（　）の中に記号で解答すること。

1．本店集中計算制度

大原株式会社の千葉支店は、商品¥300,000を購入し代金のうち¥100,000については埼玉支店振出しの約束手形で支払い、残額は掛けとした。なお、当社は支店相互間の取引については本店集中計算制度を採用している。

ア．現金	イ．当座預金	ウ．売掛金	エ．買掛金
オ．仕入	カ．本店	キ．千葉支店	ク．埼玉支店

2．本店集中計算制度

東京本店は、京都支店が大阪支店に現金¥120,000を送付した旨の連絡を受けた。なお、当社は支店間の取引について本店集中計算制度を採用している。

ア．現金	イ．未収入金	ウ．仮払金	エ．未払金
オ．仮受金	カ．本店	キ．大阪支店	ク．京都支店

3．支店当期純利益

大原物産株式会社の本店は、本支店合併の純利益を計算するさいに、支店より支店純利益¥1,300,000の報告を受けた。解答にあたっては、支店純利益を総合損益に計上するために必要な本店の仕訳のみを示しなさい。

ア．現金	イ．諸資産	ウ．諸負債	エ．総合損益
オ．諸費用	カ．諸収益	キ．本店	ク．支店

4．支店当期純利益

大原商事株式会社の支店は、決算により支店純利益¥500,000を算定している。解答にあたっては、支店純利益を計上するために必要な支店の仕訳のみを示しなさい。

ア．諸資産	イ．諸負債	ウ．損益	エ．総合損益
オ．諸費用	カ．諸収益	キ．本店	ク．支店

問題編

第2問対策

問題番号

2-01 銀行勘定調整表1

解答・解説 ▶ P116　解答用紙（別冊）▶ P16

本日、決算（×6年3月31日）につき、取引銀行である大原銀行東西支店から取寄せた当座預金の残高証明書（￥960,000）と当社の当座預金勘定の残高（￥900,000）とを確認したところ以下の不一致が判明した。これにもとづき、各問いに答えなさい。

① 得意先に対する売掛金￥50,000が当座預金口座に振込まれていたが、通知が当社に未達であった。
② 3月31日に現金￥30,000を当座預金口座へ預入れたが、銀行の営業時間終了後であったため、銀行は翌日付の入金として処理していた。
③ 仕入先に対する買掛金の支払いとして小切手￥400,000を振出したが、￥440,000と誤記入していた。
④ 以前振出した約束手形￥70,000が期日に決済され当座預金口座から引落とされたが、通知が当社に未達であった。
⑤ 仕入先に対する買掛金の支払いとして小切手￥60,000を振出したが、未取付であった。
⑥ 備品￥1,100,000を購入したさいに、小切手を振出していたが、￥1,110,000と記帳していたことが判明した。

問１ 上記①から⑥につき、修正仕訳を示しなさい。ただし、勘定科目は、下記の中から最も適当と思われるものを選び、解答用紙の（　）の中に記号で解答すること。また、仕訳が不要な場合には、借方科目欄にのみ「ク」を記入すること。

ア. 当座預金	イ. 受取手形	ウ. 売掛金	エ. 備品
オ. 支払手形	カ. 買掛金	キ. 未払金	ク. 仕訳不要

問２ 銀行勘定調整表を⑴企業残高・銀行残高区分調整法、⑵企業残高基準法、⑶銀行残高基準法、のそれぞれの方法で作成しなさい。なお、摘要欄には上記より該当する項目を①から⑥の番号で記入すること。

問題番号 **2-02**

銀行勘定調整表2

解答・解説 ▶ P119　解答用紙（別冊）▶ P18

下記資料Ａ～資料Ｃを参照して、各問いに答えなさい（決算年1回9月30日）。なお、当社は当座預金出納帳を補助記入帳として利用している。

〔資料A〕9月中における当座預金出納帳

当座預金出納帳　（単位：円）

xx年		摘要	預入	引出	借/貸	残高
9	1	前月繰越	551,000		借	551,000
	24	受取手形の決済	75,000		借	1,666,000
	25	給料支払		53,000	〃	1,613,000
	26	買掛金支払		38,000	〃	1,575,000
	28	売掛金回収	46,000		〃	1,621,000
	29	備品購入代金支払		1,155,000	〃	466,000
	30	手許現金の預入	25,000		〃	491,000

〔資料B〕

取引銀行から取寄せた残高証明書における9月30日現在の当座預金残高は￥563,000であった。なお、当社の当座預金勘定残高との差異は下記１～４の理由によるものである。

1．9月26日に仕入先に振出した小切手￥38,000が決算日現在銀行に呈示されていなかった。

2．9月28日に得意先から他店振出小切手￥46,000を受入れ、当座預金の増加として処理していたが、決算日現在当該小切手は金庫に保管されたままであった。

3．9月29日に備品購入にかかる未払金支払いのために小切手を振出していたが、￥1,050,000を￥1,155,000と誤記入していた。

4．9月30日の手許現金の預入れ￥25,000が営業時間外であったため、銀行側での入金が未処理であった。

〔資料C〕

決算にあたり、金庫内を実地調査したところ、以下のものが入っていた。なお、現金勘定の決算整理前残高は¥118,570であった。また、決算日において現金過不足が発生した場合には、決算整理仕訳において雑損または雑益に振替える。

内　容	金 額	備　　考
通　　貨	¥ 118,300	9月30日の当座預金へ預入れた手許現金¥25,000は適正に処理されている。
他店振出小切手	¥ 46,000	上記〔資料A〕9月28日および〔資料B〕2参照。
甲社社債券	¥ 100,000	当期首に発行と同時に額面金額で取得、利払日年1回9月30日、利率年2%、当期分の利札が未処理である。
他店振出約束手形	¥ 50,000	満期日は未到来であり、期中において適正に処理されている。
乙社株式配当金領収証	¥ 5,000	期末現在未処理である。

問1　解答用紙の銀行残高基準法による銀行勘定調整表を作成しなさい。

問2　本問の〔資料B〕および〔資料C〕から必要となる決算整理仕訳を示しなさい。ただし、勘定科目は、下記の中から最も適当と思われるものを選び、解答用紙の（　）の中に記号で解答すること。

ア. 現金	イ. 当座預金	ウ. 受取手形	エ. 売掛金
オ. 未収入金	カ. 満期保有目的債券	キ. 支払手形	ク. 買掛金
ケ. 未払金	コ. 受取利息	サ. 受取配当金	シ. 雑益
ス. 有価証券利息	セ. 支払利息	ソ. 雑損	

問3　期末の貸借対照表に「現金預金」として表示される金額を答えなさい。また、その内訳明細を作成しなさい。

問題番号
2-03 有価証券1

解答・解説▶P121　解答用紙（別冊）▶P19

次の有価証券に関する一連の取引について、下記の問いに答えなさい（決算年1回3月31日）。なお、利息の計算は月割りによる。また、資料以外の有価証券に関する取引およびその他の取引は考えなくてよい。

1．×2年中の取引

(1)　6月1日

売買目的として額面総額￥10,000,000の社債を、額面￥100につき￥97.80で購入し、代金は購入日までの経過利息￥125,000を含めて後日支払うことにした。なお、この社債は、×2年1月1日に発行されたものであり、利払日は毎年6月および12月の各末日、利率年3%、償還日は×6年12月31日である。

(2)　6月30日

上記社債の利払日が到来し、利息は普通預金に振込まれた。

(3)　12月31日

上記社債の利払日が到来し、利息は普通預金に振込まれた。

2．×3年中の取引

(1)　1月31日

上記社債のうち額面総額￥5,000,000を、額面￥100につき￥97.50で売却し、代金は売却日までの経過利息￥12,500を含めて後日当座預金に振込まれることになった。

(2)　3月31日

決算において、上記社債の時価は額面￥100につき￥98.30であった。利息に関する処理を含め必要な決算整理仕訳とともに決算振替仕訳を行った。

(3)　4月1日

開始記入を行うとともに、前期の経過勘定項目に関する再振替仕訳を行った。

問1　解答用紙の売買目的有価証券勘定と有価証券利息勘定の記入を行いなさい。なお、評価差額は切放方式で処理し、各勘定は英米式決算法により締切ること。また、勘定科目等は、下記の中から最も適当と思われるものを選び、摘要欄の（　）の中に記号で解答すること。

ア．現金	イ．普通預金	ウ．売買目的有価証券	エ．未収入金
オ．未収有価証券利息	カ．未払金	キ．有価証券利息	ク．有価証券売却益
ケ．有価証券売却損	コ．有価証券評価損益	サ．損益	シ．諸口
ス．前期繰越	セ．次期繰越		

問2　当期（×2年度）の有価証券売却損益の金額を求めなさい。なお、有価証券売却損であれば「ア」、有価証券売却益であれば「イ」を解答用紙の（　　）に記号で解答すること。

問題番号

2-04 有価証券2

解答・解説 ▶ P123　解答用紙（別冊）▶ P20

次の資料にもとづいて、有価証券に関する下記の問いに答えなさい。なお、会計期間は4月1日から3月31日までの1年間である。

1．有価証券に関する取引内容

(1) x6年

① 7月1日　額面総額¥3,600,000の社債を額面¥100あたり¥97.5にて発行と同時に取得し、代金は後日支払うこととした。当該社債の償還期間は5年であり、売買目的で取得したものである。

(2) x7年

① 3月31日　決算につき上記社債を時価に評価替えし、必要な決算整理仕訳を行った。（切放方式）

② 6月30日　上記社債の3分の1を額面¥100あたり¥97.8にて売却し、代金は後日、当社の当座預金口座に振込まれることとなった。

2．売買目的有価証券勘定

売買目的有価証券

年	月	日	摘要	借方	年	月	日	摘要	貸方
x6	7	1	未払金	3,510,000	x7	3	31	次期繰越	3,528,000
x7	3	31	有価証券評価損益	18,000					
				3,528,000					3,528,000
x7	4	1	前期繰越	3,528,000	x7	6	30	諸口	1,176,000

問1　x7年6月30日の取引から生じる有価証券売却損益はいくらか。

問2　仮に、売買目的有価証券の評価差額を洗替方式で処理していた場合、x7年6月30日の取引から生じる有価証券売却損益はいくらか。

問3　仮に、x6年7月1日に購入した社債を満期まで保有する目的で取得した場合の満期保有目的債券勘定を完成しなさい。この場合、額面金額と取得価額との差額は金利の調整と認められ、償却原価法（定額法）を適用し、月割計算を行うものとする。なお、表面利息は考慮外とする。

また、英米式決算法により締切ることとし、勘定科目等は、下記の中から最も適当と思われるものを選び、摘要欄の（　）の中に記号で解答すること。

ア．現金	イ．未収入金	ウ．満期保有目的債券	エ．未払金
オ．有価証券利息	カ．前期繰越	キ．次期繰越	ク．諸口

問題番号
2-05 固定資産1

解答・解説 ▶ P125　解答用紙（別冊）▶ P21

次の大原株式会社の固定資産に関する資料にもとづき、解答用紙の各勘定に、当期に必要な記入を行いなさい。会計期間は1年（決算日3月31日）であり、期中の売却等による減価償却費の配分は月割計算とする。なお、締切り（英米式決算法）も行うこと。また、勘定科目等は、下記の中から最も適当と思われるものを選び、摘要欄の（　）の中に記号で解答すること。

ア. 現　　　　金	イ. 当　座　預　金	ウ. 営業外受取手形	エ. 建　　　　物
オ. 備　　　　品	カ. 営業外支払手形	キ. 備品減価償却累計額	ク. 減　価　償　却　費
ケ. 固定資産除却損	コ. 損　　　　益	サ. 次　期　繰　越	シ. 諸　　　　口

［資　料］

1．建物に関する事項

(1)　建物A

建物A（取得原価¥1,500,000、耐用年数30年、残存価額ゼロ）は、当期首より2年前の4月1日に小切手を振出して取得したものである。

なお、当期の9月30日に関東不動産へ¥1,350,000で売却し、代金のうち半額を小切手で受取り、残額は関東不動産振出しの約束手形（満期日11月30日）を受取った。また、満期日に無事決済され、回収額は当座預金とした。

(2)　建物B

建物B（取得原価¥1,200,000、耐用年数30年、残存価額は取得原価の10％）は、当期首より10年前の会計期間の10月1日に、小切手を振出して取得したものである。

2．備品に関する事項

(1)　備品甲

備品甲（取得原価¥500,000、耐用年数10年、改定償却率0.250、保証率0.06552）は、当期首より2年前の4月1日に小切手を振出して取得したものである。

(2)　備品乙

備品乙（取得原価¥400,000、耐用年数8年、改定償却率0.334、保証率0.07909）は、当期首より1年前の4月1日に小切手を振出して取得したものである。

なお、当期の12月31日に不用になったため除却した。また、処分価値は¥170,000であり、貯蔵品勘定で記帳する。

3．減価償却に関する事項

(1)　建物：減価償却方法は定額法、記帳方法は直接法である。

(2)　備品：減価償却方法は200％定率法、記帳方法は間接法である。なお、償却率は各自計算すること。

問題番号 **2-06**

固定資産2

解答・解説▶P128　解答用紙（別冊）▶P22

大原株式会社の前期末（x7年3月31日）の固定資産管理台帳の内容は、下記1のとおりであり、当期（x7年4月1日からx8年3月31日）の固定資産に関する取引および減価償却方法は、下記2・3のとおりである。

よって、解答用紙に示した、(1)当期の諸勘定（一部）に必要な記入（英米式決算法）を行い、(2)当期の固定資産（ソフトウェア）除却損の金額を求めなさい。なお、計算上生じる端数は、円未満を切捨てること。また、勘定科目等は、下記の中から最も適当と思われるものを選び、摘要欄の（　）の中に記号で解答すること。

ア．現　　　　金	イ．当 座 預 金	ウ．建　　　　物	エ．備　　　　品
オ．ソフトウェア	カ．未　払　金	キ．建物減価償却累計額	ク．備品減価償却累計額
ケ．減価償却費	コ．次 期 繰 越		

1．固定資産管理台帳（(　　)の数値は各自算定すること）

固定資産管理台帳　　x7年3月31日現在

取得年月日	内容	期末数量	耐用年数	取得原価	減価償却累計額	帳簿価額
建　物						
x1．4．1	事務所	1	30年	6,000,000	1,224,000	(　　　)
ソフトウェア						
x4．4．1	Aシステム	5	5年	1,600,000	――	(　　　)
x5．4．1	Bシステム	5	6年	2,500,000	――	(　　　)

2．当期（x7年4月1日からx8年3月31日）の取引

(1)　x7年4月1日に備品を5台（耐用年数4年）購入し、代金￥600,000は後日払いとした。

(2)　x7年10月1日に、建物（事務所）の改修工事を行い、工事代金￥1,000,000は、小切手を振出して支払った。なお、支払額のうち80%を資本的支出として建物勘定に追加計上し、耐用年数10年で減価償却を行う。

(3)　x7年10月1日に、Cシステムを5台（ソフトウェア：耐用年数4年）購入し、代金￥2,000,000は後日払いとした。なお、Cシステムの導入に伴い、Aシステムがすべて不要となったため、9月末の帳簿価額により期末に償却費の計上と除却に関する処理を行う。

3．減価償却の方法は以下のとおりである。なお、記帳方法は、有形固定資産は間接法、無形固定資産は直接法による。

建　　　　物：定額法、残存価額ゼロ、期中取得分は月割計算による。

備　　　　品：200%定率法、期中取得分は月割計算による。

ソフトウェア：定額法、期中取得分は月割計算による。

各耐用年数における償却率は、下表のとおりである（計算にあたっては、表の数値を使用すること）。

耐用年数	定 額 法	200%定率法
4年	0.250	0.500
5年	0.200	0.400
6年	0.167	0.333

耐用年数	定 額 法	200%定率法
8年	0.125	0.250
10年	0.100	0.200
30年	0.034	0.067

問題番号
2-07 株主資本等変動計算書

解答・解説▶P133　解答用紙(別冊)▶P23

次の［資料］にもとづいて、解答用紙に示した（　　）に適切な金額を記入して、株式会社小倉製鉄の×6年度（自×6年4月1日　至×7年3月31日）の株主資本等変動計算書を完成しなさい。なお、減少については、金額の前に△にて示し、金額が0の場合は0と記入すること。

［資料］

1．前期の決算時に作成した貸借対照表によると、純資産の部に記載された項目の金額は次のとおりであった。

資本金：¥8,500,000	資本準備金：¥ 500,000	その他資本剰余金：¥ 600,000
利益準備金：¥ 300,000	別途積立金：¥ 125,000	繰越利益剰余金：¥1,300,000

2．×6年6月27日に開催された株主総会において、剰余金の配当等が次のとおり決定した。
⑴　繰越利益剰余金¥800,000とその他資本剰余金¥200,000を財源とし、配当を行う旨の決議をした。
⑵　利益準備金¥80,000と資本準備金¥20,000を積立てた。
⑶　別途積立金を¥55,000積立てた。

3．×6年7月10日に、事業拡大の資金を確保するため増資を行った。1株につき@¥1,200で800株発行し、払込金は全額当座預金に預入れた。また、資本金は会社法で規定する最低額を計上することとした。

4．×7年1月15日に、株式会社大分製鉄を吸収合併し、合併の対価として株式900株を1株につき@¥1,300で発行した。吸収合併時の大分製鉄の諸資産の時価は¥2,000,000、諸負債の時価は¥900,000であり、資本金増加額は1株あたり@¥800とし、残額は資本準備金とした。

5．当期首にその他有価証券を¥100,000で取得している。決算につき全部純資産直入法により時価¥110,000に評価替えを行った。なお、税効果会計は考慮外とする。

6．×7年3月31日、決算を行った結果、当期純利益は¥600,000であった。

問題番号
2-08 連結精算表

解答・解説▶P135 解答用紙（別冊）▶P24

次の資料にもとづいて、連結第2年度（×2年4月1日から×3年3月31日）における連結精算表を作成しなさい。

[資料]

1．P社は、×1年3月31日に、S社株式（投資割合70％）を￥10,200で取得した。同日におけるS社の資本は、資本金￥8,000、資本剰余金￥2,000、利益剰余金￥3,800であった。
2．×2年3月31日におけるS社の利益剰余金は￥4,600であった。
3．×2年4月1日から×3年3月31日におけるS社の剰余金の配当（利益剰余金を財源）は￥400であった。
4．のれんは、支配獲得時の翌年から20年間の定額法により均等償却を行う。
5．×3年3月31日において、S社はP社に対して帳簿価額￥800の土地を￥900で売却している。
6．当期において、S社はP社に対して商品を￥2,000販売し、現金を受取っている。なお、前期以前に連結会社間で商品売買は行われていない。
7．×3年3月31日時点のP社の商品のうち￥400はS社から仕入れたものである。S社は売上総利益率15％で商品をP社へ販売している。

問題編

第3問対策

問題番号 **3-01**

決算整理後残高試算表

解答・解説 ▶ P138　解答用紙（別冊）▶ P25

以下の〔資料Ⅰ〕から〔資料Ⅲ〕によって、決算整理後残高試算表を作成しなさい。なお、会計期間は×6年4月1日から×7年3月31日である。

〔資料Ⅰ〕決算整理前残高試算表

決算整理前残高試算表
×7年3月31日
（単位：円）

借方	勘定科目	貸方
3,700,000	現金預金	
200,000	受取手形	
1,550,000	売掛金	
1,216,000	売買目的有価証券	
475,000	繰越商品	
1,000,000	貸付金	
1,920,000	建物	
640,000	備品	
6,500,000	土地	
620,000	その他有価証券	
	支払手形	150,000
	買掛金	420,000
	借入金	400,000
	貸倒引当金	6,000
	資本金	12,000,000
	資本準備金	2,000,000
	利益準備金	500,000
	別途積立金	300,000
	繰越利益剰余金	946,000
	売上	8,239,000
	受取利息	19,000
	受取配当金	20,000
5,900,000	仕入	
900,000	給料	
100,000	保険料	
270,000	消耗品費	
9,000	支払利息	
25,000,000		25,000,000

〔資料Ⅱ〕未処理事項等

1．配当金領収証￥30,000が未処理であった。

2．消耗品費のうち￥150,000は、研究開発にのみ使用するものであったことが判明したので、研究開発費勘定へ振替える。

〔資料Ⅲ〕決算修正事項等

1．商品の期末帳簿棚卸高は￥504,000であり、実地棚卸高（原価）は￥494,000であった。また、実地棚卸高（原価）のうち￥14,000の商品については正味売却価額が￥9,000であり、これ以外の商品に収益性の低下は生じていない。売上原価の計算は仕入勘定で行い、棚卸減耗損と商品評価損は独立の科目として処理すること。

2．有価証券の内訳は以下のとおりであり、決算にあたって評価替えを行う。なお、その他有価証券は全部純資産直入法によることとし、税効果会計は考慮外とする。

	帳簿価額	時　価	保有目的
A社株式	￥246,000	￥278,000	売　買
B社株式	￥537,000	￥582,000	売　買
C社株式	￥433,000	￥420,000	売　買
D社株式	￥350,000	￥380,000	特定不能
E社株式	￥270,000	￥225,000	特定不能

3．債権について、以下のように貸倒引当金の設定を差額補充法により行う。なお、期末勘定残高の貸倒引当金のうち、￥5,000は売上債権に対するものであり、￥1,000は貸付金に対するものである。

〈売上債権〉

甲社に対する売掛金￥100,000については、債権額から担保処分見込額￥40,000を控除した残額の50％の金額を貸倒引当金として設定する。

その他の売上債権に対しては、貸倒実績率2％として貸倒引当金を設定する。

〈営業外債権〉

貸付金に対しては、期末残高の2％の貸倒引当金を設定する。

4．建物および備品について以下の要領で減価償却を行う。なお、減価償却の記帳は直接法によっている。

建　物：定額法　残存価額は取得原価の10％　耐用年数30年
前期末までの経過年数12年

備　品：200％定率法　耐用年数10年　残存価額ゼロ
保証率0.06552　改定償却率0.250　前期末までの経過年数1年

5．支払利息は借入金の利息であり、当期未払分￥2,200を適正に処理する。

問題番号 3-02

損益計算書1

解答・解説 ▶ P143　解答用紙(別冊) ▶ P26

大原株式会社（決算年1回3月31日）における下記資料にもとづいて、損益計算書を完成しなさい。なお、法人税等調整額について、「法人税、住民税及び事業税」より減額する場合には金額の前に「△」を付すこと。

〔資料Ⅰ〕決算整理前残高試算表

決算整理前残高試算表
×3年3月31日　（単位：円）

借方	勘定科目	貸方
245,880	現金	
596,800	当座預金	
265,200	受取手形	
618,800	売掛金	
758,000	売買目的有価証券	
629,200	繰越商品	
61,000	仮払法人税等	
1,800,000	備品	
960,000	車両運搬具	
474,000	リース資産	
3,800,000	土地	
	支払手形	182,000
	買掛金	431,600
	リース債務	474,000
	貸倒引当金	5,200
	備品減価償却累計額	648,000
	車両運搬具減価償却累計額	216,000
	長期借入金	650,000
	退職給付引当金	208,000
	資本金	5,200,000
	資本準備金	480,000
	利益準備金	310,000
	繰越利益剰余金	529,160
	売上	10,273,600
	受取地代	181,600
	固定資産売却益	72,800
7,893,600	仕入	
1,096,480	給料	
173,350	保険料	
473,400	支払家賃	
16,250	支払利息	
19,861,960		19,861,960

〔資料Ⅱ〕未処理事項

1．取引銀行において、X社振出しの約束手形￥85,000を割引に付し、手取額￥84,580を当座預金に預入れていたが未処理であった。

2．リース資産は、下記条件にてY社とリース契約を締結したさいに計上したものである。

リース契約日	リース期間	年間リース料	リース料支払日	リース物件の現金購入価額
x2年4月1日	3年	￥170,000	毎年3月末日の後払い	￥474,000

利子抜き法により処理しているが、当期のリース料支払日におけるリース料の支払い（当座支払い）が未処理であった。なお、リース料総額に含まれる利息相当額は、定額法により月割計算で配分すること。

〔資料Ⅲ〕決算整理事項等

1．売上債権の期末残高に対して2%の貸倒れを見積もり、差額補充法により貸倒引当金を設定する。

2．売買目的有価証券について、当期末時価￥749,000に評価替えを行う。

3．期末商品棚卸高は下記のとおりである。なお、棚卸減耗損総額の10%にあたる金額は営業外費用とし、それ以外の棚卸減耗損および収益性の低下による評価損は売上原価の内訳項目とする。

帳簿棚卸数量	実地棚卸数量	帳簿価額	正味売却価額
780個	765個	@￥780	@￥772

4．固定資産の減価償却を下記要領にて行う。なお、すべての固定資産について記帳方法は間接法であり、残存価額はゼロである。

対象	減価償却方法	耐用年数	備　考
備品	200%定率法	10年	保証率：0.06552　改定償却率：0.250
車両運搬具	生産高比例法	—	総走行可能距離：120,000km 当期走行距離：11,000km
リース資産	定額法	リース期間	—

5．退職給付引当金について、￥41,500を繰入れる。

6．支払家賃は毎年10月1日に向こう1年分を支払っており、近年の支払額は毎期同額である。

7．当期の法人税、住民税及び事業税として￥151,200を計上する。なお、仮払法人税等は当期の中間納付に係るものである。また、当期の費用計上額のうち￥60,000は課税所得の計算上損金不算入となったため、将来減算一時差異として法定実効税率30%にて税効果会計を適用する。

問題番号 3-03

損益計算書2

解答・解説 ▶ P148　解答用紙（別冊）▶ P27

次の(A)～(C)にもとづいて損益計算書を完成しなさい。ただし、会計期間は×5年4月1日から×6年3月31日までの1年である。なお、(A)の？は各自推定すること。

(A) 決算整理前残高試算表

決算整理前残高試算表

×6年3月31日　(単位：円)

借方	勘定科目	貸方
110,000	現金預金	
29,000	現金過不足	
181,000	受取手形	
119,000	売掛金	
46,000	売買目的有価証券	
19,000	繰越商品	
50,000	備品	
2,000	のれん	
41,000	その他有価証券	
	買掛金	105,000
	修繕引当金	4,500
	貸倒引当金	1,500
	備品減価償却累計額	?
	資本金	?
	利益準備金	15,000
	繰越利益剰余金	2,500
	売上	546,000
	受取配当金	5,500
	受取手数料	16,000
	固定資産売却益	4,000
369,000	仕入	
?	給料	
5,000	通信費	
56,000	支払家賃	
?		?

(B) 未処理事項

1．現金過不足の原因は下記であることがわかった。なお、残額については、雑損または雑益で処理する。

(1) 受取手形￥69,000の回収を誤って、￥96,000と記帳。

(2) 通信費￥1,250の記帳漏れ。

2．当期発生の売掛金￥7,000が貸倒れたが未処理である。

(C) 決算整理事項等

1．受取手形および売掛金の期末残高に対して2%の貸倒れを見積もり、貸倒引当金を設定する（差額補充法）。

2．期末手許商品棚卸高は次のとおりであり、売上原価の計算は「仕入」勘定で行う。

帳簿棚卸高	200個	原　　価	@￥160
実地棚卸高	180個	正味売却価額	@￥150

なお、商品評価損は売上原価の内訳項目として処理する。

3．売買目的有価証券を評価替えする。なお、売買目的有価証券の内訳は以下のとおりである。帳簿価額、時価ともに1株あたりの金額を示している。

	株 数	帳簿価額	時 価
A社株式	100株	@￥100	@￥150
B社株式	50株	@￥120	@￥100
C社株式	200株	@￥150	@￥200

4．固定資産について次の要領で減価償却を行う。

備品：定率法　償却率　年20%

なお、備品を取得してから当期末まで3年経過している。

5．のれんは、取得してから当期末までに4年経過しており、償却期間5年の定額法により償却している。

6．その他有価証券を全部純資産直入法により評価替えする。なお、その他有価証券の内訳は以下のとおりである。帳簿価額、時価ともに1株あたりの金額を示している。

	株 数	帳簿価額	時 価
D社株式	150株	@￥140	@￥120
E社株式	250株	@￥ 80	@￥100

7．修繕引当金￥5,500を繰入れる。

8．税引前当期純利益の30%相当額を、法人税、住民税及び事業税として計上する。

問題番号 **3-04**

損益計算書3

解答・解説 ▶ P153　解答用紙（別冊）▶ P28

次に掲げる資料にもとづいて、解答用紙の損益計算書を完成しなさい。なお、会計期間は1月1日から12月31日の1年であり、法定実効税率は30％とする。また、損益計算書上、法人税等調整額を法人税、住民税及び事業税から減算する場合には、法人税等調整額の金額の前に「△」を付すこと。

〔資料Ⅰ〕

決算整理前残高試算表

xx年12月31日　（単位：円）

借方	勘定科目	貸方
1,842,600	現金預金	
749,400	受取手形	
1,201,000	売掛金	
130,000	繰越商品	
1,800,000	仮払金	
9,600,000	建物	
100,000	リース資産	
96,000	満期保有目的債券	
47,000	その他有価証券	
6,000	繰延税金資産	
	支払手形	245,000
	買掛金	455,000
	リース債務	80,000
	借入金	100,000
	貸倒引当金	7,000
	建物減価償却累計額	4,800,000
	資本金	8,000,000
	利益準備金	520,000
	繰越利益剰余金	795,400
	売上	3,600,000
	有価証券利息	1,000
	受取手数料	3,300
	為替差損益	300
	保険差益	800
2,200,000	仕入	
670,000	給料	
4,700	消耗品費	
160,000	支払地代	
1,100	支払利息	
18,607,800		18,607,800

〔資料Ⅱ〕決算修正事項および決算整理事項

1．売掛金期末残高のうち、外貨建売掛金（取引日の為替相場は1ドル＝¥100）が¥20,000ある。決算日の為替相場は1ドル＝¥98である。
2．受取手形および売掛金の期末残高に対して2%の貸倒れを見積もる。なお、貸倒引当金の設定は差額補充法によること。
3．期末商品棚卸高は、次のとおりである。売上原価の計算は「仕入」勘定で行うこと。
　帳簿棚卸高　¥157,000　　実地棚卸高（原価）　¥149,260
　帳簿棚卸高と実地棚卸高（原価）との差額は棚卸減耗損とし、実地棚卸高（原価）のうち商品評価損¥6,660が生じている。棚卸減耗損および商品評価損は、売上原価の内訳項目とする。
4．有価証券の内訳は次のとおりである。

	帳簿価額	時　価	保有目的
丙社社債	¥96,000	¥98,500	満期保有
丁社株式	¥47,000	¥49,000	特定不能

⑴　丙社社債は額面総額¥100,000、利率年1%、取得日から償還日までの期間5年、利払日は12月31日の年1回という条件で前期首に¥95,000で取得していた。なお、償却原価法（定額法）により評価する。
⑵　丁社株式は当期首に¥47,000で取得したものであり、時価により評価する（全部純資産直入法）。また、税効果会計を適用すること。
5．建物に対し減価償却を定額法によって行う。
　耐用年数：40年、残存価額：ゼロ
　当期首に¥1,800,000の改装工事を行ったが、当該代金は仮払金として処理されたままである。当該代金は資本的支出として処理し、耐用年数は20年、残存価額はゼロとする定額法により減価償却を行う。
6．リース資産に対し減価償却を定額法（耐用年数はリース期間、残存価額はゼロ）により計算し、間接法で記帳を行う。なお、リース契約（当期首契約、リース期間5年、中途解約不能）にしたがって、12月31日に年額¥20,000（5回均等額）を支払っており、利子込み法によっている。
7．次の項目について、税効果会計の処理を行う。

	前期末	当期末
貸倒引当金（損金不算入）	¥20,000	¥39,000

　なお、前期末の損金不算入額はすべて当期に損金へ算入することが認められた。
8．税引前当期純利益に、¥20,000（損金算入額）を減算し、¥39,000（損金不算入額）を加算して、課税所得を計算し、これに法定実効税率を乗じた額を、「法人税、住民税及び事業税」および「未払法人税等」として計上する。

問題番号 **3-05**

貸借対照表1

解答・解説 ▶ P157　解答用紙（別冊）▶ P29

次の(A)決算整理前残高試算表と(B)決算整理事項等にもとづいて、貸借対照表を完成しなさい。ただし、会計期間は×3年4月1日から×4年3月31日までの1年である。

(A) 決算整理前残高試算表

決算整理前残高試算表
×4年3月31日　（単位：円）

借方	勘定科目	貸方
8,290	現金預金	
1,200	受取手形	
1,800	売掛金	
7,700	売買目的有価証券	
1,500	繰越商品	
60,000	建物	
12,000	車両運搬具	
45,000	土地	
20,000	長期貸付金	
5,700	満期保有目的債券	
	支払手形	1,100
	買掛金	1,300
	短期借入金	10,000
	貸倒引当金	20
	建物減価償却累計額	19,650
	車両運搬具減価償却累計額	4,160
	資本金	90,000
	資本準備金	15,000
	利益準備金	3,000
	別途積立金	7,000
	繰越利益剰余金	2,890
	売上	45,000
	受取利息	400
	受取配当金	300
	有価証券利息	120
27,500	仕入	
5,150	給料	
240	保険料	
3,410	減価償却費	
250	支払利息	
200	固定資産売却損	
199,940		199,940

(B) 決算整理事項等

1．商品の期末棚卸は次のとおりである。なお、売上原価は「仕入」の行で計算し、棚卸減耗損は販売費及び一般管理費として、商品評価損は売上原価の内訳項目として表示する。

帳簿棚卸数量　200個　　原　　　　価　@¥10
実地棚卸数量　195個　　正味売却価額　@¥ 9

2．売上債権（受取手形および売掛金）の期末残高に対して2%の貸倒れを見積もる（差額補充法）。

3．固定資産について減価償却を次の要領で行う。

建　　　物：定額法　残存価額は取得原価の10%　耐用年数　30年
車両運搬具：定率法　償却率　年20%

なお、減価償却費については、固定資産の期首の残高を基礎として建物については¥150、車両運搬具については¥160を4月から2月までの11ヵ月間に毎月見積計上してきており、これらの金額は決算整理前残高試算表の減価償却費と減価償却累計額に含まれている。

4．売買目的有価証券を時価法により評価替えする。なお、売買目的有価証券の内訳は以下のとおりである。

	帳簿価額	時　価
A社株式	¥4,500	¥4,800
B社株式	¥3,200	¥3,000

5．満期保有目的債券は、当期首に期間5年の社債を発行と同時に取得したものであり、額面総額¥6,000との差額は利息として認められるため、償却原価法（定額法）を適用し月割計算により処理する。

6．保険料は毎年8月1日に向こう1年分を支払っている。なお、近年の保険料は毎期一定額である。

7．当期の法人税、住民税及び事業税として¥2,900を計上する。

問題番号 3-06 貸借対照表2

解答・解説▶P162　解答用紙（別冊）▶P30

次の〔資料Ⅰ〕から〔資料Ⅲ〕にもとづいて、貸借対照表を完成しなさい。なお、会計期間は×5年4月1日から×6年3月31日である。

〔資料Ⅰ〕決算整理前残高試算表

決算整理前残高試算表
×6年3月31日　（単位：円）

借方	勘定科目	貸方
1,182,000	現金預金	
664,000	受取手形	
536,000	売掛金	
158,000	仮払金	
255,000	繰越商品	
3,000,000	建物	
900,000	備品	
1,000,000	車両運搬具	
4,000,000	土地	
970,000	満期保有目的債券	
	支払手形	1,100,000
	買掛金	981,000
	仮受金	200,000
	貸倒引当金	21,100
	建物減価償却累計額	1,500,000
	備品減価償却累計額	324,000
	長期借入金	750,000
	退職給付引当金	340,000
	資本金	4,400,000
	資本準備金	800,000
	利益準備金	420,000
	繰越利益剰余金	383,000
	売上	9,700,000
	有価証券利息	10,000
6,900,000	仕入	
1,155,000	給料	
114,000	保険料	
65,100	支払利息	
30,000	株式交付費	
20,929,100		20,929,100

〔資料Ⅱ〕未処理事項等

1．仮払金の内訳は次のとおりである。

(1) 長期借入金の返済額￥58,000（うち利息分￥8,000）

(2) 建物建設工事の前渡金￥100,000

なお、この建物（契約価額￥500,000）は、x5年5月1日に完成し、引渡しを受けていたが未処理であった。未払額は翌期に支払う予定である。

2．仮受金は得意先からの売掛金の回収高￥200,000である。

3．給料のうち￥155,000は、従業員の退職に伴って支払った退職金であった。なお、当期中にこの従業員に対する退職給付費用は発生していない。

〔資料Ⅲ〕決算整理事項等

1．受取手形、売掛金の期末残高に対して、3％の貸倒引当金を差額補充法により計上する。

2．期末手許商品棚卸高は次のとおりであった。棚卸減耗損および商品評価損については、売上原価に算入すること。

	帳簿棚卸数量	実地棚卸数量	帳簿価額	正味売却価額
甲商品	125個	120個	@￥400	@￥300
乙商品	300個	290個	@￥250	@￥200
丙商品	200個	200個	@￥300	@￥200
丁商品	200個	190個	@￥500	@￥550

3．減価償却を以下のとおり行う。

建　　物：定額法　耐用年数30年　残存価額は取得原価の10％

なお、当期に完成・引渡しを受けた新築建物についても同条件で減価償却を行うこととし、減価償却費は月割計算による。

備　　品：定率法　償却率 年20％

車両運搬具：生産高比例法　残存価額ゼロ

見積総走行可能距離150,000km　当期走行距離12,000km

なお、車両運搬具は、当期5月1日に取得したものである。

4．満期保有目的債券は、x5年4月1日に東京株式会社が次の条件で発行した社債を額面@￥100について@￥97で買入れたものである。

発行日：x2年10月1日　発行価額：額面@￥100について@￥96

償還日：x7年9月30日　利率：年2％　利払日：年1回9月30日

取得価額と額面金額との差額は、償却原価法（定額法）を適用して月割計算により処理する。

5．退職給付引当金の当期末残高を￥350,000に設定する。

6．保険料は、x5年9月1日に向こう1年分を支払ったものである。

7．当期の法人税、住民税及び事業税として￥348,900計上する。

問題編

第4問対策

問題番号 4-01

仕訳問題：材料費会計

解答・解説 ▶ P168　解答用紙（別冊）▶ P31

下記の取引について仕訳しなさい。ただし、勘定科目は、設問ごとに最も適当と思われるものを選び、解答用紙の（　）の中に記号で解答すること。

1．材料の購入

製造用の部品2,500個（購入価額1,200円／個）および工場で使用する消耗工具器具備品（購入価額150,000円）を購入し、倉庫に搬入した。なお、代金は現金で支払った。

ア．現　　　　金	イ．材　　　　料	ウ．仕　掛　品
エ．製 造 間 接 費	オ．材 料 副 費	カ．材料副費差異

2．材料の購入

α材料375,000円（購入代価）を購入し、代金を現金で支払った。なお、購入原価は購入代価に材料副費の予定配賦額（購入代価の4%）を加算して計算する。

ア．現　　　　金	イ．材　　　　料	ウ．仕　掛　品
エ．製 造 間 接 費	オ．材 料 副 費	カ．材料副費差異

3．材料費の計上

素材2,000個を消費した。なお、月初の素材有高は250,000円（500個）、当月の素材購入高は1,040,000円（2,000個）であり、消費価格の計算は先入先出法による。

ア．現　　　　金	イ．材　　　　料	ウ．仕　掛　品
エ．製 造 間 接 費	オ．材 料 副 費	カ．材料副費差異

4．材料消費価格差異

直接材料の予定消費単価は1,500円／kgであり、材料消費価格差異を計上する。なお、直接材料の月初在庫量は450kg（実際購入単価1,520円／kg）、当月購入量は1,800kg（実際購入単価1,510円／kg）、月末在庫量は250kg（棚卸減耗損はなかった）であり、実際消費単価は先入先出法にもとづいて計算する。

ア．材　　　　料	イ．仕　掛　品	ウ．製 造 間 接 費
エ．製　　　　品	オ．材料副費差異	カ．材料消費価格差異

5．材料副費差異

材料副費の当月の予定配賦額は140,000円であり、当月の実際発生額は148,000円であったため、差額を材料副費差異勘定へ振り替える。

ア．現　　　　金	イ．材　　　　料	ウ．仕　掛　品
エ．製 造 間 接 費	オ．材 料 副 費	カ．材料副費差異

問題番号 **4-02**

仕訳問題：労務費会計

解答・解説 ▶ P169　解答用紙（別冊）▶ P31

下記の取引について仕訳しなさい。ただし、勘定科目は、設問ごとに最も適当と思われるものを選び、解答用紙の（　）の中に記号で解答すること。

1．労務費の計上

当月の直接工の賃金消費額（予定賃率は1時間あたり1,400円）を計上する。なお、当月の直接工の勤務時間は5,715時間、就業時間は5,080時間であって、作業時間報告書によると直接作業時間は4,200時間、間接作業時間は860時間であった。また、手待時間は20時間であった。

ア．現　　　金	イ．賃 金・給 料	ウ．仕　掛　品
エ．製造間接費	オ．預　り　金	カ．賃 率 差 異

2．労務費の計上

当月の間接工の賃金消費額を計上する。間接工の前月賃金未払高は500,000円、当月賃金支払高は1,600,000円、当月賃金未払高は450,000円であった。

ア．現　　　金	イ．賃 金・給 料	ウ．仕　掛　品
エ．製造間接費	オ．預　り　金	カ．賃 率 差 異

3．労務費の計上

当工場は6カ月に一度、従業員に賞与を支給しており、次回の賞与支給総額（見込み）は6,000,000円である。月割額を当月の労務費として計上する。

ア．現　　　金	イ．賃 金・給 料	ウ．仕　掛　品
エ．製造間接費	オ．未　払　金	カ．賞与引当金

4．賃率差異

当月の直接工の総就業時間は480時間であった。直接工の賃金消費額は予定賃率1,000円で計算しており、実際消費賃金との差額を計上する。当月の直接工の賃金支給総額は500,000円、前月末未払賃金は170,000円、当月末未払賃金は160,000円であった。

ア．現　　　金	イ．賃 金・給 料	ウ．仕　掛　品
エ．製造間接費	オ．預　り　金	カ．賃 率 差 異

5．賃率差異

直接工の予定消費賃率は1,200円／時間であり、賃率差異を計上する。なお、直接工の直接作業時間は合計で350時間、間接作業時間は合計で250時間であって、前月未払高210,000円、当月支払高700,000円、当月未払高216,000円であった。

ア．現　　　金	イ．賃 金・給 料	ウ．仕　掛　品
エ．製造間接費	オ．預　り　金	カ．賃 率 差 異

問題番号 4-03

仕訳問題：経費・製造間接費会計

解答・解説 ▶ P170　解答用紙（別冊）▶ P32

下記の取引について仕訳しなさい。ただし、勘定科目は、設問ごとに最も適当と思われるものを選び、解答用紙の（　）の中に記号で解答すること。

1．外注加工賃

当社では、購入した材料をA社に無償支給し、加工の一部を依頼している。加工品は納品されると、検査後、直ちに製造現場に引き渡している。本日A社に対して、加工賃220,000円を小切手を振り出して支払った。

ア．現　　金	イ．当座預金	ウ．材　　料
エ．仕 掛 品	オ．製造間接費	カ．製　　品

2．棚卸減耗損

月末の材料の帳簿棚卸高は1,120,000円、実地棚卸高は1,050,000円であった。帳簿棚卸高と実地棚卸高の差は、すべて正常なものであるとして適切に処理する。

ア．材　　料	イ．仕 掛 品	ウ．製　　品
エ．製造間接費	オ．材料消費価格差異	カ．売上原価

3．製造間接費の予定配賦

本年度の製造間接費予定配賦率算定のための年間予算額は6,984,000円であり、予定直接作業時間は5,820時間である。当工場では、直接作業時間を基準として製造間接費を予定配賦しており、当月の直接作業時間は480時間であった。

ア．材　　料	イ．仕 掛 品	ウ．製　　品
エ．製造間接費	オ．賃金・給料	カ．製造間接費差異

4．予算差異・操業度差異

当工場では、製造間接費について機械作業時間を基準に予定配賦を行っている。製造間接費の予算および当月の実績に関する資料は次のとおりであったとき、製造間接費予定配賦額と実際発生額の差額を、予算差異勘定および操業度差異勘定へ振替える仕訳を行いなさい。

年間製造間接費予算（公式法変動予算）		年間予定機械作業時間
変動費	固定費	
20,700,000円	27,900,000円	9,000時間

当月の製造間接費実際発生額	当月の実際機械作業時間
4,060,000円	746時間

ア．仕 掛 品	イ．製　　品	ウ．製造間接費
エ．予算差異	オ．操業度差異	カ．売上原価

問題番号

4-04 仕訳問題：標準原価計算

解答・解説 ▶ P172　解答用紙（別冊）▶ P32

下記の取引について仕訳しなさい。ただし、勘定科目は、設問ごとに最も適当と思われるものを選び、解答用紙の（　）の中に記号で解答すること。

1．完成品原価

当月の製品生産量は2,000個であり、完成品原価を計上する。なお、当工場では標準原価計算を採用しており、原価標準（製品1個あたりの標準原価）は、直接材料費400円、直接労務費300円、製造間接費350円である。

ア．材　　　　料	イ．賃 金・ 給 料	ウ．製 造 間 接 費
エ．仕　掛　品	オ．製　　　　品	カ．売 上 原 価

2．直接材料費の計上

当月の直接材料費を仕掛品勘定に集計した。なお、当工場ではシングル・プランによる標準原価計算を採用しており、当月の製品の生産量は1,950個（月初および月末に仕掛品は存在しない）、製品1個あたりの標準直接材料費は400円であって、当月の実際直接材料費は784,060円であった。

ア．材　　　　料	イ．仕　掛　品	ウ．製　　　　品
エ．製 造 間 接 費	オ．直接材料費差異	カ．売 上 原 価

3．直接材料費差異

当月の直接材料費差異を計上した（当月の直接材料費は仕掛品勘定に計上済み）。なお、当工場ではシングル・プランによる標準原価計算を採用しており、当月の製品の生産量は1,000個（月初および月末に仕掛品は存在しない）、製品1個あたりの標準直接材料費は5,000円であって、当月の実際直接材料費は5,050,000円であった。

ア．材　　　　料	イ．仕　掛　品	ウ．製　　　　品
エ．製 造 間 接 費	オ．直接材料費差異	カ．売 上 原 価

4．直接労務費の計上

当月の直接労務費を仕掛品勘定に集計した。なお、当工場ではシングル・プランによる標準原価計算を採用しており、当月の製品の生産量は1,000個、月初仕掛品は150個（加工進捗度80％）および月末仕掛品は100個（加工進捗度は50％）であって、製品1個あたりの標準直接労務費は1,200円である。また、当月の実際直接労務費は1,150,000円であった。

ア．賃 金・ 給 料	イ．仕　掛　品	ウ．製　　　　品
エ．製 造 間 接 費	オ．直接労務費差異	カ．売 上 原 価

5．製造間接費差異

当月の製造間接費差異を計上した（当月の製造間接費は仕掛品勘定に計上済み）。なお、当工場ではパーシャル・プランによる標準原価計算を採用しており、当月の製品の生産量は600個（月初および月末に仕掛品は存在しない）、製品1個あたりの標準製造間接費は12,000円であって、当月の製造間接費実際発生額は7,150,000円であった。

ア．材　　　　料	イ．仕　掛　品	ウ．製　　　　品
エ．製 造 間 接 費	オ．製造間接費差異	カ．売 上 原 価

問題番号
4-05 仕訳問題：工場会計の独立

解答・解説▶P173　解答用紙（別冊）▶P33

下記の取引について仕訳しなさい。ただし、勘定科目は、設問ごとに最も適当と思われるものを選び、解答用紙の（　）の中に記号で解答すること。

1．工場会計の独立

当社は本社会計から工場会計を独立させている。材料と製品の倉庫は工場にあるが、材料購入を含めて支払い関係は本社が行っている。本日、本社が掛で購入した材料2,300,000円が、工場の倉庫に納品された。なお、工場における仕訳を行うこと。

ア．現　金	イ．材　料	ウ．仕 掛 品
エ．製造間接費	オ．本　社	カ．工　場

2．工場会計の独立

当社は本社会計から工場会計を独立させている。材料と製品の倉庫は工場にあるが、材料購入を含めて支払い関係は本社が行っている。本日、直接工賃金2,400,000円および間接工賃金1,000,000円から預り金350,000円を差し引き、小切手を振り出して支払った。なお、本社における仕訳を行うこと。

ア．当座預金	イ．仕 掛 品	ウ．製造間接費
エ．預 り 金	オ．本　社	カ．工　場

3．工場会計の独立

当社は本社会計から工場会計を独立させている。工場において、当月の工場設備の減価償却費900,000円を計上した。なお、設備減価償却累計額勘定は工場元帳に設定されている。

ア．仕 掛 品	イ．製　品	ウ．製造間接費
エ．設備減価償却累計額	オ．本　社	カ．工　場

4．工場会計の独立

当社は本社会計から工場会計を独立させている。材料と製品の倉庫は工場にあるが、材料購入を含めて支払い関係は本社が行っている。本日、前月中に完成して工場の倉庫に保管中であった製品5,000,000円（製造原価）を、本社へ送付した。工場から本社への製品の振替価格は、製造原価を用いている。なお、工場における仕訳を行うこと。

ア．仕 掛 品	イ．製　品	ウ．売　上
エ．売上原価	オ．本　社	カ．工　場

問題番号 **4-06**

個別問題：部門別計算

解答・解説▶P174　解答用紙（別冊）▶P33

当工場は部門別計算を採用している。製造部門である切削部と組立部で部門別予定配賦率を計算し、機械作業時間を基準として製造間接費を予定配賦している。以下の資料にもとづき問に答えなさい。なお、補助部門費の製造部門への配賦は直接配賦法による。

[資料]

1．補助部門費配賦後の年間の製造部門別製造間接費予算額
　切削部：9,000,000円　　組立部：6,000,000円
2．年間の製造部門別予定機械作業時間（基準操業度）
　切削部：6,000時間　　組立部：4,800時間
3．当月の製造部門別実際機械作業時間（実際操業度）
　切削部：494時間　　組立部：396時間
4．当月の補助部門費実際配賦基準数値

	配賦基準	切削部	組立部	動力部	修繕部
動力部費	動力供給量	6,250kWh	5,000kWh	−	1,250kWh
修繕部費	修繕時間	25時間	20時間	5時間	−

問1　切削部の予定配賦率を計算しなさい。
問2　当月の実際部門別配賦表を作成しなさい。
問3　組立部における製造部門費配賦差異を予算差異と操業度差異に分析しなさい。なお、（　）内には、借方差異または貸方差異の記入をすること。

個別問題：財務諸表

解答・解説▶P176 解答用紙（別冊）▶P34

当工場は、実際個別原価計算を行っている。そこで、次に示した資料にもとづいて、3月の製造原価報告書と月次損益計算書を作成しなさい。

[資料]

1．製造指図書別のデータは次のとおりであった。

製造指図書	直接材料費	直接作業時間	備　考
No.　1	300,000円	110時間	2月製造開始・完成、3月販売
No.　2	570,000円	220時間	3月製造開始・完成・販売
No.　3	320,000円	120時間	3月製造開始・完成、3月末未販売
No.　4	270,000円	80時間	3月製造開始、3月末未完成

2．直接工の予定消費賃率は1時間あたり2,200円であった（前月も同様）。

3．製造間接費は直接作業時間を配賦基準として予定配賦を行っている。年間の製造間接費予算は21,600,000円、年間の正常直接作業時間は5,400時間であった。また、3月の製造間接費実際発生額は1,735,000円であった。

4．製造間接費の予定配賦から生じる差異以外に原価差異は発生していない。なお、配賦差異については当月の売上原価に賦課すること。

4-08 個別問題：単純総合原価計算

問題番号

解答・解説 ▶ P178　解答用紙（別冊）▶ P35

当社では製品Xを量産しており、単純総合原価計算を採用している。次の〔資料〕にもとづき、総合原価計算表を作成しなさい。

〔資料〕

1．生産データ

月初仕掛品	4,000kg	（30%）
当月投入	10,000kg	
合　計	14,000kg	
月末仕掛品	3,000kg	（40%）
正常減損	1,000kg	
完成品	10,000kg	

仕掛品の（　）内は加工進捗度を示す。また、材料は工程の始点で投入する。

2．原価データ

月初仕掛品原価	直接材料費	1,088,000円
	加工費	399,960円
当月製造費用	直接材料費	2,700,000円
	加工費	3,534,300円

3．月末仕掛品の評価方法は先入先出法によること。

4．正常減損は工程の終点で発生したため、正常減損費は完成品に負担させること。

個別問題：工程別総合原価計算

解答・解説▶P179　解答用紙（別冊）▶P35

当社は2つの工程で製品Yを連続生産しており、累加法による工程別総合原価計算を行っている。次の〔資料〕にもとづいて、工程別総合原価計算表を作成しなさい。なお、月末仕掛品原価の計算方法は平均法によること。

〔資料〕

1．生産データ

	第1工程		第2工程	
月初仕掛品	0kg		500kg	(50%)
当月投入	6,000kg		5,000kg	
合　計	6,000kg		5,500kg	
月末仕掛品	1,000kg	(50%)	1,000kg	(25%)
正常減損	0kg		500kg	
完成品	5,000kg		4,000kg	

2．原料は第1工程の始点で投入している。生産データの（　）内は加工費の進捗度である。

3．正常減損は第2工程の終点で発生したもので、正常減損費は最終完成品に負担させる。

問題番号
4-10 個別問題：組別総合原価計算

解答・解説 ▶ P181　解答用紙（別冊）▶ P35

当社は組製品AおよびBを製造しており、組別総合原価計算を採用している。直接材料費（工程の始点で投入）は各組製品に直課し、加工費は直接作業時間を基準として各組製品に予定配賦している。次の〔資料〕にもとづいて、組別総合原価計算表を作成しなさい。なお、月末仕掛品原価の計算方法は平均法によること。

〔資料〕

1．生産データ

	A製品		B製品	
月初仕掛品	200個	（50%）	160個	（25%）
当月投入	2,500個		2,000個	
合　計	2,700個		2,160個	
月末仕掛品	300個	（40%）	360個	（50%）
完成品	2,400個		1,800個	

仕掛品の（　）内は加工費の進捗度である。

2．原価データ

加工費予算額（年間）　48,000,000円
予定直接作業時間（年間）　120,000時間

3．当月の直接作業時間

A製品　5,940時間　　B製品　3,960時間

問題番号 4-11

個別問題：等級別総合原価計算

解答・解説 ▶ P182　解答用紙（別冊）▶ P36

当社では、同一工程において等級製品甲および乙を連続生産しており、等級別総合原価計算を採用している。等級別計算は、月間の完成品総合原価を、製品1個あたりの重量によって定めた等価係数に完成品数量を乗じた積数の比によって各等級製品に按分する方法による。なお、月末仕掛品原価の計算方法は先入先出法による。下記の〔資料〕にもとづいて、解答用紙に示す各金額を答えなさい。

〔資料〕

1．生産データ

月初仕掛品	1,200個	（50%）
当月投入	12,300個	
合　計	13,500個	
月末仕掛品	1,500個	（50%）
完　成　品	12,000個	

（注）材料は工程の始点で投入しており、仕掛品の（　）内は加工進捗度である。また、完成品12,000個の内訳は、等級製品甲が4,000個、等級製品乙が8,000個である。

2．原価データ

月初仕掛品原価

直接材料費	391,000円
加　工　費	257,000円

当月製造費用

直接材料費	4,059,000円
加　工　費	5,103,000円

3．製品1個あたりの重量

等級製品甲：500 g

等級製品乙：350 g

問 題 編

第5問対策

問題番号
5-01 標準原価計算1

解答・解説 ▶ P184　解答用紙（別冊）▶ P37

製品Xを製造・販売している当社では、標準原価計算を採用している。次の〔資料〕にもとづいて、各問いに答えなさい。

〔資料〕

1．直接材料費標準
　製品X1個あたりの標準消費量　5kg
　材料1kgあたりの標準価格　800円

2．直接労務費標準
　製品X1個あたりの標準直接作業時間　2時間
　直接工賃金1時間あたりの標準賃率　1,500円

3．製造間接費予算
　製造間接費は直接作業時間を基準に配賦している。
　製造間接費月間予算額　4,400,000円
　月間正常直接作業時間　2,000時間

4．製品Xの生産データ

月初仕掛品	200個	（70%）
当月投入	1,000個	
合　計	1,200個	
月末仕掛品	100個	（20%）
完成品	1,100個	

（注1）材料は工程の始点で投入している。
（注2）仕掛品の（　）内は加工進捗度を示す。

問1　製品Xの原価標準（1個あたりの標準原価）を計算しなさい。
問2　当月の完成品原価および月末仕掛品原価を計算しなさい。
問3　当月の材料の標準消費量を計算しなさい。
問4　当月の標準直接作業時間を計算しなさい。

標準原価計算2

解答・解説 ▶ P185　解答用紙（別冊）▶ P37

製品Aを製造・販売している当社では、標準原価計算を採用している。次の〔資料〕にもとづいて、各問いに答えなさい。

〔資料〕

1．標準原価カード（一部）

標準直接材料費	標準単価 200円／kg × 標準消費量 2kg	= 400円
標準直接労務費	標準賃率 600円／時間 × 標準直接作業時間 0.5時間	= 300円

2．生産データ

月初仕掛品	200個	（50%）
当月投入	1,950個	
合計	2,150個	
月末仕掛品	150個	（40%）
完成品	2,000個	

（注1）材料は工程の始点で投入している。
（注2）仕掛品の（　）内は加工進捗度を示す。

3．実際原価データ

実際直接材料費	実際単価 199円／kg × 実際消費量 3,940kg	= 784,060円
実際直接労務費	実際賃率 602円／時間 × 実際直接作業時間 985時間	= 592,970円

問1　直接材料費差異を計算しなさい。なお、不利差異または有利差異のいずれかを○で囲むこと（以下同様）。
問2　直接材料費差異を、価格差異と数量差異に分析しなさい。
問3　直接労務費差異を計算しなさい。
問4　直接労務費差異を、賃率差異と時間差異に分析しなさい。

問題番号
5-03 標準原価計算3

解答・解説 ▶ P186　解答用紙（別冊）▶ P38

当社では製品Bを製造・販売しており、パーシャル・プランによる標準原価計算を採用している。次の〔資料〕にもとづいて、各問いに答えなさい。

〔資料〕

1．製品B1個あたりの標準原価

直接材料費	20kg ×@ 500円＝	10,000円
直接労務費	8時間×@1,000円＝	8,000円
製造間接費	8時間×@1,500円＝	12,000円
合　計		30,000円

2．製造間接費予算

月次予算額：変動費3,360,000円、固定費3,840,000円

月間基準操業度：4,800直接作業時間

3．当月生産実績データ

月初仕掛量　100個（加工進捗度80％）

当月完成量　650個

月末仕掛量　50個（加工進捗度40％）

なお、材料は工程の始点で投入している。

4．当月実際原価データ

直接材料費　6,042,600円（実際消費量12,060kg）

直接労務費　4,788,558円（実際直接作業時間4,779時間）

製造間接費　7,148,000円

問1　原価要素別の総差異を計算しなさい。なお、借方差異または貸方差異のいずれかを○で囲むこと（問2も同様）。

問2　製造間接費差異を原因別に分析しなさい。なお、能率差異は標準配賦率で計算すること。

問題番号 5-04 標準原価計算4

解答・解説▶P188　解答用紙(別冊)▶P38

製品甲を製造・販売している当社の下記に示すデータにもとづいて、各問いに答えなさい。なお、当社では標準原価計算を採用している。また、棚卸資産の在庫はないものとする。

1．月間の製造・販売予算に関するデータ
(1) 計画製造・販売量　5,000個
(2) 製品甲の1個あたり予定販売価格　18,000円

2．原価標準（製造間接費）に関するデータ
(1) 製造間接費は機械作業時間を基準に配賦している。なお、製品甲1個あたりの標準機械作業時間は2時間である。
(2) 製造間接費予算は変動予算を採用しており、月間固定費が4,000,000円、変動費率が1機械作業時間あたり600円である。
(3) 月間の計画製造・販売量にもとづいて標準配賦率を算定している。

3．月間の製造・販売実績に関するデータ
(1) 実際製造・販売量　4,800個
(2) 製品甲の1個あたり実際販売価格　17,500円
(3) 製造間接費実際発生額　10,000,000円
(4) 実際機械作業時間　9,700時間

問1　月間の予算売上高および実際売上高を計算しなさい。
問2　売上高差異を計算し、販売価格差異と販売数量差異に分析しなさい。なお、有利差異または不利差異のいずれかを○で囲むこと（問3も同様）。
問3　製造間接費について、予算差異、能率差異（変動費と固定費から計算）、操業度差異を計算しなさい。

問題番号
5-05 CVP分析1

解答・解説▶P190　解答用紙（別冊）▶P39

次の資料にもとづいて、各問いに答えなさい。なお、仕掛品と製品の期首および期末棚卸高はない。

損益計算書

売上高	@2,000円×13,000個＝	26,000,000円
変動費	@1,100円×13,000個＝	14,300,000円
貢献利益		11,700,000円
固定費		4,500,000円
営業利益		7,200,000円

問1　製品1単位あたり貢献利益および貢献利益率を計算しなさい。
問2　損益分岐点の販売量および売上高を計算しなさい。
問3　希望営業利益8,640,000円を達成する販売量および売上高を計算しなさい。

解答・解説 ▶ P191　解答用紙（別冊）▶ P39

当社は製品Aを製造・販売している。当期に関する下記資料にもとづき、各問に答えなさい。

1．全部原価計算による損益計算書

全部原価計算方式の損益計算書　（単位：円）

売　上　高	6,800,000
売 上 原 価	4,540,000
売上総利益	2,260,000
販売費および一般管理費	1,860,000
営 業 利 益	400,000

※１　売上原価に含まれている固定費は800,000円である。
※２　販売費に含まれている固定費は200,000円である。
※３　一般管理費は300,000円であり、すべて固定費である。

2．製品Aの販売単価は2,000円／個であり、期中において同一であった。

3．固定費以外はすべて変動費である。また、仕掛品および製品の在庫は、期首・期末ともに存在しない。したがって、当期投入原価と売上原価は等しい。

問１　直接原価計算方式の損益計算書を作成しなさい。
問２　当期の損益分岐点の売上高はいくらか。
問３　次期に目標営業利益600,000円を達成するための必要売上高を計算しなさい。なお、販売単価、単位あたり変動費および固定費に関する条件は当期と同一であるものとする。

問題番号
5-07 直接原価計算1

解答・解説 ▶ P192　解答用紙（別冊）▶ P40

製品Aを製造販売する当社の下記資料に基づき、直接原価計算による損益計算書を作成しなさい。

1．生産・販売データ
　当期製品生産量：5,000個
　当期製品販売量：4,500個
　期末製品在庫量：　500個
　　※期首、期末の仕掛品および期首製品は存在しない。

2．加工費は実際生産量を基準に配賦している。変動加工費は　？　円であり、固定加工費は1,000,000円であった。

3．変動販売費は@150円であり、固定販売費および一般管理費は　？　円であった。

4．全部原価計算による損益計算書は下記のとおりである。

損益計算書　（単位：円）

売上高	4,500,000
売上原価	2,475,000
売上総利益	2,025,000
販売費および一般管理費	1,375,000
営業利益	650,000

問題番号 **5-08**

直接原価計算2

解答・解説 ▶ P193　解答用紙（別冊）▶ P40

大原工場は、従来まで外部報告用である全部原価計算方式の損益計算書を作成していた。しかし、この方法によると、販売量が一定であるのにもかかわらず、製造量を増やすだけで利益が増加する現象が生じる。この現象を不自然に感じたA原価計算課長は、直接原価計算方式の損益計算書を作成することにした。次の資料にもとづき、全部原価計算方式の損益計算書と直接原価計算方式の損益計算書を作成しなさい。

〔資料〕

製造間接費は生産量を配賦基準として実際配賦を行っている。

① 販売単価　@31,000円

② 製品単位あたり変動費
　製造原価　@16,800円　　販売費　@1,200円

③ 固定費
　製造原価　3,960,000円　　販売費・一般管理費　8,040,000円

④ 生産・販売数量等

期首製品在庫量	0個
当期製品生産量	1,100個
当期製品販売量	1,000個
期末製品在庫量	100個

※各期首、期末に仕掛品は存在しない。

直接原価計算2

大阪工場は、従来まで外部報告用である全部原価計算方式の損益計算書を作成していた。しかし、このやり方によると、販売量が一定であるのにもかかわらず、生産量を増やすだけで利益が増加する現象が生じる。この現象を不自然に感じたA原価計算担当者は、直接原価計算方式の損益計算書も作成することにした。次の資料にもとづき、全部原価計算方式の損益計算書と直接原価計算方式の損益計算書を作成しなさい。

【資料】

問 題 編

総合問題①

総合問題①

解答・解説 ▶ P196　解答用紙（別冊）▶ P41

第1問（20点）

次の各取引について仕訳しなさい。ただし、勘定科目は、設問ごとに最も適当と思われるものを選び、解答用紙の（　）の中に記号で解答すること。

1．当社は当期において、売買目的としてA社株式20,000株を@￥1,440、次いで10,000株を@￥1,620で購入している。本日、A社株式15,000株を@￥1,700で売却し、代金は翌月末に受取ることとした。なお、有価証券の払出価格の計算は平均法によること。

ア．現金	イ．当座預金	ウ．未収入金	エ．売買目的有価証券
オ．その他有価証券	カ．有価証券評価損益	キ．有価証券売却益	ク．有価証券売却損

2．大原株式会社は決算にあたり、商品保証引当金を洗替法にて設定する。前期に販売した商品に設定していた引当金の残高￥25,000を取り崩すとともに、当期の売上高￥30,000,000の1％を、商品の保証費用として見積もることとした。

ア．繰越商品	イ．商品保証引当金	ウ．売上	エ．商品保証引当金戻入
オ．仕入	カ．売上原価	キ．商品保証費	ク．商品保証引当金繰入

3．当社は社内利用目的のソフトウェアの開発をX社に依頼していた。当該ソフトウェアの契約総額￥24,000,000は契約時に全額未払計上しており、うち￥20,000,000の支払いは完了している。本日、X社にてソフトウェアの製作が完了し、同日より使用を開始したため、ソフトウェア勘定への振替えを行うとともに、未払額￥4,000,000を普通預金より支払った。

ア．現金	イ．当座預金	ウ．普通預金	エ．備品
オ．ソフトウェア	カ．ソフトウェア仮勘定	キ．未払金	ク．営業外支払手形

4．当社は本日、商品陳列棚5台（1台あたり￥225,000）を購入し、代金は毎月末に支払期限が到来する額面￥190,000の約束手形6枚を振出して支払った。

ア．当座預金	イ．商品	ウ．備品	エ．支払手形
オ．営業外支払手形	カ．未払金	キ．仕入	ク．支払利息

5．当社は支店独立会計制度を採用している。決算にさいし、本店は、支店が当期純利益￥640,000を計上した旨の連絡を受けた。なお、本店側の仕訳を答えること。

ア．資本金	イ．利益準備金	ウ．繰越利益剰余金	エ．売上
オ．売上原価	カ．損益	キ．本店	ク．支店

第2問（20点）

次の【資料】に基づいて、大原株式会社の×5年度（×5年4月1日から×6年3月31日）における株主資本等変動計算書（単位：千円）につき、（　　）に適切な金額を記入し完成しなさい。

金額が負の値の場合は、金額の前に「△」を付すこと。

【資料】

1．前期末貸借対照表における純資産の部の各科目残高は下記のとおりであった。

資本金	¥48,000,000
資本準備金	¥4,800,000
その他資本剰余金	¥1,280,000
利益準備金	¥3,200,000
別途積立金	¥600,000
繰越利益剰余金	¥4,520,000

2．×5年6月27日に定時株主総会を行い、剰余金の配当等を下記のとおり決定した。

(1)　発行済株式の総数　72,000株

(2)　上記(1)の株主への配当金は、次のとおりである。
　その他資本剰余金を財源として1株につき¥15
　繰越利益剰余金を財源として1株につき¥45

(3)　上記(2)の配当について、会社法が定める金額を準備金として積立てる。

(4)　剰余金の処分として、繰越利益剰余金より別途積立金¥160,000を積立てる。

3．×5年10月1日に増資を行い、株式5,000株を1株につき¥1,250で発行し、全額が当座預金口座に払込まれた。払込金のうち¥5,000,000は資本金とし、残額は資本準備金とする。

4．×6年2月1日に甲社を吸収合併し、時価総額にて同社の諸資産¥24,000,000および諸負債¥15,000,000を引継ぐとともに、対価として当社株式7,000株（1株当たり時価¥1,300）を発行した。新株発行に伴い、¥7,000,000は資本金とし、残額はその他資本剰余金とする。

5．×6年3月31日に決算を行い、当期純利益¥7,800,000を計上した。

第3問（20点）

次の資料にもとづいて、大原株式会社の損益計算書を完成しなさい。会計期間は×7年4月1日から×8年3月31日までの1年である。

〈資料Ⅰ〉決算整理前残高試算表

決算整理前残高試算表

×8年3月31日

（単位：円）

借方	勘定科目	貸方
323,200	現金預金	
2,640,000	売掛金	
700,000	繰越商品	
5,280,000	建物	
4,000,000	備品	
8,600,000	土地	
176,000	ソフトウェア	
432,960	満期保有目的債券	
	支払手形	3,600,000
	買掛金	1,783,000
	長期借入金	500,000
	退職給付引当金	257,000
	貸倒引当金	28,000
	建物減価償却累計額	1,760,000
	備品減価償却累計額	1,575,000
	資本金	8,500,000
	資本準備金	1,200,000
	利益準備金	500,000
	繰越利益剰余金	239,320
	売上	36,900,000
	有価証券利息	5,280
	為替差損益	2,400
27,800,000	仕入	
5,200,800	給料	
1,225,400	水道光熱費	
363,000	租税公課	
108,640	雑費	
56,850,000		56,850,000

〈資料Ⅱ〉未処理事項

1．当社は商品の売上計上につき検収基準を採用しており、3月に代金は掛として引き渡した商品¥50,000の検収が完了している旨の連絡があった。

〈資料Ⅲ〉決算整理事項

1．売掛金の期末残高に対して2%の貸倒引当金を差額補充法にて設定する。
2．期末商品帳簿棚卸高は¥800,000（上記〔資料Ⅱ〕1の売上に係る原価を控除後の額）であった。なお、棚卸減耗損¥50,000、商品評価損¥120,000が生じている。棚卸減耗損は販売費及び一般管理費とし、商品評価損は売上原価の内訳項目として処理する。
3．固定資産の減価償却については次のとおりである。
⑴　建　物：定額法　耐用年数30年　残存価額ゼロ
⑵　備　品：200%定率法　耐用年数8年　残存価額ゼロ
保証率0.07909　改訂償却率0.334
なお、備品のうち¥400,000は当期首に取得したものであり、税務上の耐用年数は10年である。会計上と税務上の差額について税効果会計を適用する（法定実効税率30%）。
また、法人税等調整額が貸方の場合は金額の前に△を付すこと。
⑶　ソフトウェア：定額法　利用可能見込期間5年
×4年4月1日に社内利用目的で取得したものである。
4．満期保有目的債券は、×6年4月1日に額面総額¥440,000（償還日×11年3月31日）を1口あたり¥98（額面¥100）で取得したものであり、償却原価法の定額法により評価する。
利率は年1.2%、利払日は3月末日および9月末日である。
5．買掛金には¥202,000の米国A社に対する買掛金2,000ドルが含まれている。
6．長期借入金は、×7年11月1日に利率年3%で借入れたものであり、借入期間3年とし、利息は年1回（10月末日）支払う契約である。当期に属する未払利息を月割計算で計上する。
7．当期末の退職給付引当金を¥287,000に設定する。
8．法人税、住民税及び事業税¥360,000を計上する。
9．決算日の為替相場は1ドルあたり¥100である。

第4問（28点）

(1) 下記の取引について仕訳しなさい。ただし、勘定科目は、設問ごとに最も適当と思われるものを選び、解答用紙の（　）の中に記号で解答すること。

1．当月の材料購入高は750,000円（購入代価）であり、購入代価の2％を材料副費として予定配賦している。当月の材料副費の実際発生額が18,000円であったとき、材料副費予定配賦額との差額を材料副費差異勘定へ振替える仕訳を行いなさい。

ア．現金	イ．材料	ウ．仕掛品
エ．製造間接費	オ．材料副費	カ．材料副費差異

2．直接工の当月の直接作業時間は700時間、間接作業時間は150時間であり、1時間あたり1,200円の予定消費賃率を採用している。また、間接工賃金については、前月末未払高が184,000円、当月支給総額が560,000円、当月末未払高が186,000円であった。当月の労務費計上の仕訳を行いなさい。

ア．現金	イ．預り金	ウ．賃金・給料
エ．仕掛品	オ．製造間接費	カ．賃率差異

3．当社は個別原価計算を採用している。製造指図書No.604（当月製造費用1,800,000円）およびNo.701（当月製造費用2,200,000円）が完成した。なお、No.604の着手日は前月であり、250,000円が月初仕掛品として繰り越されている。完成品原価を計上する仕訳を行いなさい。

ア．売掛金	イ．製造間接費	ウ．仕掛品
エ．製品	オ．売上	カ．損益

(2) 当工場における次の資料にもとづき、当月の製造原価報告書および損益計算書（売上総利益まで）を完成しなさい。なお、原価差異は当月の売上原価に加減すること。

〔資料〕

1．棚卸資産に関する資料

	月初有高	月末有高
素材	400,000円	500,000円
部品	230,000円	260,000円
燃料	120,000円	100,000円
仕掛品	250,000円	200,000円
製品	200,000円	180,000円

2．当月中の取引高等に関する資料

当月素材購入高	2,500,000円
部品当月購入高	860,000円
燃料当月購入高	500,000円
間接工賃金当月支給高	1,900,000円
間接工賃金月初未払高	380,000円
間接工賃金月末未払高	400,000円
水道光熱費	480,000円（測定額）
減価償却費	150,000円（月割額）

3．直接工に関する資料

直接工の労務費については1時間あたり1,000円の平均賃率にて計算している。当月の直接作業時間は1,800時間、間接作業時間は600時間であった。

4．製造間接費に関する資料

製造間接費は直接労務費の200％を予定配賦している。

第5問（12点）

当社では製品甲、製品乙、製品丙の3種の製品製造を行っており、パーシャル・プランによる標準原価計算を採用している。次の〔資料〕にもとづいて、各問いに答えなさい。

〔資料〕

1．材料の標準単価および標準消費量

	使用材料	標準単価	標準消費量
製　品　甲	材料A	500円/kg	10kg/個
製　品　乙	材料A	500円/kg	8kg/個
製　品　丙	材料B	800円/kg	15kg/個

2．標準直接作業時間および標準消費賃率

	標準直接作業時間
製　品　甲	2.0時間/個
製　品　乙	1.2時間/個
製　品　丙	3.0時間/個

なお、標準消費賃率は1,500円/時間である。

3．各製品の当月実際生産量

	実際生産量
製　品　甲	800個
製　品　乙	1,200個
製　品　丙	460個

4．当月の実績に関するデータ

	実際消費量	実際消費額
材　料　A	17,500kg	9,100,000円
材　料　B	7,000kg	5,460,000円

なお、当月の実際作業時間は4,450時間、実際直接労務費は6,764,000円であった。

問１　各製品1個あたりの標準直接材料費を計算しなさい。

問２　材料Aについて、消費価格差異および消費量差異を計算しなさい。なお、解答用紙の（　）の中には、下記の記号で解答すること。

ア.不　利　差　異　　イ.有　利　差　異

問３　直接労務費差異を計算しなさい。なお、解答用紙の（　）の中には、下記の記号で解答すること。

ア.不　利　差　異　　イ.有　利　差　異

問題編

総合問題②

総合問題②

解答・解説▶P209　解答用紙（別冊）▶P46

第1問（20点）

次の各取引について仕訳しなさい。ただし、勘定科目は、設問ごとに最も適当と思われるものを選び、解答用紙の（　）の中に記号で解答すること。

1．当社は、満期保有目的で他社が発行した額面総額¥3,000,000の社債を、額面¥100につき¥99の裸相場で×1年6月13日に買入れ、代金は直近の利払日の翌日から売買日当日までの期間にかかわる端数利息とともに小切手を振出して支払った。なお、この社債の利息は年利率0.365％、利払日は3月末と9月末であり、端数利息の支払額は1年を365日として日割計算する。

ア．現金	イ．当座預金	ウ．売買目的有価証券	エ．満期保有目的債券
オ．支払手数料	カ．有価証券利息	キ．有価証券売却益	ク．有価証券売却損

2．本日（×3年8月1日）、×3年7月1日の輸入取引によって生じた外貨建ての買掛金7,500ドル（決済日は×3年8月31日）について、1ドル¥110で7,500ドルを購入する為替予約を取引銀行と契約し、振当処理を行うこととした。為替予約による円換算額との差額はすべて当期の損益として処理する。なお、輸入取引が行われた×3年7月1日の為替相場（直物為替相場）は1ドル¥108であり、また、本日の為替相場（直物為替相場）は1ドル¥109である。

ア．現金	イ．普通預金	ウ．売掛金	エ．前払利息
オ．買掛金	カ．未払利息	キ．仕入	ク．為替差損益

3．×2年9月30日に、営業用の自動車¥5,000,000（取得日：×1年4月1日、耐用年数：10年、残存価額：ゼロ、償却方法：定額法、記帳方法：間接法）が盗難にあった。この自動車には保険会社と盗難保険契約¥3,000,000を結んでいたため、ただちに保険会社へ保険金の請求をした。（決算年1回　3月31日）

ア．現金	イ．当座預金	ウ．未収入金	エ．車両
オ．未決算	カ．車両減価償却累計額	キ．減価償却費	ク．盗難損失

4．以前に不渡手形として処理していた約束手形の額面金額¥1,000,000および償還費用¥25,000のうち、本日¥600,000を現金にて回収した。残額については回収不能と判断し、償却を行うこととした。なお、この債権に対して貸倒引当金が¥500,000設定されている。

ア．現金	イ．当座預金	ウ．受取手形	エ．不渡手形
オ．貸倒引当金	カ．貸倒引当金繰入	キ．受取手数料	ク．貸倒損失

5．当社は株主総会の決議を経て、その他資本剰余金¥4,000,000および繰越利益剰余金¥3,000,000を、それぞれ準備金に組入れることとした。

ア．当座預金	イ．別段預金	ウ．資本金	エ．資本準備金
オ．その他資本剰余金	カ．利益準備金	キ．繰越利益剰余金	ク．損益

第2問（20点）

次の資料にもとづいて、連結第2年度（×4年4月1日から×5年3月31日）の連結精算表（連結貸借対照表と連結損益計算書の部分）を作成しなさい。なお、修正・消去欄は採点の対象にならないため、記入する必要はない。

[資料]

1．P社は、×3年3月31日にS社の発行済株式総数の80％を80,000千円で取得し、支配を獲得したことで、S社を連結子会社とした。なお、×3年3月31日のS社の純資産の部の金額は、次のとおりであった。

資　本　金　50,000千円
資本剰余金　10,000千円
利益剰余金　25,000千円

なお、S社では、×3年3月31日以後に配当は行っていない。
また、のれんは、支配獲得の翌年度から20年にわたり毎期均等額を償却する。

2．連結第1年度（×3年4月1日から×4年3月31日）におけるS社の当期純利益は、5,000千円であった。

3．P社は、前期より商品の一部をS社へ販売している。P社の当期の売上高のうち78,000千円は、S社に対するものである。

4．S社が保有する×4年3月末および×5年3月末の商品には、P社より仕入れた6,500千円および7,800千円が含まれている。なお、P社はS社に対して前期および当期とも、原価に30％の利益を加算して販売している。

5．P社の連結第2年度末におけるS社向け売掛金の残高は9,000千円である。なお、S社に対する債権については、貸倒引当金を設定していない。

6．P社は、連結第2年度において、帳簿価額8,000千円の土地を10,000千円でS社に売却した。なお、売却代金については、連結第2年度末において、いまだ決済されていない。

第3問（20点）

下記の資料にもとづいて、当期（20×1年4月1日から20×2年3月31日まで）の損益計算書を完成させなさい。なお、金額が負の値のときは、金額の前に△を付して示すこと。

〔資料Ⅰ〕決算整理前残高試算表

決算整理前残高試算表

20×2年3月31日

（単位：円）

借方	勘定科目	貸方
2,000,000	現金預金	
1,228,000	受取手形	
3,060,000	売掛金	
2,400,000	売買目的有価証券	
1,500,000	繰越商品	
1,680,000	備品	
2,340,000	車両運搬具	
240,000	リース資産	
8,000,000	土地	
	支払手形	720,000
	買掛金	2,136,000
	リース債務	240,000
	長期借入金	900,000
	退職給付引当金	3,500,000
	貸倒引当金	23,000
	備品減価償却累計額	420,000
	車両減価償却累計額	468,000
	資本金	8,600,000
	利益準備金	1,137,000
	繰越利益剰余金	368,000
	売上	31,600,000
25,200,000	仕入	
1,556,000	給料	
177,000	保険料	
704,000	支払家賃	
27,000	支払利息	
50,112,000		50,112,000

〔資料Ⅱ〕未処理事項

1．受取手形のうち¥500,000を銀行で割引き、割引料¥5,000を差引かれた手取額が預金口座に振込まれていたが未処理である。
2．当期首より事務用機器を年間リース料¥88,000（リース物件の現金購入価額¥240,000、リース期間3年）のファイナンス・リース取引に該当する契約で導入しており、決算日にリース料の支払日を迎えたが未処理である。なお、利子抜き法により会計処理を行っており、リース料総額に含まれる利息相当額は、定額法により月割りで配分すること。

〔資料Ⅲ〕決算整理事項

1．売買目的有価証券の期末における時価は¥2,500,000である。
2．商品の期末棚卸高は次のとおりである。
　期末帳簿棚卸数量：2,000個　原価　@¥800
　期末実地棚卸数量：1,800個　正味売却価額　@¥700
　棚卸減耗損のうち10%は営業外費用に表示する。それ以外の棚卸減耗損および収益性の低下による評価損は売上原価に算入する。
3．有形固定資産の減価償却を次のとおり行う。
　備　　品：200%定率法　耐用年数8年
　車両運搬具：生産高比例法
　　総走行可能距離320,000km　当期走行距離57,600km　残存価額ゼロ
　リース資産：定額法　耐用年数リース期間　残存価額ゼロ
4．期末売上債権残高に対して2%の貸倒れを見積る（差額補充法）。
5．従業員に対する退職給付を見積り、当期負担分¥300,000を計上する。
6．支払家賃は毎年同額を12月1日に向こう1年分を支払っている。
7．法人税、住民税及び事業税として¥680,000を計上する。なお、減価償却費のうち¥120,000は税法上の課税所得計算にあたって損金算入が認められないため、法人税等の法定実効税率を40%とし税効果会計を適用する。

第4問（28点）

(1) 当社は、工場会計を独立させている。材料および製品の倉庫は工場に置き、材料購入を含めて支払関係はすべて本社が行っている。次の各取引について、工場における仕訳を示しなさい。ただし、勘定科目は、設問ごとに最も適当と思われるものを選び、解答用紙の（　）の中に記号で解答すること。

1．製品の製造に使用する原料5,000kg（400円／kg）および工場で使用する消耗器具（購入原価80,000円）を掛で購入し、倉庫に搬入した。

ア．買掛金	イ．材料	ウ．仕掛品
エ．製造間接費	オ．本社	カ．工場

2．製品製造のため、原料1,000kg（400円／kg）を倉庫より払出した。

ア．買掛金	イ．材料	ウ．仕掛品
エ．製造間接費	オ．本社	カ．工場

3．本社より、工場の年間減価償却費の見積額は2,400,000円との連絡を受けた。なお、工場元帳には次の勘定が設定されている。
「材料、賃金給料、仕掛品、製造間接費、製品、本社」

ア．材料	イ．賃金給料	ウ．仕掛品
エ．製造間接費	オ．製品	カ．本社

(2) 当社は製品Xを量産し、製品原価の計算は単純総合原価計算により行っている。次の〔資料〕にもとづいて、総合原価計算表を完成しなさい。なお、月末仕掛品原価の計算は平均法による。また、工程の途中で正常減損が生じており、度外視法によって処理する。

〔資料〕

1．生産データ

月初仕掛品	2,500kg	（40%）
当月投入	42,500	
合計	45,000kg	
差引：正常減損	500	
月末仕掛品	4,500	（60%）
完成品	40,000kg	

（注）原料は工程の始点で投入している。仕掛品の（　）内は加工費の進捗度である。

2．原価データ

月初仕掛品原価		当月製造費用	
原料費	1,540,000円	原料費	26,050,000円
加工費	790,000円	加工費	33,370,000円

第5問（12点）

製品甲（販売単価2,000円／個）を製造・販売している当社の、当期の全部原価計算による損益計算書は下記のとおりであった。原価を分析すると、当期の製造原価には固定費が940,000円、販売費には固定費が500,000円含まれ、一般管理費800,000円はすべて固定費であることが判明した。なお、固定費以外の原価はすべて変動費である。期首および期末において、仕掛品と製品の在庫は存在しないものとして、各問いに答えなさい。

損益計算書（単位：円）

売上高	8,000,000
売上原価	3,940,000
売上総利益	4,060,000
販売費および一般管理費	3,500,000
営業利益	560,000

問１　直接原価計算による損益計算書を作成する場合の、当期の貢献利益率を計算しなさい。

問２　当期の損益分岐点の売上高を計算しなさい。

問３　営業利益700,000円を達成するために必要であった売上高を計算しなさい。なお、販売単価、製品甲1個あたりの変動費、固定費に関する条件に変化はないものとする。

問４　固定費を140,000円削減できたとすると、損益分岐点売上高はいくらになるか計算しなさい。

解答・解説編

問題番号 1-01 役務収益・役務原価・商品売買等

解答

		借方 記号	借方 金額	貸方 記号	貸方 金額
1	(1)	(ア)	300,000	(エ)	300,000
		( )		( )	
		( )		( )	
	(2)	(エ)	30,000	(キ)	30,000
		( )		( )	
		( )		( )	
2	(1)	(イ)	400,000	(エ)	400,000
		( )		( )	
		( )		( )	
	(2)	(オ)	700,000	(キ)	500,000
		( )		(ク)	150,000
		( )		(ケ)	50,000
	(3)	(エ)	400,000	(コ)	900,000
		(イ)	500,000	(オ)	700,000
		(カ)	700,000	( )	
3		(イ)	120,000	(ク)	120,000
		(キ)	100,000	(オ)	100,000
		( )		( )	
		( )		( )	
		( )		( )	
4		(エ)	196,000	(ウ)	137,000
		( )		(オ)	59,000
		( )		( )	
		( )		( )	
		( )		( )	

1．役務収益の問題である。

	借方科目	金額	貸方科目	金額
(1)	(現　　　金)	300,000	(前　受　金)	300,000
(2)	(前　受　金)	30,000	(役 務 収 益)	30,000

商品売買業以外のサービス業を営む企業は、サービス（役務）の提供による対価のうち、すでに役務提供が完了した部分に対応する金額を役務収益勘定（収益）の貸方に記帳する。翌週に開講する予定の講座の受講料金を現金で受取ったときは、前受金勘定（負債）の貸方に記帳するとともに、現金勘定（資産）の借方に記帳する。また、決算において受講期間の10%が完了しているため、役務提供が完了した部分に対応する金額を役務収益勘定の貸方に記帳し、前受金勘定（負債）の借方に記帳する。

役務収益の計算　¥300,000×10%＝¥30,000

2．役務収益・役務原価の問題である。

	借方科目	金額	貸方科目	金額
(1)	(普 通 預 金)	400,000	(前　受　金)	400,000
(2)	(仕　掛　品)	700,000	(給　　　料)	500,000
			(旅費交通費)	150,000
			(通　信　費)	50,000
(3)	(前　受　金)	400,000	(役 務 収 益)	900,000
	(普 通 預 金)	500,000		
	(役 務 原 価)	700,000	(仕　掛　品)	700,000

商品売買業以外のサービス業を営む企業は、サービス（役務）の提供による対価のうち、すでに役務提供が完了した部分に対応する金額を役務収益勘定（収益）の貸方に記帳し、これにかかる費用は、役務原価勘定（費用）の借方に記帳する。なお、収益計上よりも先行して発生した役務原価は、仕掛品勘定（資産）の借方に記帳する。本問では、役務収益が発生する時点が、役務原価の発生する時点と比較し時間的ズレがあるため、役務原価をいったん仕掛品勘定に計上し、役務提供完了時点で役務原価勘定へ振替えを行う。

3．販売のつど売上原価勘定に振替える方法の売上時の問題である。

借方科目	金額	貸方科目	金額
(売　掛　金)	120,000	(売　　　上)	120,000
(売 上 原 価)	100,000	(商　　　品)	100,000

商品売買について、販売のつど売上原価勘定に振替える方法を採用した場合、商品を掛販売したときは、売価で売上勘定（収益）の貸方に記帳するとともに売掛金勘定（資産）の借方に記帳する。また、商品の売上原価部分は、販売のつど売上原価として計上するため、その原価で商品勘定（資産）の貸方に記帳するとともに、売上原価勘定（費用）の借方に記帳する。

【参　考】商品仕入時の仕訳

借方科目	金額	貸方科目	金額
(商　　　品)	××× 仕入原価	(買 掛 金 な ど)	×××

4．決算にさいして、消費税額が確定した問題である。

（仮受消費税）	196,000	（仮払消費税）	137,000
		（未払消費税）	59,000

税抜方式とは、商品の売買等にさいし、消費税額を区分して記帳する方法をいい、商品を仕入れたときに支払った消費税額は仮払消費税勘定（資産）の借方に記帳し、商品を売上げたときに受取った消費税額は仮受消費税勘定（負債）の貸方に記帳する。

【参　考】仕入にさいしての仕訳（掛取引とした場合）

（仕　　入）	×××	（買　掛　金）	×××
（仮払消費税）	137,000		

【参　考】売上にさいしての仕訳（掛取引とした場合）

（売　掛　金）	×××	（売　　上）	×××
		（仮受消費税）	196,000

その後、決算にさいし、仮払消費税勘定（本問の場合は￥137,000）および仮受消費税勘定（本問の場合は￥196,000）を相殺し、差額（本問の場合は￥59,000）を確定申告で納付する消費税として未払消費税勘定（負債）の貸方に記帳する。

問題番号 1-02 現金預金

解答

		借方 記号	借方 金額	貸方 記号	貸方 金額
1	(1)	(ア)	3,000	(キ)	3,000
		( )		( )	
		( )		( )	
	(2)	(ア)	10,000	(ク)	10,000
		( )		( )	
		( )		( )	
2	(1)	(イ)	200,000	(ウ)	200,000
		( )		( )	
		( )		( )	
	(2)	(ク)		( )	
		( )		( )	
		( )		( )	
	(3)	(ク)		( )	
		( )		( )	
		( )		( )	
	(4)	(イ)	85,000	(キ)	85,000
		( )		( )	
		( )		( )	
3	(1)	(イ)	80,000	(カ)	80,000
		( )		( )	
		( )		( )	
	(2)	(イ)	35,000	(オ)	35,000
		( )		( )	
		( )		( )	

解説

1．通貨代用証券を受取った問題である。

(1)　(現　　　金)　3,000　(有 価 証 券 利 息)　3,000

保有する社債の利札の支払期限が到来したときは、現金勘定（資産）の借方に記帳するとともに、有価証券利息勘定（収益）の貸方に記帳する。

(2)　(現　　　金)　10,000　(受 取 配 当 金)　10,000

保有する株式について配当金領収証を受取ったときは、現金勘定（資産）の借方に記帳するとともに、受取配当金勘定（収益）の貸方に記帳する。

2．当座預金勘定を修正する問題である。

(1)	（当座預金）	200,000	（受取手形）	200,000

手形代金の回収が当方に未達の場合、当座預金勘定（資産）の借方に記帳するとともに、受取手形勘定（資産）の貸方に記帳する。

(2) 仕訳不要

(3) 仕訳不要

(4)	（当座預金）	85,000	（未払金）	85,000

未払金の支払いのために振出した小切手¥100,000を¥185,000と誤って記帳していたため、¥85,000を当座預金勘定の借方に記帳するとともに、未払金勘定（負債）の貸方に記帳する。

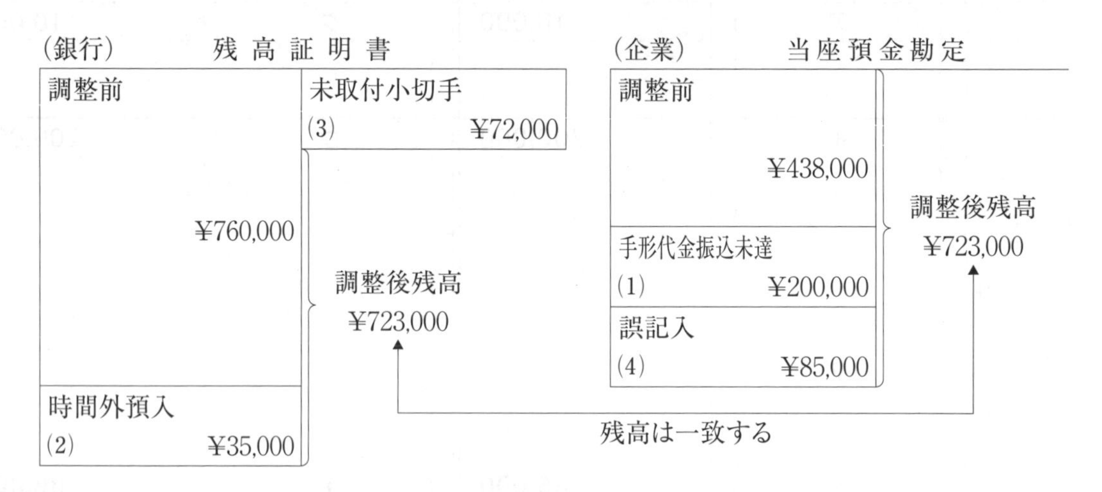

3．相手先に小切手が未渡しとなっている問題である。

(1)	（当座預金）	80,000	（未払金）	80,000
(2)	（当座預金）	35,000	（買掛金）	35,000

小切手を作成した（振出した）場合には、当座預金勘定の貸方に記帳しているが、その小切手を、まだ仕入先などの相手先に渡していない場合には、実際に支払手続きが行われていない（支払いをしていない）ため、修正仕訳が必要となる。この場合、当座預金勘定（資産）の借方に記帳するとともに、資産の購入や費用の支払いのために振出した場合には、未払金勘定（負債）の貸方に記帳し、商品の購入や買掛金の支払いのために振出した場合には、買掛金勘定（負債）の貸方に記帳する。

問題番号 1-03 債権・債務等

解答

	借方 記号	借方 金額	貸方 記号	貸方 金額
1	（ エ ）	2,970,000	（ キ ）	3,000,000
	（ カ ）	30,000	（ ）	
	（ ）		（ ）	
	（ ）		（ ）	
	（ ）		（ ）	
2	（ エ ）	100,000	（ ウ ）	100,000
	（ ）		（ ）	
	（ ）		（ ）	
	（ ）		（ ）	
	（ ）		（ ）	
3	（ エ ）	250,000	（ エ ）	256,000
	（ カ ）	6,000	（ ）	
	（ ）		（ ）	
	（ ）		（ ）	
	（ ）		（ ）	
4	（ オ ）	1,030,000	（ ウ ）	1,000,000
	（ ）		（ ア ）	30,000
	（ ）		（ ）	
	（ ）		（ ）	
	（ ）		（ ）	
5	（ ア ）	300,000	（ ウ ）	414,000
	（ エ ）	50,000	（ ）	
	（ カ ）	64,000	（ ）	
	（ ）		（ ）	
	（ ）		（ ）	

解説

1．クレジット取引の問題である。

（クレジット売掛金） 2,970,000 （売　上） 3,000,000
（支払手数料） 30,000

クレジット払いの条件で商品を販売したときは、販売額を売上勘定（収益）の貸方に記帳するとともに、信販会社への手数料を差引いた手取額をクレジット売掛金勘定（資産）の借方に記帳し、手数料を支払手数料勘定（費用）の借方に記帳する。

2．電子記録債権の譲渡を行った問題である。

（買掛金） 100,000 （電子記録債権） 100,000

買掛金支払いのため電子記録債権を譲渡記録により譲渡したときは、電子記録債権勘定（資産）の貸方に記帳するとともに、買掛金勘定（負債）の借方に記帳する。

3．手形の更改を行った問題である。

借方科目	金額	貸方科目	金額
（支払手形）	250,000	（支払手形）	256,000
（支払利息）	6,000		

手形の満期日が近づいてきたが、資金不足のために支払いの予定がつかないなどのときには、満期日を延長してもらうことがある。この満期日の延長は、先に振出した手形を回収して、満期日を延長した新たな約束手形を振出すことになり、これを手形の更改という。手形の更改では、満期日を延長してもらうため、旧手形の金額に応じて利息（更改料）を支払わなければならず、利息（更改料）については、新手形代金に含める場合（本問）と、手形の更改時に現金で支払う場合がある。

【参　考】期間延長による利息（更改料）を手形の更改時に現金で支払う場合

借方科目	金額	貸方科目	金額
（支払手形）	250,000	（支払手形）	250,000
（支払利息）	6,000	（現金）	6,000

4．所持している手形が不渡りとなった問題である。

借方科目	金額	貸方科目	金額
（不渡手形）	1,030,000	（受取手形）	1,000,000
		（現金）	30,000

所持している手形が不渡りとなった場合には、手持ちの手形と区別するために不渡手形勘定（資産）の借方に記帳するとともに受取手形勘定（資産）の貸方に記帳する。なお、不渡手形勘定には、手形額面金額のほかに支払拒絶証書作成費用も含めて記帳する。また、支払拒絶証書作成費用は現金で支払っているため、現金勘定（資産）の貸方に記帳する。

5．不渡手形の一部回収・一部貸倒れが発生した問題である。

借方科目	金額	貸方科目	金額
（現金）	300,000	（不渡手形）	414,000
（貸倒引当金）	50,000		
（貸倒損失）	64,000		

不渡手形のうち回収の見込みがない部分については貸倒処理をする。不渡手形は前期に発生したものであり貸倒引当金残高があるため、回収の見込みがない部分については貸倒引当金勘定（評価勘定）の借方に記帳する。また、回収の見込みがない部分について、貸倒引当金残高を超える場合、その超過額は貸倒損失勘定（費用）の借方に記帳する。なお、償還請求に伴う諸費用￥14,000は不渡手形勘定（資産）に加算されている。

【参　考】不渡手形計上時の仕訳

借方科目	金額	貸方科目	金額
（不渡手形）	414,000	（受取手形）	400,000
		（現金など）	14,000

問題番号 1-04 有価証券

解答

	借方		貸方	
	記号	金額	記号	金額
1	(イ)	12,750,000	(ウ)	11,550,000
	( )		(ク)	1,200,000
	( )		( )	
	( )		( )	
	( )		( )	
2	(ウ)	48,680,000	(イ)	48,914,000
	(カ)	234,000	( )	
	( )		( )	
	( )		( )	
	( )		( )	
3	(ア)	29,859,600	(ウ)	29,430,000
	( )		(ク)	120,000
	( )		(カ)	309,600
	( )		( )	
	( )		( )	

解説

1．売買目的有価証券（株式）を売却した問題である。

（当座預金）	12,750,000	（売買目的有価証券）	11,550,000
		（有価証券売却益）	1,200,000

株式を売却したときは、株式の売却価額と帳簿価額との差額を有価証券売却益勘定（収益）の貸方または有価証券売却損勘定（費用）の借方に記帳する。また、代金は小切手で受取っているが、ただちに当座預金としているため当座預金勘定（資産）の借方に記帳する。なお、本問では、移動平均法により次のとおり帳簿価額を計算する。

平均単価の計算
1回目の取得　@¥750×20,000株＝¥15,000,000
2回目の取得　@¥810×10,000株＝¥8,100,000
平均単価　(¥15,000,000＋¥8,100,000)÷(20,000株＋10,000株)＝@¥770
売却価額　@¥850×15,000株＝¥12,750,000
帳簿価額　@¥770×15,000株＝¥11,550,000
有価証券売却益　¥12,750,000（売却価額）－¥11,550,000（帳簿価額）＝¥1,200,000

1回目に取得した株式は、前期中に取得したものである。よって、前期末に時価（@¥750）に評価替えされている。本問では切放法を採用しているが、切放法とは、決算日の時価の金額（本問では@¥750）を次期の帳簿価額とする方法であるため、平均単価の計算には前期末の時価を用いる。

2．満期保有目的債券（社債）を購入した問題である。

（満期保有目的債券）	48,680,000	（当　座　預　金）	48,914,000
（有　価　証　券　利　息）	234,000		

満期保有目的債券を購入したときは、購入代価に売買手数料を加算した金額（取得原価）をもって満期保有目的債券勘定（資産）の借方に記帳する。また、満期保有目的債券を利払日以外の日に売買したときは、端数利息（前回の利払日の翌日から売買成立日までの経過日数に応じた利息）を売主に支払うことになる。なお、端数利息の支払額は、有価証券利息勘定（収益）の借方に記帳する。

購入口数　￥50,000,000（額面総額）÷@￥100（額面金額）＝500,000口

帳簿価額　@￥97×500,000口＋￥180,000（売買手数料）＝￥48,680,000

端数利息支払額　$￥50{,}000{,}000\,(\text{額面総額}) \times 2.19\%\,(\text{年利率}) \times \dfrac{78日(7／1〜9／16)}{365日} = ￥234{,}000$

端数利息の支払額は、前回の利払日の翌日から売買成立日までの経過日数に応じた利息となることに注意すること。

3．売買目的有価証券（社債）を売却した問題である。

（現　　　　金）	29,859,600	（売買目的有価証券）	29,430,000
		（有 価 証 券 売 却 益）	120,000
		（有　価　証　券　利　息）	309,600

売買目的有価証券（社債）を売却したときは、売買目的有価証券の売却価額と帳簿価額との差額を有価証券売却益勘定（収益）の貸方または有価証券売却損勘定（費用）の借方に記帳する。また、売買目的有価証券（社債）を利払日以外の日に売買したときは、端数利息（前回の利払日の翌日から売買成立日までの経過日数に応じた利息）を買主から受取ることになる。なお、端数利息の受取額は、有価証券利息勘定（収益）の貸方に記帳する。

売却口数　￥30,000,000（額面総額）÷@￥100（額面金額）＝300,000口

帳簿価額　@￥97.8×300,000口＋￥90,000（売買手数料）＝￥29,430,000

売却価額　@￥98.5（売却価額）×300,000口（売却口数）＝￥29,550,000

有価証券売却益　￥29,550,000（売却価額）－￥29,430,000（帳簿価額）＝￥120,000

端数利息受取額　$￥30{,}000{,}000\,(\text{額面総額}) \times 2.92\%\,(\text{年利率}) \times \dfrac{129日(4／1〜8／7)}{365日} = ￥309{,}600$

端数利息の受取額は、前回の利払日の翌日から売買成立日までの経過日数に応じた利息となることに注意すること。

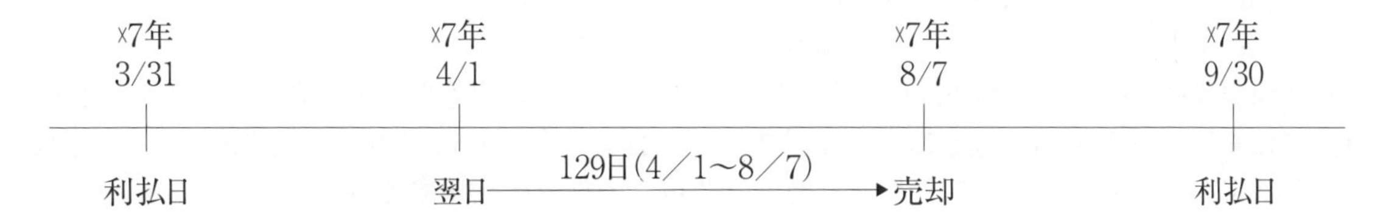

1-05 固定資産1

解答

		借方 記号	借方 金額	貸方 記号	貸方 金額
1		(エ)	4,140,000	(カ)	4,250,000
		(ク)	110,000	( )	
		( )		( )	
		( )		( )	
		( )		( )	
2		(キ)	225,000	(カ)	225,000
		( )		( )	
		( )		( )	
		( )		( )	
		( )		( )	
3	(1)	(ア)	240,000	(ク)	240,000
		(ウ)	800,000	(エ)	800,000
		(キ)	240,000	(ウ)	240,000
		( )		( )	
		( )		( )	
	(2)	(カ)	140,000	(オ)	140,000
		( )		( )	
		( )		( )	
4		(オ)	350,000	(ウ)	600,000
		(カ)	20,000	( )	
		(ア)	145,000	( )	
		(キ)	85,000	( )	
		( )		( )	
5		(ア)	5,000,000	(カ)	10,000,000
		(エ)	7,000,000	(ク)	2,000,000
		( )		( )	
		( )		( )	
		( )		( )	

解説

1．有形固定資産（備品）を割賦購入した問題である。

借方科目	金額	貸方科目	金額
（備品）	4,140,000	（営業外支払手形）	4,250,000
（支払利息）	110,000		

有形固定資産（備品）を割賦購入し手形を振出したときは、利息を除いた金額で備品勘定（資産）の借方に記帳し、手形額面金額にて営業外支払手形勘定（負債）の貸方に記帳する。なお、勘定科目の指定から、利息相当額を支払利息勘定（費用）の借方に記帳する。

支払利息の計算　¥850,000×5枚－¥4,140,000＝¥110,000

2．減価償却（生産高比例法）に関する問題である。

借方科目	金額	貸方科目	金額
（減価償却費）	225,000	（減価償却累計額）	225,000

当期の減価償却費を生産高比例法で計算し、減価償却費勘定（費用）の借方に記帳するとともに、減価償却累計額勘定（評価勘定）の貸方に記帳する。

減価償却費の計算　$(¥3,000,000 - ¥3,000,000 \times 10\%) \times \frac{12,500\text{km}}{150,000\text{km}} = ¥225,000$

3．圧縮記帳の問題である。

	借方科目	金額	貸方科目	金額
(1)	（現金）	240,000	（国庫補助金受贈益）	240,000
	（備品）	800,000	（未払金）	800,000
	（固定資産圧縮損）	240,000	（備品）	240,000
(2)	（減価償却費）	140,000	（減価償却累計額）	140,000

補助金受取時には、受取額を国庫補助金受贈益勘定（収益）の貸方に記帳し、圧縮記帳時には、国庫補助金等に相当する金額を固定資産諸勘定の貸方に記帳するとともに、固定資産圧縮損勘定（費用）の借方に記帳する。また、決算時には、取得原価から圧縮額を控除した金額を基礎として減価償却費を計上する。

減価償却費の計算　$\frac{¥800,000 - ¥240,000}{4\text{年}} = ¥140,000$

4．固定資産（車両運搬具）を売却した問題である。

（減価償却累計額）	350,000	（車両運搬具）	600,000
（減価償却費）	20,000		
（現金）	145,000		
（固定資産売却損）	85,000		

固定資産（車両運搬具）を売却したときは、車両運搬具勘定（資産）および減価償却累計額勘定（評価勘定）を減額するとともに、当期首から売却時点までの減価償却費を月割りで計算し、減価償却費勘定（費用）の借方に記帳する。そのうえで、売却価額と帳簿価額との差額を固定資産売却損勘定（費用）の借方または固定資産売却益勘定（収益）の貸方に記帳する。なお、代金は他人振出しの小切手を受取っているため、現金勘定（資産）の借方に記帳する。

(1)　車両運搬具の取得原価　¥550,000（購入代価）＋¥50,000（付随費用）＝¥600,000

(2)　売却時の帳簿価額

①　前期末までの減価償却累計額

1年目　（x4年5月1日～x5年3月31日）　$\frac{¥600,000}{5年}\times\frac{11カ月}{12カ月}$＝¥110,000

2年目　（x5年4月1日～x6年3月31日）　$\frac{¥600,000}{5年}$＝¥120,000

3年目　（x6年4月1日～x7年3月31日）　$\frac{¥600,000}{5年}$＝¥120,000

¥350,000

②　当期減価償却費　（x7年4月1日～x7年5月31日の2カ月分の減価償却費）

$\frac{¥600,000}{5年}\times\frac{2カ月}{12カ月}$＝¥20,000

③　¥600,000（取得原価）－¥350,000（前記①）－¥20,000（前記②）＝¥230,000（売却時の帳簿価額）

(3)　固定資産売却損　¥230,000（売却時の帳簿価額）－¥145,000（売却価額）＝¥85,000

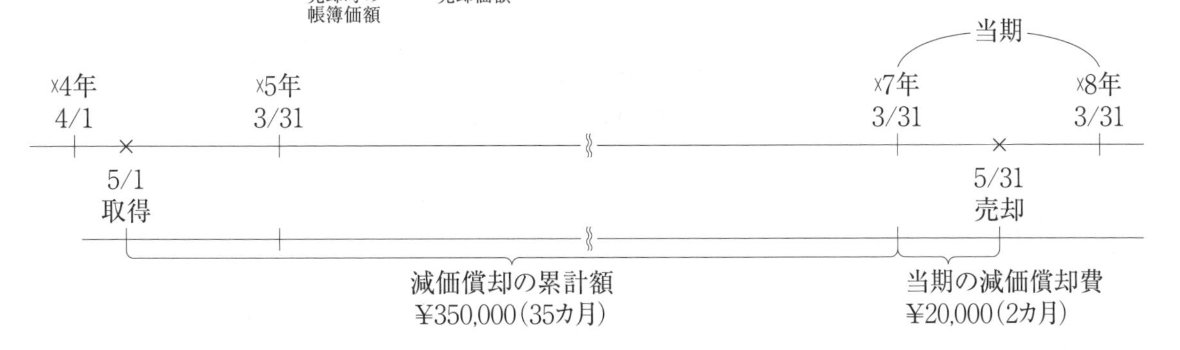

5．固定資産（土地）を売却した問題である。

（現金）	5,000,000	（土地）	10,000,000
（営業外受取手形）	7,000,000	（固定資産売却益）	2,000,000

固定資産（土地）を売却したときは、土地勘定（資産）の貸方に記帳するとともに、売却価額と帳簿価額との差額を固定資産売却損勘定（費用）の借方または固定資産売却益勘定（収益）の貸方に記帳する。なお、代金のうち一部は他人振出しの小切手を受取っているため、現金勘定（資産）の借方に記帳するとともに、残額は約束手形を受取っているため、営業外受取手形勘定（資産）の借方に記帳する。

1-06 固定資産2

解答

		借方		貸方	
		記号	金額	記号	金額
1		(エ)	7,000,000	(ウ)	10,000,000
		(ク)	2,000,000	( )	
		(カ)	1,000,000	( )	
		( )		( )	
		( )		( )	
2		(イ)	4,000,000	(ク)	3,000,000
		( )		(キ)	1,000,000
		( )		( )	
		( )		( )	
		( )		( )	
3	(1)	(ウ)	400,000	(エ)	400,000
		( )		( )	
		( )		( )	
	(2)	(エ)	80,000	(ア)	84,000
		(ク)	4,000	(オ)	80,000
		(カ)	80,000	( )	
		( )		( )	
		( )		( )	
4		(ウ)	3,000,000	(ア)	50,000
		( )		(エ)	2,950,000
		( )		( )	
		( )		( )	
		( )		( )	
5		(エ)	10,000,000	(カ)	10,000,000
		(オ)	3,000,000	(イ)	3,000,000
		( )		( )	
		( )		( )	
		( )		( )	

1．火災保険契約が付してある資産が火災にあった問題である。

(減価償却累計額)	7,000,000	(建　　物)	10,000,000
(未　決　算)	2,000,000		
(火　災　損　失)	1,000,000		

火災保険契約が付してある資産が火災にあったときは、保険金額が確定するまでは、その帳簿価額を未決算勘定（資産）の借方に記帳する。しかし、本問では￥2,000,000までの火災保険契約を結んでいるため、これを超える部分は火災損失勘定（費用）として借方に記帳する。

帳簿価額　￥10,000,000（取得原価）－￥7,000,000（減価償却累計額）＝￥3,000,000

火災損失　￥3,000,000（帳簿価額）＞￥2,000,000（火災保険契約額）　∴￥1,000,000（火災損失）

2．火災保険契約が付してある資産の焼失後における、保険金の受取りの問題である。

(未　収　入　金)	4,000,000	(未　決　算)	3,000,000
		(保　険　差　益)	1,000,000

火災保険契約が付してある資産が焼失した場合、保険金額が確定するまでは、焼失した資産の帳簿価額を未決算勘定（資産）の借方に記帳しておき、後日、保険金額が確定したら未決算勘定の貸方に記帳するとともに、確定した保険金額を未収入金勘定（資産）の借方に記帳する。また、確定した保険金額より未決算勘定の残高が小さい場合は、その差額を保険差益勘定（収益）の貸方に記帳する。

【参　考】工場が焼失したときの仕訳

(減価償却累計額)	7,000,000	(建　　物)	10,000,000
(未　決　算)	3,000,000		

工場が焼失したため建物勘定の貸方および減価償却累計額勘定の借方に記帳し、差額は焼失した建物に対する保険金額がまだ確定していないため、一時的に未決算勘定の借方に記帳する。

3．ファイナンス・リース取引の問題である。

(1)	(リ　ー　ス　資　産)	400,000	(リ　ー　ス　債　務)	400,000
(2)	(リ　ー　ス　債　務)	80,000	(現　　金)	84,000
	(支　払　利　息)	4,000		
	(減　価　償　却　費)	80,000	(減価償却累計額)	80,000

利子抜き法による場合、リース取引開始時には、取得原価相当額（見積現金購入価額）をもってリース資産勘定（資産）の借方とリース債務勘定（負債）の貸方に記帳する。なお、リース料支払時には、リース料総額に含まれる利息相当額を、リース期間にわたり定額法等により配分し、支払利息勘定（費用）の借方に記帳する。すなわち、各期の支払リース料を支払利息相当額とリース債務の返済額とに区分する。また、決算時には、リース資産の減価償却を行う。

利息相当額の計算　￥84,000×5年－￥400,000＝￥20,000

支払利息の計算　$\frac{￥20,000}{5年}$＝￥4,000

減価償却費の計算　$\frac{￥400,000}{5年}$＝￥80,000

4．ファイナンス・リース取引の問題である。

借方	金額	貸方	金額
（リース資産）	3,000,000	（現　　　金）	50,000
		（リース債務）	2,950,000

利子込み法による場合リース取引開始時には、リース料総額をもってリース資産勘定（資産）の借方とリース債務勘定（負債）の貸方に記帳する。

リース料総額　¥50,000×12カ月×5年＝¥3,000,000

なお、リース契約と同時に第1回のリース料を現金で支払っているため、現金勘定（資産）の貸方に記帳し、リース料総額から第1回リース料を差引いた残額をリース債務勘定（負債）の貸方に記帳する。

5．ソフトウェア完成時の問題である。

借方	金額	貸方	金額
（ソフトウェア）	10,000,000	（ソフトウェア仮勘定）	10,000,000
（未　払　金）	3,000,000	（普　通　預　金）	3,000,000

ソフトウェアの制作が完了し使用を開始したときは、ソフトウェア仮勘定（資産）の貸方に記帳するとともにソフトウェア勘定（資産）の借方に記帳する。また、契約総額の一部未払いについて普通預金から支払っているため、普通預金勘定（資産）の貸方に記帳するとともに、未払金勘定（負債）の借方に記帳する。

契約総額の未払額　¥10,000,000－¥7,000,000＝¥3,000,000

【参　考】ソフトウェア開発の契約締結時

借方	金額	貸方	金額
（ソフトウェア仮勘定）	10,000,000	（未　払　金）	10,000,000

ソフトウェア開発の契約締結時には、ソフトウェアはまだ完成していないため、支払額（契約総額）を一時的にソフトウェア仮勘定の借方に記帳する。

問題番号 1-07

為替換算会計

解答

		借方 記号	借方 金額	貸方 記号	貸方 金額
1	(1)	(ウ)	55,000	(カ)	55,000
		( )		( )	
		( )		( )	
	(2)	(ウ)	1,500	(キ)	1,500
		( )		( )	
		( )		( )	
	(3)	(イ)	55,500	(ウ)	56,500
		(キ)	1,000	( )	
		( )		( )	
2	(1)	(ウ)	104,000	(ア)	104,000
		( )		( )	
		( )		( )	
	(2)	(ク)		( )	
		( )		( )	
		( )		( )	
	(3)	(カ)	318,000	(ウ)	104,000
		( )		(エ)	214,000
		( )		( )	
3	(1)	(エ)	312,000	(オ)	312,000
		( )		( )	
		( )		( )	
	(2)	(ク)	12,000	(オ)	12,000
		( )		( )	
		( )		( )	
	(3)	(オ)	324,000	(イ)	324,000
		( )		( )	
		( )		( )	
4		(ウ)	85,000	(キ)	85,000
		( )		( )	
		( )		( )	

解説

1．外貨建取引の問題である。

(1) 取引発生時

(借方)		(貸方)	
(売　掛　金)	55,000	(売　　上)	55,000

商品を輸出し代金は掛としたときは、売掛金勘定（資産）の借方に記帳するとともに、売上勘定（収益）の貸方に記帳する。なお、外貨建取引のため、取引発生時の為替相場により円換算した額によって記帳する。

500ドル×@¥110＝¥55,000

(2) 決算時

(借方)		(貸方)	
(売　掛　金)	1,500	(為 替 差 損 益)	1,500

売掛金については、決算時の為替相場により円換算した額とする。なお、換算替えに伴って生じた差額は、為替差損益勘定の貸方に記帳する。

為替差損益　500ドル×(@¥113－@¥110)＝¥1,500（益）

(3) 決済時

(借方)		(貸方)	
(当 座 預 金)	55,500	(売　掛　金)	56,500
(為 替 差 損 益)	1,000		

掛代金の決済（回収）を当座預金で行ったときは、当座預金勘定（資産）の借方に記帳するとともに、売掛金勘定（資産）の貸方に記帳する。なお、売掛金勘定は、決算時の為替相場で円換算した額になり、当座預金勘定は、決済（回収）時の為替相場で円換算した額になる。決済に伴って生じた差額は、為替差損益勘定の借方に記帳する。

当座預金　500ドル×@¥111＝¥55,500

売掛金　¥55,000（取引発生時）＋¥1,500（決算時）＝¥56,500　または、500ドル×@¥113（決算時の為替相場）＝¥56,500

為替差損益　¥55,500－¥56,500＝△¥1,000（損）

2．外貨建取引の問題である。

(1) 内金支払時

(借方)		(貸方)	
(前　払　金)	104,000	(現　　金)	104,000

商品を発注し内金を支払ったときは、前払金勘定（資産）の借方に記帳するとともに、現金勘定（資産）の貸方に記帳する。なお、外貨建取引のため、取引発生時の為替相場により円換算した額によって記帳する。

1,000ドル×@¥104＝¥104,000

(2) 決算時

仕訳不要

前払金については、取引発生時の為替相場で換算した額を貸借対照表価額とするので、換算替えの必要はない。

(3) 納品時

(借方)		(貸方)	
(仕　　入)	318,000	(前　払　金)	104,000
		(買　掛　金)	214,000

商品が納品されたため、前払金勘定を仕入勘定へ振替えるとともに掛代金を取引発生時の為替相場により円換算した額によって、仕入勘定の借方と買掛金勘定の貸方に記帳する。

買掛金　2,000ドル×@¥107＝¥214,000

仕　入　¥104,000＋¥214,000＝¥318,000

3．為替予約（振当処理）の問題である。

(1) 取引発生時

（商　　　　　　　品）　312,000　（買　　掛　　金）　312,000

商品を掛で購入したときは、商品勘定（資産）の借方に記帳するとともに、買掛金勘定（負債）の貸方に記帳する。なお、外貨建取引のため、取引発生時の為替相場により円換算した額によって記帳する。

3,000ドル×@¥104＝¥312,000

(2) 為替予約時（振当処理）

（為　替　差　損　益）　12,000　（買　　掛　　金）　12,000

買掛金の発生時（仕入時）の為替相場と予約時の先物為替相場（予約レート）の差額を予約日の属する期の損益として為替差損益勘定の借方に記帳する。

為替差損益　3,000ドル×(@¥104－@¥108)＝△¥12,000（損）

(3) 決済時

（買　　掛　　金）　324,000　（当　座　預　金）　324,000

掛代金の決済（支払い）を当座預金で行ったときは、買掛金勘定（負債）の借方に記帳するとともに、当座預金勘定（資産）の貸方に記帳する。なお、決済額は、為替予約によって確定しているため、先物為替相場（予約レート）で円換算した額になる。

当座預金　3,000ドル×@¥108＝¥324,000

買 掛 金　¥312,000（取引発生時）＋¥12,000（為替予約時）＝¥324,000

4．為替予約（振当処理）の問題である。

（売　　掛　　金）　85,000　（売　　　　　　　上）　85,000

商品を輸出したときは、輸出時の為替相場により円換算するが、本問は代金の一部につき当該取引日以前に為替予約を付しているため、売掛金の決済額が先物為替相場（予約レート）で確定する。そのため、為替予約締結分については、先物為替相場（予約レート）で円換算し、為替予約締結分以外については、輸出時の為替相場で円換算する。為替予約締結分の円換算額と為替予約締結分以外の円換算額をあわせて売掛金勘定（資産）の借方に記帳するとともに、売上勘定（収益）の貸方に記帳する。

売掛金（為替予約締結分）　500ドル×@¥110（先物為替相場）＝¥55,000

売掛金（為替予約締結分以外）(800ドル－500ドル)×@¥100（輸出時の為替相場）＝¥30,000

売掛金総額　¥55,000＋¥30,000＝¥85,000

1-08 引当金

解答

	借	方	貸	方
	記　号	金　額	記　号	金　額
1	（ エ ）	350,000	（ ウ ）	900,000
	（ ク ）	550,000	（ ）	
	（ ）		（ ）	
2	（ ウ ）	10,000	（ ク ）	10,000
	（ オ ）	300,000	（ ウ ）	300,000
	（ ）		（ ）	
3	（ イ ）	45,000	（ ク ）	45,000
	（ ）		（ ）	
	（ ）		（ ）	
4	（ エ ）	7,500,000	（ イ ）	10,000,000
	（ オ ）	2,000,000	（ ）	
	（ キ ）	500,000	（ ）	
5	（ ウ ）	3,980,000	（ イ ）	4,200,000
	（ キ ）	220,000	（ ）	
	（ ）		（ ）	

解説

1．売掛金の貸倒れが発生した問題である。

（貸倒引当金）	350,000	（売掛金）	900,000
（貸倒損失）	550,000		

売掛金の貸倒れの金額のうち当期に発生した売掛金に対応する部分については貸倒損失勘定（費用）の借方に記帳し、前期に発生した売掛金に対応する部分については貸倒引当金を取崩すため、貸倒引当金勘定（評価勘定）の借方に記帳する。なお、前期に発生した売掛金の回収不能額が貸倒引当金残高を超える場合、その超過額は貸倒損失勘定の借方に記帳する。

貸倒損失（当期発生売掛金）　¥900,000－¥350,000＝¥550,000
回収不能額　前期発生売掛金

2．商品保証引当金を設定する問題である。

（商品保証引当金）	10,000	（商品保証引当金戻入）	10,000
（商品保証引当金繰入）	300,000	（商品保証引当金）	300,000

引当金を洗替法により設定する場合には、前年度に設定した商品保証引当金を取崩し、商品保証引当金勘定（負債）の借方に記帳するとともに、商品保証引当金戻入勘定（収益）の貸方に記帳する。また、次期以降の見積額を商品保証引当金繰入勘定（費用）の借方に記帳するとともに、商品保証引当金勘定の貸方に記帳する。

商品保証引当金繰入額　¥30,000,000×1％＝¥300,000

3．前期に販売した品質保証付の商品の修理（交換）に関する問題である。

（商品保証引当金）	45,000	（仕　　入）	45,000

品質保証期間中に修理の申し出があり、保証契約にもとづいて商品の修理や交換をしたときは、それに要した金額を商品保証引当金勘定（負債）の借方に記帳する。なお、商品交換による保証を実行したため、仕入勘定（費用）の貸方に記帳する。

4．固定資産の資本的支出・収益的支出を行った問題である。

（建　　物）	7,500,000	（当座預金）	10,000,000
（修繕引当金）	2,000,000		
（修　繕　費）	500,000		

資本的支出とは、固定資産の価値を増加させたり使用可能期間が延長されるような場合の支出をいい、その支出額は建物勘定（資産）の借方に記帳される。収益的支出とは、固定資産の一部が破損した場合に、その破損部分を原状に回復させるための支出をいい、その支出額は修繕費勘定（費用）の借方に記帳する。なお、修繕費のうち、￥2,000,000は既に修繕引当金が設定されているため、修繕引当金勘定（負債）の借方に記帳し、修繕費勘定に記帳される金額（当期の費用となる額）は以下のように求める。

修繕費　￥2,500,000－￥2,000,000＝￥500,000

5．退職金を支給した問題である。

（退職給付引当金）	3,980,000	（当座預金）	4,200,000
（退職給付費用）	220,000		

従業員が退職したときは、前期末までに設定された退職給付引当金を取崩すため、退職給付引当金勘定（負債）の借方に記帳するとともに、支給額と退職給付引当金との差額を当期の費用として、退職給付費用勘定（費用）の借方に記帳する。

問題番号 1-09 法人税等

解答

		借方		貸方	
		記号	金額	記号	金額
1		(キ)	3,200,000	(ウ)	1,500,000
		( )		(エ)	1,700,000
		( )		( )	
2		(キ)	360,000	(エ)	360,000
		( )		( )	
		( )		( )	
3	(1)	(オ)	45,000	(ク)	45,000
		( )		( )	
		( )		( )	
	(2)	(ク)	45,000	(オ)	45,000
		( )		( )	
		( )		( )	
4		(オ)	60,000	(ク)	60,000
		( )		( )	
		( )		( )	
5	(1)	(ウ)	450,000	(イ)	450,000
		( )		( )	
		( )		( )	
	(2)	(ウ)	30,000	(カ)	9,000
		( )		(エ)	21,000
		( )		( )	
	(3)	(カ)	9,000	(ウ)	30,000
		(エ)	21,000	( )	
		( )		( )	

解説

1．決算にさいして法人税、住民税及び事業税を計上する問題である。

(法人税、住民税及び事業税)	3,200,000	(仮払法人税等)	1,500,000
		(未払法人税等)	1,700,000

法人税、住民税及び事業税は、法人税、住民税及び事業税勘定（費用）の借方に記帳する。なお、中間申告を行ったときに中間納付額で仮払法人税等勘定（資産）の借方に記帳されているので、仮払法人税等勘定の貸方に記帳する。また、法人税、住民税及び事業税勘定から仮払法人税等勘定を差引いた未払額を未払法人税等勘定（負債）の貸方に記帳する。

2．課税所得を算定し、未払法人税等を計上する問題である。

(法人税、住民税及び事業税)	360,000	(未払法人税等)	360,000

税引前当期純利益に損金不算入額を加算することで課税所得を算定し、課税所得に法定実効税率を乗じることにより、未払法人税等を求める。

課税所得　¥1,000,000＋¥200,000＝¥1,200,000
未払法人税等　¥1,200,000×30％＝¥360,000

3．貸倒引当金繰入額について税効果会計を適用した問題である。

	借方科目	金額	貸方科目	金額
(1)	(繰延税金資産)	45,000	(法人税等調整額)	45,000
(2)	(法人税等調整額)	45,000	(繰延税金資産)	45,000

貸倒引当金繰入額について損金算入が認められない場合には、課税所得が大きくなり、損益計算書に計上される法人税、住民税及び事業税が、会計上の負担額よりも多く計上される。よって、法人税額等を減額するために法人税等調整額勘定の貸方に記帳するとともに、繰延税金資産勘定（資産）の借方に記帳する。

法人税等の減算額　￥150,000×30％＝￥45,000
（30％：実効税率）

なお、翌年以降に損金算入が認められた場合には差異が解消するため、法人税等調整額勘定の借方に記帳するとともに、繰延税金資産勘定の貸方に記帳する。

4．減価償却費について税効果会計を適用した問題である。

借方科目	金額	貸方科目	金額
(繰延税金資産)	60,000	(法人税等調整額)	60,000

減価償却費について損金算入が認められない場合には、課税所得が大きくなり、損益計算書に計上される法人税、住民税及び事業税が、会計上の負担額よりも多く計上される。よって、法人税額等を減額するために法人税等調整額勘定の貸方に記帳するとともに、繰延税金資産勘定（資産）の借方に記帳する。

法人税等の減算額　￥200,000×30％＝￥60,000
（30％：実効税率）

5．その他有価証券について購入および時価評価に税効果会計を適用した問題である。

	借方科目	金額	貸方科目	金額
(1)	(その他有価証券)	450,000	(当座預金)	450,000
(2)	(その他有価証券)	30,000	(繰延税金負債)	9,000
			(その他有価証券評価差額金)	21,000
(3)	(繰延税金負債)	9,000	(その他有価証券)	30,000
	(その他有価証券評価差額金)	21,000		

その他有価証券を購入し、小切手を振出した場合には、取得原価でその他有価証券勘定（資産）の借方に記帳するとともに、当座預金勘定（資産）の貸方に記帳する。また、その他有価証券は企業会計上、期末において時価評価されるが、税務上は時価評価を行わない。よって、会計上と税務上で差異が生じるため税効果会計が適用されるが、評価差額は全部純資産直入法により直接純資産の部に計上され、損益として計上されることはない。したがって、法人税等調整額は計上されず、繰延税金資産または繰延税金負債を評価差額から直接控除して計上する。本問の場合、時価が取得原価を上回っているため繰延税金負債が生じる。そこで、その他有価証券勘定の借方に記帳するとともに、繰延税金負債勘定（負債）およびその他有価証券評価差額金勘定（純資産）の貸方に記帳する。

評価差額　￥480,000－￥450,000＝￥30,000（評価益）
（￥480,000：時価、￥450,000：取得原価）

繰延税金負債　￥30,000×30％＝￥9,000
（￥30,000：評価差額、30％：実効税率）

その他有価証券評価差額金　￥30,000－￥9,000＝￥21,000
（￥30,000：評価差額、￥9,000：繰延税金負債）

なお、その他有価証券の評価差額は、翌期首に洗替処理により振戻され差異は解消するため、繰延税金負債勘定およびその他有価証券評価差額金勘定の借方に記帳するとともに、その他有価証券勘定の貸方に記帳する。

問題番号 1-10 株式会社の純資産等1

解答

	借方		貸方	
	記号	金額	記号	金額
1	(イ)	60,000,000	(オ)	30,000,000
	(キ)	600,000	(カ)	30,000,000
	( )		(ア)	600,000
	( )		( )	
	( )		( )	
2	(イ)	250,000,000	(キ)	125,000,000
	( )		(ク)	125,000,000
	( )		( )	
	( )		( )	
	( )		( )	
3	(イ)	22,000,000	(キ)	11,000,000
	(カ)	150,000	(ク)	11,000,000
	( )		(ア)	150,000
	( )		( )	
	( )		( )	
4	(ク)	18,000,000	(オ)	9,000,000
	(ア)	18,000,000	(カ)	9,000,000
	( )		(イ)	18,000,000
	( )		( )	
	( )		( )	

解説

1．会社設立時に株式を発行した問題である。

(当座預金)	60,000,000	(資本金)	30,000,000
		(資本準備金)	30,000,000
(創立費)	600,000	(現金)	600,000

株式を発行したときは、当座預金勘定（資産）の借方に記帳するとともに、資本金勘定（純資産）の貸方に記帳する。なお、払込金額のうち資本金に計上しなかった金額は、資本準備金勘定（純資産）の貸方に記帳する。

資本金計上額　@¥60,000×1,000株×$\frac{1}{2}$＝¥30,000,000

資本準備金　(@¥60,000×1,000株)－¥30,000,000＝¥30,000,000
（払込金額の総額）（資本金計上額）

また、発起人が立替払いしていた会社設立に伴う定款作成費用、登記所に支払う登録免許税、および手数料は、創立費勘定（費用）の借方に記帳する。

2．会社設立時に株式を発行した問題である。

（当座預金）	250,000,000	（資本金）	125,000,000
		（資本準備金）	125,000,000

株式を発行したときは、当座預金勘定（資産）の借方に記帳するとともに、資本金勘定（純資産）の貸方に記帳する。また、払込金額のうち資本金に計上しなかった金額は、資本準備金勘定（純資産）の貸方に記帳する。なお、公開会社の場合、設立にあたって会社が発行することができる株式の総数（発行可能株式総数）の4分の1以上の株式を発行しなければならない。

発行株式数　100,000株（発行可能株式総数）$\times \frac{1}{4}$＝25,000株

資本金計上額　@￥10,000×25,000株$\times \frac{1}{2}$＝￥125,000,000

資本準備金　（@￥10,000×25,000株）（払込金額の総額）－￥125,000,000（資本金計上額）＝￥125,000,000

3．新株を発行した問題である。

（当座預金）	22,000,000	（資本金）	11,000,000
		（資本準備金）	11,000,000
（株式交付費）	150,000	（現金）	150,000

新株を発行したとき（増資）は、当座預金勘定（資産）の借方に記帳するとともに、資本金勘定（純資産）の貸方に記帳する。なお、払込金額のうち資本金に計上しなかった金額は、資本準備金勘定（純資産）の貸方に記帳する。

資本金計上額　@￥55,000×400株$\times \frac{1}{2}$＝￥11,000,000

資本準備金　（@￥55,000×400株）（払込金額の総額）－￥11,000,000（資本金計上額）＝￥11,000,000

また、広告費および新株発行に伴う諸費用は、株式交付費勘定（費用）の借方に記帳する。

4．新株を発行し申込証拠金を資本金などに振替え、別段預金を当座預金に預け替えた問題である。

（株式申込証拠金）	18,000,000	（資本金）	9,000,000
		（資本準備金）	9,000,000
（当座預金）	18,000,000	（別段預金）	18,000,000

払込まれた申込証拠金は、株式申込証拠金勘定（純資産）の貸方に記帳し、その後、払込期日（または払込期間内に払込みを受けた日）に資本金勘定（純資産）などに振替える。なお、払込金額のうち資本金に計上しなかった金額は、資本準備金勘定（純資産）の貸方に記帳する。

資本金計上額　@￥90,000×200株$\times \frac{1}{2}$＝￥9,000,000

資本準備金　（@￥90,000×200株）（払込金額の総額）－￥9,000,000（資本金計上額）＝￥9,000,000

問題番号 1-11 株式会社の純資産等2

解答

	借方		貸方	
	記号	金額	記号	金額
1	（　エ　）	1,000,000	（　ウ　）	1,000,000
	（　　）		（　　）	
	（　　）		（　　）	
2	（　エ　）	800,000	（　オ　）	800,000
	（　　）		（　　）	
	（　　）		（　　）	
3	（　キ　）	2,750,000	（　ク　）	2,000,000
	（　　）		（　オ　）	150,000
	（　　）		（　カ　）	600,000
	（　　）		（　　）	
	（　　）		（　　）	
4	（　オ　）	770,000	（　イ　）	1,500,000
	（　キ　）	880,000	（　エ　）	70,000
	（　　）		（　カ　）	80,000
	（　　）		（　　）	
	（　　）		（　　）	
5	（　ア　）	680,000	（　オ　）	990,000
	（　イ　）	1,020,000	（　カ　）	1,750,000
	（　ウ　）	3,000,000	（　キ　）	3,575,000
	（　エ　）	3,850,000	（　ク　）	1,950,000
	（　コ　）	365,000	（　ケ　）	650,000

解説

1．資本準備金から資本金へ振替える問題である。

（資本準備金）　1,000,000　（資　本　金）　1,000,000

株主総会の決議により、資本準備金から資本金へ振替える場合は、資本準備金勘定（純資産）の借方に記帳し、資本金勘定（純資産）の貸方に記帳する。

2．資本準備金からその他資本剰余金へ振替える問題である。

（資本準備金）　800,000　（その他資本剰余金）　800,000

株主総会の決議により、資本準備金からその他資本剰余金へ振替える場合は、資本準備金勘定（純資産）の借方に記帳し、その他資本剰余金勘定（純資産）の貸方に記帳する。

3．剰余金の配当等の問題である。

(繰越利益剰余金)	2,750,000	(未払配当金)	2,000,000
		(利益準備金)	150,000
		(新築積立金)	600,000

株式会社が決算で算定した当期純利益は、損益勘定（集合勘定）の借方および繰越利益剰余金勘定（純資産）の貸方に記帳する。その後、剰余金の配当等は株主総会で行われ、配当等の総額を繰越利益剰余金勘定の借方に記帳し、配当等を各勘定の貸方に記帳する。

利益準備金は、配当により減少する剰余金の額の$\frac{1}{10}$を、資本準備金の額と併せて資本金の$\frac{1}{4}$に達するまで積立てなければならない。よって、以下のように求める。

(1)　配当により減少する剰余金の額の$\frac{1}{10}$

$$\underset{\text{配当金}}{¥2{,}000{,}000} \times \frac{1}{10} = ¥200{,}000$$

(2)　積立限度額（資本金の$\frac{1}{4}$に達する金額）

$$\underset{\text{資本金}}{¥15{,}000{,}000} \times \frac{1}{4} - (\underset{\text{配当直前の資本準備金}}{¥2{,}400{,}000} + \underset{\text{配当直前の利益準備金}}{¥1{,}200{,}000}) = ¥150{,}000$$

(3)　(1)＞(2)　∴¥150,000

本問の場合、(1)の金額を利益準備金として積立てると資本金の4分の1を超える積立てとなるため、4分の1までとなる(2)を積立てることに注意すること。

4．その他資本剰余金と繰越利益剰余金を配当財源とした問題である。

(その他資本剰余金)	770,000	(未払配当金)	1,500,000
(繰越利益剰余金)	880,000	(資本準備金)	70,000
		(利益準備金)	80,000

その他資本剰余金と繰越利益剰余金を財源に同時に配当を行った場合は、その配当のうちその他資本剰余金を配当財源に行われた配当と資本準備金積立額は、その他資本剰余金勘定（純資産）の借方に記帳し、繰越利益剰余金を配当財源に行われた配当と利益準備金積立額は、繰越利益剰余金勘定（純資産）の借方に記帳する。また、配当額は未払配当金勘定（負債）の貸方に記帳し、資本準備金と利益準備金積立額は、資本準備金勘定（純資産）と利益準備金勘定（純資産）の貸方にそれぞれ記帳する。

5．他企業を吸収合併した問題である。

（現　　　金）	680,000	（買　掛　金）	990,000
（売　掛　金）	1,020,000	（長期借入金）	1,750,000
（建　　　物）	3,000,000	（資　本　金）	3,575,000
（土　　　地）	3,850,000	（資本準備金）	1,950,000
（の　れ　ん）	365,000	（その他資本剰余金）	650,000

パーチェス法では、合併会社は被合併会社から受入れる資産・負債を時価により記帳し、対価として交付した株式などの金額（取得原価）が、取得した資産および引受けた負債の差額を上回る場合には、その超過額をのれん勘定（資産）の借方に記帳する。

また、株式の発行により資本金を増加させる必要があるが、資本金として処理しない金額は、資本準備金勘定（純資産）およびその他資本剰余金勘定（純資産）の貸方に記帳する。

増加資本金等は、以下のように求める。

(1)　取得原価の計算

@¥950×6,500株＝¥6,175,000

(2)　資本金計上額の計算

@¥550×6,500株＝¥3,575,000

(3)　資本準備金の計算

@¥300×6,500株＝¥1,950,000

(4)　その他資本剰余金の計算

¥6,175,000（取得原価）－¥3,575,000（資本金）－¥1,950,000（資本準備金）＝¥650,000

(5)　のれんの計算

¥6,175,000（取得原価）－（¥680,000（現金）＋¥1,020,000（売掛金）＋¥3,000,000（建物）＋¥3,850,000（土地(時価)）－¥990,000（買掛金）－¥1,750,000（長期借入金））

＝¥365,000

1-12 本支店会計

解答

	借方 記号	借方 金額	貸方 記号	貸方 金額
1	（オ）	300,000	（カ）	100,000
	（　）		（エ）	200,000
	（　）		（　）	
2	（キ）	120,000	（ク）	120,000
	（　）		（　）	
	（　）		（　）	
3	（ク）	1,300,000	（エ）	1,300,000
	（　）		（　）	
	（　）		（　）	
4	（ウ）	500,000	（キ）	500,000
	（　）		（　）	
	（　）		（　）	

解説

1．本店集中計算制度にもとづいて、支店が商品を購入した問題である。

（仕　　　　入）	300,000	（本　　　　店）	100,000
		（買　掛　金）	200,000

本店集中計算制度とは、支店相互間による取引をそれぞれの支店が記帳する場合、本店を相手に取引したものとみなして記帳する方法である。本問では、千葉支店の商品の購入について、代金の一部を埼玉支店振出しの約束手形で支払っているため、この部分を本店勘定にて記帳する。

【参　考】本店および埼玉支店の仕訳

本　　店	（千　葉　支　店）	100,000	（埼　玉　支　店）	100,000
埼玉支店	（本　　　　店）	100,000	（支　払　手　形）	100,000

2．本店集中計算制度にもとづいて、本店が支店相互間による送金を計上した問題である。

（大　阪　支　店）	120,000	（京　都　支　店）	120,000

本店集中計算制度における本問では、本店が京都支店より現金を預かり、大阪支店に現金を渡したと考えて記帳する。

【参　考】大阪支店および京都支店の仕訳

京都支店	（本　　　　店）	120,000	（現　　　　金）	120,000
大阪支店	（現　　　　金）	120,000	（本　　　　店）	120,000

3．本支店合併の当期純利益を計算するために、支店当期純利益を本店が計上した問題である。

（支　　　　店）	1,300,000	（総　合　損　益）	1,300,000

本店と支店の決算手続きは、それぞれで決算整理事項の修正が行われ、各勘定が締切られる。その後、支店の損益勘定で計算された支店純利益は、本支店合併の当期純利益を計算するために、本店の総合損益勘定に振替えられる。

4．本支店合併の当期純利益を計算するために、支店当期純利益を支店が計上した問題である。

（損　　　　益）	500,000	（本　　　　店）	500,000

本店と支店の決算手続きは、それぞれで決算整理事項の修正が行われ、各勘定が締切られる。その後、支店の損益勘定で計算された支店純利益は、本支店合併の当期純利益を計算するために、本店勘定に振替えられる。

【参　考】支店より支店純利益￥500,000を受入れる本店側の仕訳

本　　店	（支　　　　店）	500,000	（総　合　損　益）	500,000

問題番号 2-01 銀行勘定調整表1

解答

問1

	借方		貸方	
	記号	金額	記号	金額
①	(ア)	50,000	(ウ)	50,000
②	(ク)		( )	
③	(ア)	40,000	(カ)	40,000
④	(オ)	70,000	(ア)	70,000
⑤	(ク)		( )	
⑥	(ア)	10,000	(エ)	10,000

問2

(1) 銀行勘定調整表を企業残高・銀行残高区分調整法により作成した場合

銀行勘定調整表

大原銀行東西支店　×6年3月31日　(単位：円)

摘要	銀行残高証明書残高	当座預金勘定残高
×6年3月31日現在残高	960,000	900,000
加算 (②)	(30,000)	
(①)		(50,000)
(③)		(40,000)
(⑥)		(10,000)
計	(990,000)	(1,000,000)
減算 (⑤)	(60,000)	
(④)		(70,000)
調整後残高	(930,000)	(930,000)

(2) 銀行勘定調整表を企業残高基準法により作成した場合

銀行勘定調整表

大原銀行東西支店	×6年3月31日	(単位：円)
摘要	金額	
当座預金勘定残高		900,000
加算 (①)	(50,000)	
(③)	(40,000)	
(⑥)	(10,000)	
(⑤)	(60,000)	(160,000)
計		(1,060,000)
減算 (④)	(70,000)	
(②)	(30,000)	(100,000)
銀行残高証明書残高		960,000

(3) 銀行勘定調整表を銀行残高基準法により作成した場合

銀行勘定調整表

大原銀行東西支店	×6年3月31日	(単位：円)
摘要	金額	
銀行残高証明書残高		960,000
加算 (②)	(30,000)	
(④)	(70,000)	(100,000)
計		(1,060,000)
減算 (⑤)	(60,000)	
(①)	(50,000)	
(③)	(40,000)	
(⑥)	(10,000)	(160,000)
当座預金勘定残高		900,000

解説

銀行勘定調整表に関する問題である。

1．銀行勘定調整表を企業残高・銀行残高区分調整法により作成した場合

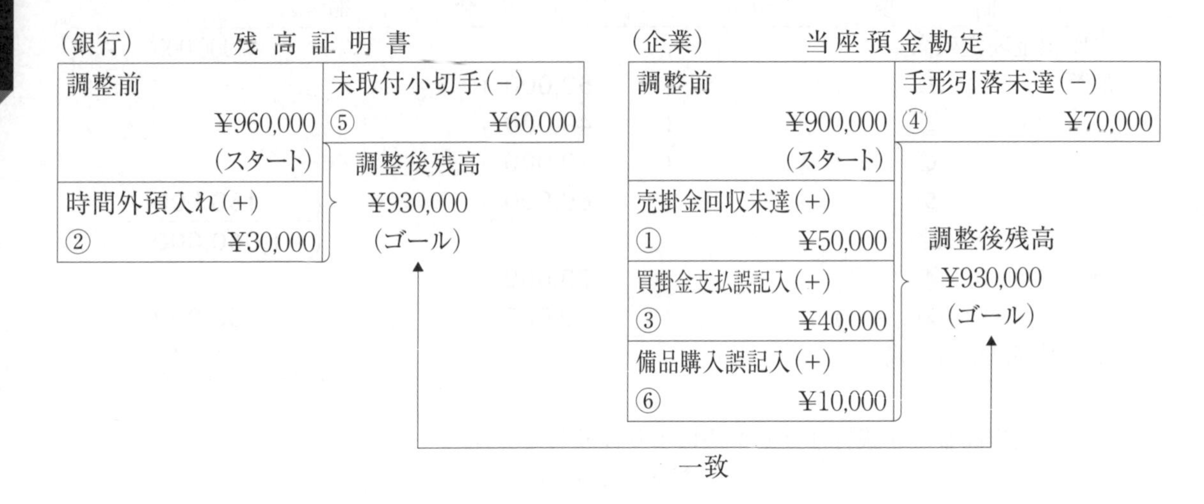

2．銀行勘定調整表を企業残高基準法により作成した場合

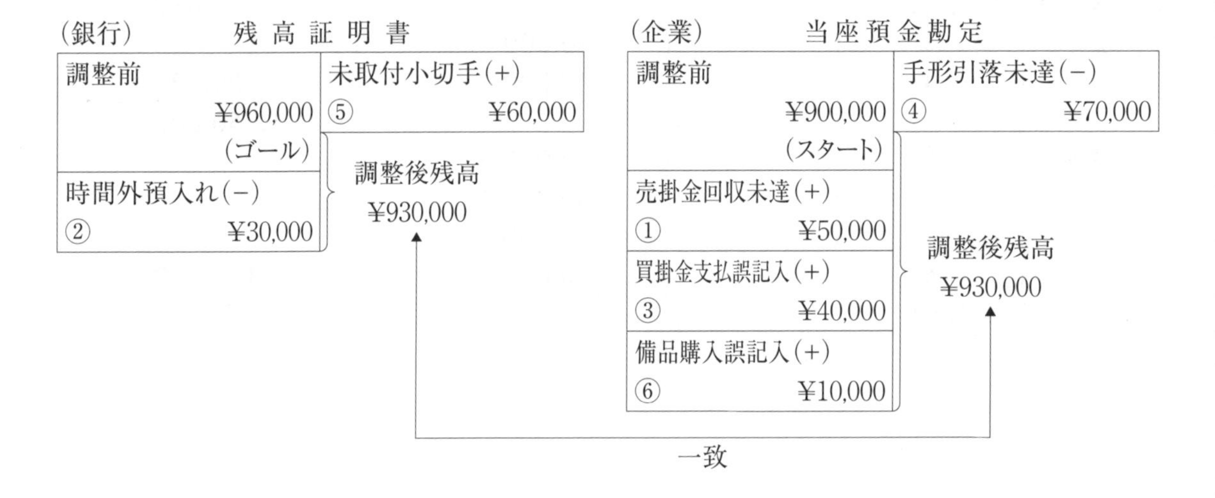

3．銀行勘定調整表を銀行残高基準法により作成した場合

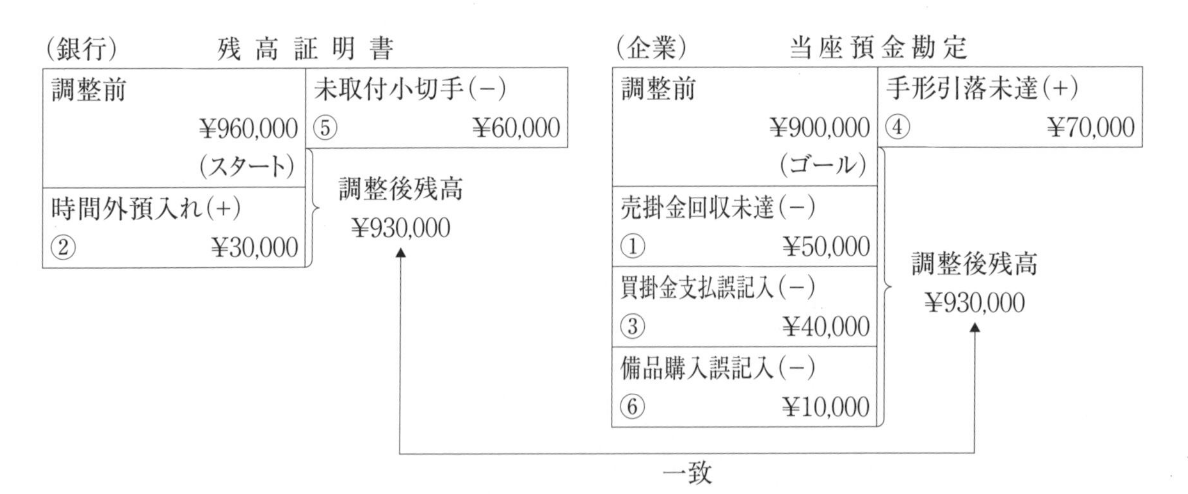

2-02 銀行勘定調整表2

解答

問1

銀行勘定調整表
xx年9月30日

			(単位：円)
銀行残高証明書の残高			(563,000)
(加算)	[2]	(46,000)	
	[4]	(25,000)	(71,000)
(減算)	[1]	(38,000)	
	[3]	(105,000)	(143,000)
当座預金勘定残高			(491,000)

※ [ ]には、〔資料B〕における番号1～4を記入しなさい。
( )には、金額を記入しなさい。

問2

借方		貸方	
記号	金額	記号	金額
(ア)	46,000	(イ)	46,000
(イ)	105,000	(ケ)	105,000
(ア)	2,000	(ス)	2,000
(ア)	5,000	(サ)	5,000
(ソ)	270	(ア)	270

※ 決算整理仕訳は、各行に1組ずつ記入しなさい。

問3

貸借対照表上の「現金預金」 ¥ 721,300

内訳：現　　金 ¥ 171,300

当座預金 ¥ 550,000

解説

銀行勘定調整表の作成、決算整理仕訳、貸借対照表に計上される現金預金を求める問題である。

1．決算整理仕訳

(1) 未取付小切手

仕　訳　不　要

(2) 他店振出小切手

(現　　　金)	46,000	(当　座　預　金)	46,000

(3) 誤記入

(当　座　預　金)	105,000	(未　　払　　金)	105,000

(4) 時間外預入れ

仕　訳　不　要

(5) 期限到来済利札

(現　　　金)	2,000	(有 価 証 券 利 息)	2,000

有価証券利息　¥100,000（額面金額）×2％＝¥2,000

(6) 配当金領収証

(現　　　金)	5,000	(受　取　配　当　金)	5,000

(7) 現金過不足

(雑　　　損)	270	(現　　　金)	270

実際有高　¥118,300（通貨）＋¥46,000（他店振出小切手）＋¥2,000（期限到来済利札）＋¥5,000（配当金領収証）＝¥171,300

帳簿有高　¥118,570（決算整理前残高）＋¥46,000（他店振出小切手）＋¥2,000（期限到来済利札）＋¥5,000（配当金領収証）＝¥171,570

現金過不足　¥171,300－¥171,570＝△¥270（不足）

2．銀行勘定調整表

(銀行)　残 高 証 明 書

調整前 ¥563,000 (スタート)	未取付小切手(－) 1 ¥38,000
時間外預入れ(＋) 4 ¥25,000	調整後残高 ¥550,000

(企業)　当 座 預 金 勘 定

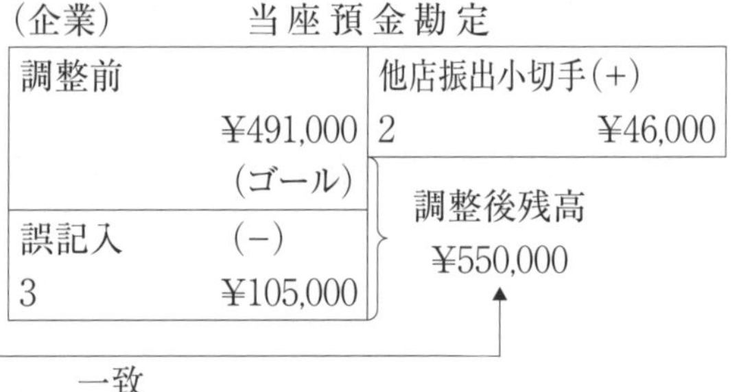

一致

3．貸借対照表に計上される現金預金の金額

(1) 現　　金　¥118,570（決算整理前残高）＋¥46,000（他店振出小切手）＋¥2,000（期限到来済利札）＋¥5,000（配当金領収証）－¥270（現金不足）＝¥171,300

(2) 当座預金　¥491,000（当座預金出納帳残高）－¥46,000（他店振出小切手）＋¥105,000（誤記入）＝¥550,000

(3) 貸借対照表に計上される現金預金の金額　¥171,300＋¥550,000＝¥721,300

2-03 有価証券1

解答

問1

売買目的有価証券

年	月	日	摘要	借方	貸方	借/貸	残高
x2	6	1	（カ）	9,780,000		借	9,780,000
x3	1	31	（シ）		4,890,000	〃	4,890,000
	3	31	（コ）	25,000		〃	4,915,000
		〃	（セ）		4,915,000		
				9,805,000	9,805,000		
x3	4	1	（ス）	4,915,000		借	4,915,000

有価証券利息

年	月	日	摘要	借方	貸方	借/貸	残高
x2	6	1	（カ）	125,000		借	125,000
		30	（イ）		150,000	貸	25,000
	12	31	（イ）		150,000	〃	175,000
x3	1	31	（シ）		12,500	〃	187,500
	3	31	（オ）		37,500	〃	225,000
		〃	（サ）	225,000			
				350,000	350,000		
x3	4	1	（オ）	37,500		借	37,500

問2　有価証券売却損益　¥　15,000　（　ア　）

解説

有価証券に関する問題である。

1．x2年中の取引

6月1日　売買目的有価証券の購入

（売買目的有価証券）　9,780,000　（未　払　金）　9,905,000
（有価証券利息）　125,000

取得口数　¥10,000,000（額面総額）÷@¥100＝100,000口

取得原価　100,000口×@¥97.80＝¥9,780,000

6月30日　利払日

（普通預金）　150,000　（有価証券利息）　150,000

有価証券利息　$¥10,000,000 \times 3\% \times \frac{6カ月}{12カ月} = ¥150,000$

12月31日　利払日

（普　通　預　金）	150,000	（有価証券利息）	150,000

有価証券利息　$¥10{,}000{,}000 \times 3\% \times \frac{6カ月}{12カ月} = ¥150{,}000$

2．x3年中の取引

1月31日　売買目的有価証券の売却

（未　収　入　金）	4,887,500	（売買目的有価証券）	4,890,000
（有価証券売却損）	15,000	（有価証券利息）	12,500

売却口数　¥5,000,000÷@¥100＝50,000口
（¥5,000,000：額面総額（売却分））

売却代金　50,000口×@¥97.50＝¥4,875,000

帳簿価額　50,000口×@¥97.80＝¥4,890,000

有価証券売却損　¥4,890,000－¥4,875,000＝¥15,000

3月31日

(1)　時価評価

（売買目的有価証券）	25,000	（有価証券評価損益）	25,000

期末帳簿価額　50,000口×@¥97.80＝¥4,890,000
（50,000口：期末保有口数）

期末時価　50,000口×@¥98.30＝¥4,915,000

有価証券評価損益　¥4,915,000－¥4,890,000＝¥25,000（評価益）

(2)　未収有価証券利息

（未収有価証券利息）	37,500	（有価証券利息）	37,500

未収有価証券利息　$¥5{,}000{,}000 \times 3\% \times \frac{3カ月}{12カ月} = ¥37{,}500$

(3)　決算振替仕訳

（有価証券利息）	225,000	（損　　益）	250,000
（有価証券評価損益）	25,000		
（損　　益）	15,000	（有価証券売却損）	15,000

4月1日　再振替仕訳

（有価証券利息）	37,500	（未収有価証券利息）	37,500

3．当期の有価証券売却損益　¥15,000（売却損）

2-04 有価証券2

解答

問1

¥	2,400	(ア)

(注) ( ) 内には有価証券売却損であれば「ア」、有価証券売却益であれば「イ」と記入すること。

問2

¥	3,600	(イ)

(注) ( ) 内には有価証券売却損であれば「ア」、有価証券売却益であれば「イ」と記入すること。

問3

満期保有目的債券

年	月	日	摘要	借方	年	月	日	摘要	貸方
×6	7	1	(エ)	3,510,000	×7	3	31	(キ)	3,523,500
×7	3	31	(オ)	13,500					
				3,523,500					3,523,500
×7	4	1	(カ)	3,523,500					

解説

有価証券に関する問題である。

問1　売買目的有価証券：切放方式

1. ×6年中の取引

7月1日　売買目的有価証券の購入

(売買目的有価証券)　3,510,000　(未　払　金)　3,510,000

取得口数　¥3,600,000 ÷ @¥100 = 36,000口
（¥3,600,000：額面総額）

取得原価　36,000口 × @¥97.5 = ¥3,510,000

2. ×7年中の取引

3月31日　時価評価

(売買目的有価証券)　18,000　(有価証券評価損益)　18,000

期末時価（1口あたり）　¥3,528,000 ÷ 36,000口 = @¥98
（¥3,528,000：次期繰越額）

有価証券評価損益　¥3,528,000 − ¥3,510,000 = ¥18,000（評価益）

6月30日　売買目的有価証券の売却

(未収入金)	1,173,600	(売買目的有価証券)	1,176,000
(有価証券売却損)	2,400		

売却口数　36,000口 × $\frac{1}{3}$ = 12,000口

売却代金　12,000口 × @¥97.8 = ¥1,173,600

帳簿価額　12,000口 × @¥98（前期末時価） = ¥1,176,000

有価証券売却損　¥1,176,000 − ¥1,173,600 = ¥2,400

問２　売買目的有価証券：洗替方式

1．x6年中の取引

7月1日　売買目的有価証券の購入

(売買目的有価証券)	3,510,000	(未払金)	3,510,000

2．x7年中の取引

3月31日　時価評価

(売買目的有価証券)	18,000	(有価証券評価損益)	18,000

4月1日　振戻し

(有価証券評価損益)	18,000	(売買目的有価証券)	18,000

6月30日　売買目的有価証券の売却

(未収入金)	1,173,600	(売買目的有価証券)	1,170,000
		(有価証券売却益)	3,600

帳簿価額　12,000口 × @¥97.5（取得原価） = ¥1,170,000

有価証券売却益　¥1,173,600 − ¥1,170,000 = ¥3,600

問３　満期保有目的債券

1．x6年中の取引

7月1日　満期保有目的債券の購入

(満期保有目的債券)	3,510,000	(未払金)	3,510,000

2．x7年中の取引

3月31日　償却原価法（定額法）

(満期保有目的債券)	13,500	(有価証券利息)	13,500

当期償却額　（¥3,600,000（額面総額） − ¥3,510,000（取得原価））× $\frac{9カ月}{5年 \times 12カ月}$ = ¥13,500

問題番号 2-05

固定資産1

解答

建　　物

月	日	摘要	借方	月	日	摘要	貸方
4	1	前期繰越	2,258,000	9	30	（ シ ）	1,400,000
				3	31	（ ク ）	36,000
					〃	（ サ ）	822,000
			2,258,000				2,258,000
4	1	前期繰越	822,000				

備　　品

月	日	摘要	借方	月	日	摘要	貸方
4	1	前期繰越	900,000	12	31	（ シ ）	400,000
				3	31	（ サ ）	500,000
			900,000				900,000
4	1	前期繰越	500,000				

備品減価償却累計額

月	日	摘要	借方	月	日	摘要	貸方
12	31	（ オ ）	100,000	4	1	前期繰越	280,000
3	31	（ サ ）	244,000	3	31	（ ク ）	64,000
			344,000				344,000
				4	1	前期繰越	244,000

固定資産売却損

月	日	摘要	借方	月	日	摘要	貸方
9	30	（ エ ）	25,000	3	31	（ コ ）	25,000

固定資産除却損

月	日	摘要	借方	月	日	摘要	貸方
12	31	（ オ ）	73,750	3	31	（ コ ）	73,750

解説

固定資産に関する勘定記入の問題である。

〈解　法〉各固定資産の減価償却

建物A：取得原価￥1,500,000

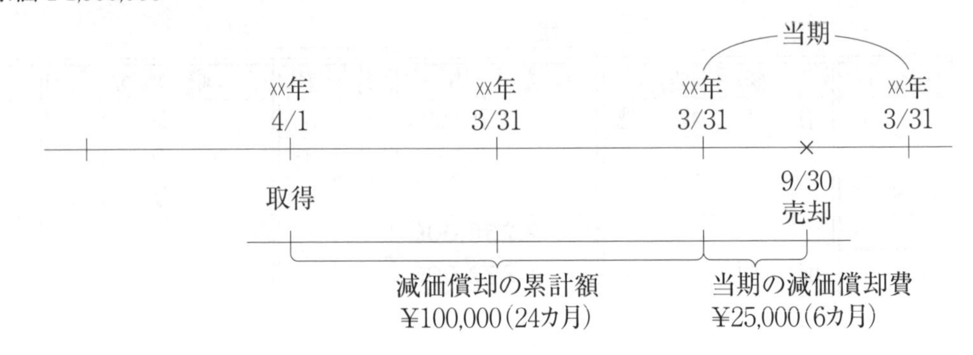

建物B：取得原価￥1,200,000

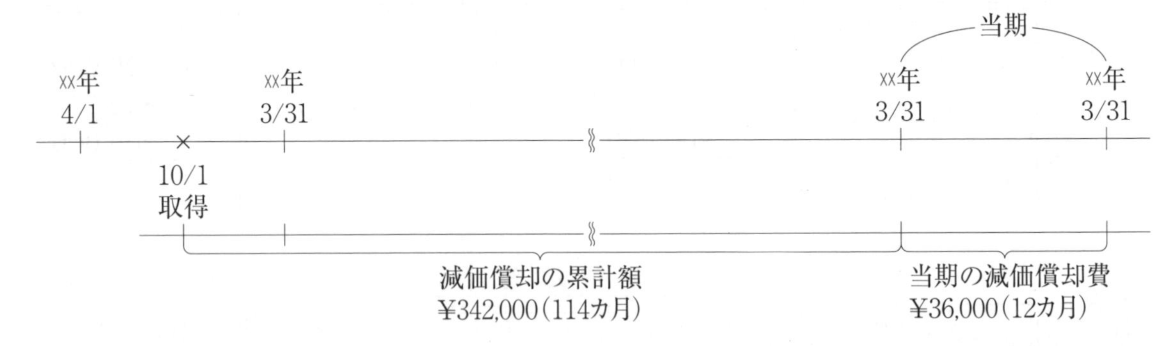

備品甲：取得原価￥500,000

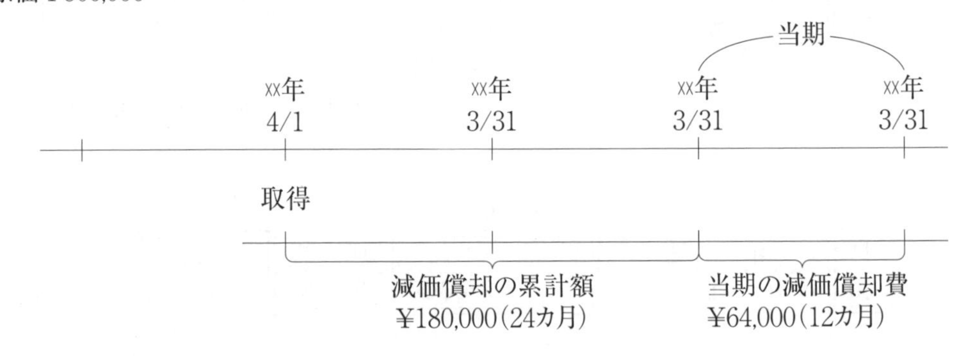

備品乙：取得原価￥400,000

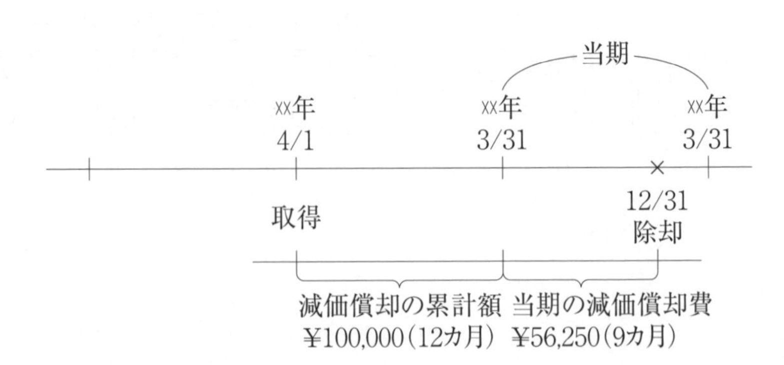

1．期中処理

9月30日　建物Aの売却

（減価償却費）	25,000	（建物）	1,400,000
（現金）	675,000		
（営業外受取手形）	675,000		
（固定資産売却損）	25,000		

減価償却の累計額　（￥1,500,000÷30年）×2年（経過年数）＝￥100,000

期首帳簿価額　￥1,500,000－￥100,000＝￥1,400,000

当期減価償却費　（￥1,500,000÷30年）×$\frac{6カ月}{12カ月}$＝￥25,000

売却時の帳簿価額　￥1,400,000－￥25,000＝￥1,375,000

固定資産売却損　￥1,375,000－￥1,350,000（売却価額）＝￥25,000

11月30日　手形代金回収

（当座預金）	675,000	（営業外受取手形）	675,000

12月31日　備品乙の除却

（備品減価償却累計額）	100,000	（備品）	400,000
（減価償却費）	56,250		
（貯蔵品）	170,000		
（固定資産除却損）	73,750		

償却保証額　￥400,000×0.07909＝￥31,636

200％定率法償却率　（1÷8年）×200％＝0.250

第1年目の調整前償却額　￥400,000×0.250＝￥100,000

調整前償却額が償却保証額を上回っているため、調整前償却額を減価償却費とする。

当期減価償却費　（￥400,000－￥100,000）×0.250×$\frac{9カ月}{12カ月}$＝￥56,250

除却時の帳簿価額　￥400,000－￥100,000－￥56,250＝￥243,750

固定資産除却損　￥243,750－￥170,000（処分価値）＝￥73,750

2．決算（3月31日）

(1) 減価償却

借方科目	金額	貸方科目	金額
（減価償却費）	100,000	（建物）	36,000
		（備品減価償却累計額）	64,000

建物B　（¥1,200,000－¥1,200,000×10%）÷30年＝¥36,000
（残存価額：¥1,200,000×10%）

備品甲

償却保証額　¥500,000×0.06552＝¥32,760

200%定率法償却率　（1÷10年）×200%＝0.200

第1年目の調整前償却額　¥500,000×0.200＝¥100,000

第2年目の調整前償却額　（¥500,000－¥100,000）×0.200＝¥80,000

第3年目（当期）の調整前償却額　（¥500,000－¥100,000－¥80,000）×0.200＝¥64,000

調整前償却額が償却保証額を上回っているため、調整前償却額を減価償却費とする。

(2) 決算振替仕訳

借方科目	金額	貸方科目	金額
（損益）	98,750	（固定資産売却損）	25,000
		（固定資産除却損）	73,750

本問では、減価償却費勘定が示されていないため、決算振替において、減価償却費は考慮していない。

問題番号 2-06 固定資産2

解答

(1) 当期の諸勘定（一部）

建　　物

年	月	日	摘要	借方	貸方	借/貸	残高
x7	4	1	前期繰越	6,000,000		借	6,000,000
	10	1	（イ）	800,000		〃	6,800,000
x8	3	31	（コ）		6,800,000		
				6,800,000	6,800,000		
x8	4	1	前期繰越	6,800,000		借	6,800,000

備品減価償却累計額

年	月	日	摘要	借方	貸方	借/貸	残高
x8	3	31	（ケ）		300,000	貸	300,000
		〃	（コ）	300,000			
				300,000	300,000		
x8	4	1	前期繰越		300,000	貸	300,000

ソ　フ　ト　ウ　ェ　ア

日付			摘要	借方	貸方	借/貸	残高
年	月	日					
x7	4	1	前期繰越	2,305,000		借	2,305,000
	10	1	（　カ　）	2,000,000		〃	4,305,000
x8	3	31	固定資産除却損		480,000		
		〃	ソフトウェア償却		827,500	借	2,997,500
		〃	（　コ　）		2,997,500		
				4,305,000	4,305,000		
x8	4	1	前期繰越	2,997,500		借	2,997,500

(2)　当期の固定資産除却損の金額　¥　480,000

解説

固定資産に関する問題である。

〈解　法〉各固定資産の減価償却

建物（事務所）：取得原価¥6,000,000

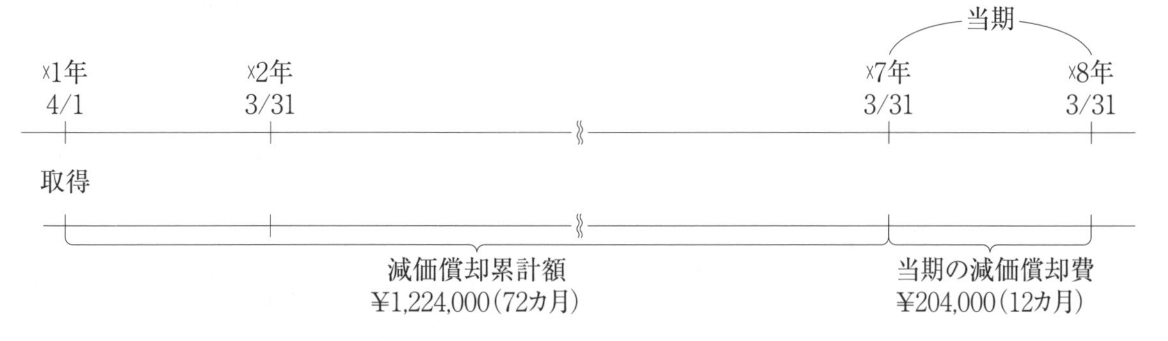

建物（資本的支出）：取得原価¥800,000

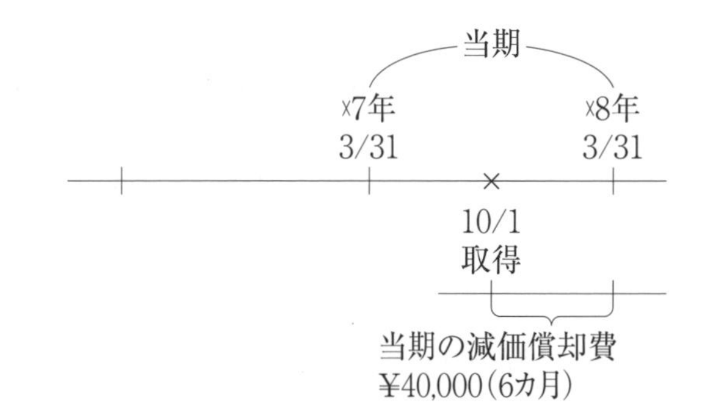

備品：取得原価￥600,000

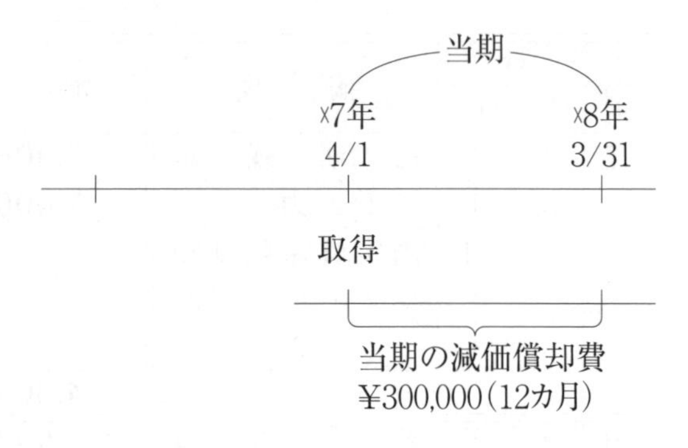

ソフトウェア（Aシステム）：取得原価￥1,600,000

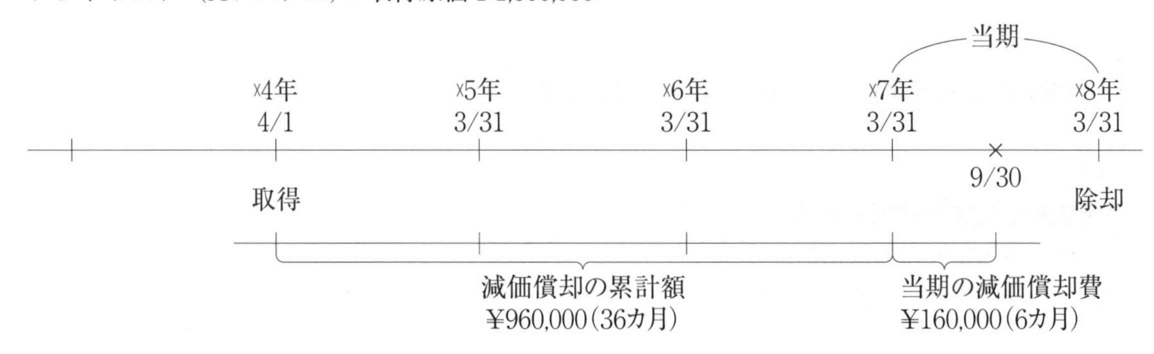

ソフトウェア（Bシステム）：取得原価￥2,500,000

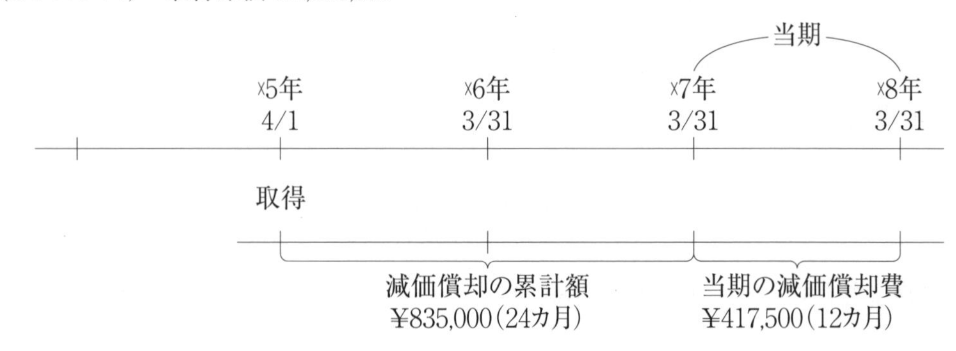

ソフトウェア（Cシステム）：取得原価￥2,000,000

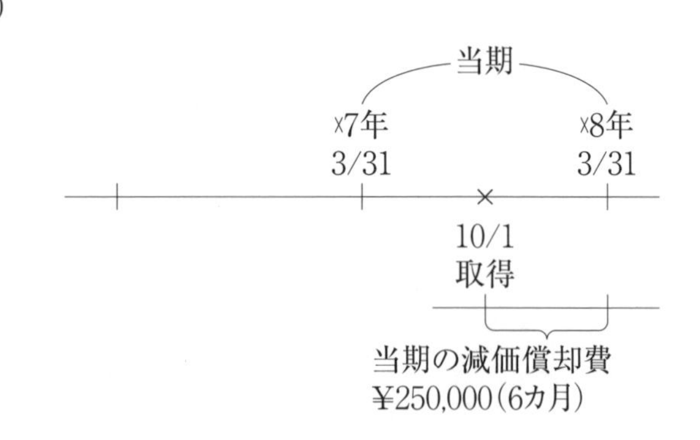

固定資産に関する各勘定の記入および固定資産除却損を求める問題である。

1．各勘定の前期繰越

(1) 建　物　固定資産管理台帳より￥6,000,000

(2) ソフトウェア

① Aシステム

(イ) 前期末までの償却額　￥1,600,000×0.200×3年＝￥960,000
（3年：経過年数）

(ロ) ￥1,600,000－￥960,000＝￥640,000

② Bシステム

(イ) 前期末までの償却額　￥2,500,000×0.167×2年＝￥835,000
（2年：経過年数）

(ロ) ￥2,500,000－￥835,000＝￥1,665,000

③ ①＋②＝￥2,305,000

2．当期の取引および決算整理仕訳

x7年4月1日　備品の購入

借方科目	金額	貸方科目	金額
(備　品)	600,000	(未　払　金)	600,000

x7年10月1日　建物（事務所）の改修

借方科目	金額	貸方科目	金額
(建　物)	800,000	(当　座　預　金)	1,000,000
(修　繕　費)	200,000		

資本的支出　￥1,000,000×80%＝￥800,000

収益的支出　￥1,000,000－￥800,000＝￥200,000

x7年10月1日　ソフトウェア（Cシステム）の導入

借方科目	金額	貸方科目	金額
(ソ フ ト ウ ェ ア)	2,000,000	(未　払　金)	2,000,000

x8年3月31日　ソフトウェア（Aシステム）の除却

借方科目	金額	貸方科目	金額
(ソフトウェア償却)	160,000	(ソ フ ト ウ ェ ア)	640,000
(固定資産除却損)	480,000		

ソフトウェア償却　$¥1,600,000 \times 0.200 \times \frac{6カ月（x7年4月1日〜9月30日）}{12カ月} = ¥160,000$

固定資産除却損　￥640,000－￥160,000＝￥480,000
（￥640,000：期首帳簿価額）

x8年3月31日　決算整理仕訳

(1) 有形固定資産

借方科目	金額	貸方科目	金額
(減 価 償 却 費)	544,000	(建物減価償却累計額)	244,000
		(備品減価償却累計額)	300,000

建　物

事　務　所　¥6,000,000 × 0.034 ＝ ¥204,000

資本的支出　¥800,000 × 0.100 × $\frac{6カ月}{12カ月}$ ＝ ¥ 40,000
（0.100：耐用年数10年の償却率）

合計 ¥244,000

備　品　¥600,000 × 0.500 ＝ ¥300,000

(2)　無形固定資産

（ソフトウェア償却）	667,500	（ソフトウェア）	667,500

Bシステム　¥2,500,000 × 0.167 ＝ ¥417,500

Cシステム　¥2,000,000 × 0.250 × $\frac{6カ月}{12カ月}$ ＝ ¥250,000

合計 ¥667,500

3．当期の固定資産（ソフトウェア）除却損　¥480,000

2-07 株主資本等変動計算書

解答

株主資本等変動計算書

自×6年4月1日　至×7年3月31日　（単位：円）

	株主資本		
	資本金	資本剰余金	
		資本準備金	その他資本剰余金
当期首残高	(8,500,000)	(500,000)	(600,000)
当期変動額			
剰余金の配当		(20,000)	(△220,000)
別途積立金の積立て			
新株の発行	(480,000)	(480,000)	
吸収合併	(720,000)	(450,000)	
当期純利益			
株主資本以外の項目の当期変動額(純額)			
当期変動額合計	(1,200,000)	(950,000)	(△220,000)
当期末残高	(9,700,000)	(1,450,000)	(380,000)

（下段へ続く）

（上段より続く）

	株主資本				評価・換算差額等	純資産合計
	利益剰余金			株主資本合計	その他有価証券評価差額金	
	利益準備金	その他利益剰余金				
		別途積立金	繰越利益剰余金			
当期首残高	(300,000)	(125,000)	(1,300,000)	(11,325,000)	0	(11,325,000)
当期変動額						
剰余金の配当	(80,000)		(△880,000)	(△1,000,000)		(△1,000,000)
別途積立金の積立て		(55,000)	(△55,000)	(0)		(0)
新株の発行				(960,000)		(960,000)
吸収合併				(1,170,000)		(1,170,000)
当期純利益			(600,000)	(600,000)		(600,000)
株主資本以外の項目の当期変動額(純額)					(10,000)	(10,000)
当期変動額合計	(80,000)	(55,000)	(△335,000)	(1,730,000)	(10,000)	(1,740,000)
当期末残高	(380,000)	(180,000)	(965,000)	(13,055,000)	(10,000)	(13,065,000)

解説

株主資本等変動計算書を作成する問題である。

1. 剰余金の配当等

借方	金額	貸方	金額
(その他資本剰余金)	220,000	(未払配当金)	1,000,000
(繰越利益剰余金)	935,000	(資本準備金)	20,000
		(利益準備金)	80,000
		(別途積立金)	55,000

2. 新株の発行（増資）

借方	金額	貸方	金額
(当座預金)	960,000	(資本金)	480,000
		(資本準備金)	480,000

払込金額　800株×@¥1,200＝¥960,000

資本金　$¥960,000 \times \frac{1}{2} = ¥480,000$

資本準備金　¥960,000－¥480,000（資本金）＝¥480,000

3. 吸収合併

借方	金額	貸方	金額
(諸資産)	2,000,000	(諸負債)	900,000
(のれん)	70,000	(資本金)	720,000
		(資本準備金)	450,000

取得原価　900株×@¥1,300＝¥1,170,000

増加資本金　900株×@¥800＝¥720,000

資本準備金　900株×@¥1,300－¥720,000（増加資本金）＝¥450,000

のれん　¥1,170,000（取得原価）－(¥2,000,000（諸資産）－¥900,000（諸負債）)＝¥70,000

4. その他有価証券の評価替え

借方	金額	貸方	金額
(その他有価証券)	10,000	(その他有価証券評価差額金)	10,000

評価差額　¥110,000（時価）－¥100,000（取得原価）＝¥10,000（評価益）

5. 当期純利益

借方	金額	貸方	金額
(損益)	600,000	(繰越利益剰余金)	600,000

問題番号 2-08
連結精算表

解答

連　結　精　算　表

(単位：円)

科　目	個別財務諸表		修正・消去		連結財務諸表
	P　社	S　社	借　方	貸　方	
貸借対照表					連結貸借対照表
諸資産	36,900	14,800			**51,700**
商品	4,900	1,800			**6,640**
土地	20,000	7,500			**27,400**
S社株式	10,200	——			——
のれん					**486**
資産合計	72,000	24,100			**86,226**
諸負債	(26,000)	(8,700)			(**34,700**)
資本金	(22,000)	(8,000)			(**22,000**)
資本剰余金	(10,000)	(2,000)			(**10,000**)
利益剰余金	(14,000)	(5,400)			(**14,954**)
非支配株主持分					(**4,572**)
負債・純資産合計	(72,000)	(24,100)			(**86,226**)
損益計算書					連結損益計算書
売上高	(68,750)	(18,800)			(**85,550**)
諸収益	(3,500)	(5,100)			(**8,600**)
受取配当金	(280)	——			——
固定資産売却益		(100)			——
売上原価	55,000	15,980			**69,040**
諸費用	13,900	6,820			**20,720**
のれん償却					**27**
当期純利益	(3,630)	(1,200)			(**4,363**)
非支配株主に帰属する当期純利益					**312**
親会社株主に帰属する当期純利益	(3,630)	(1,200)			(**4,051**)

※（　）は、貸方金額を表す。なお、修正・消去欄は記入しなくてよい。

解説

連結精算表を作成する問題である。

1. S社の資本の推移

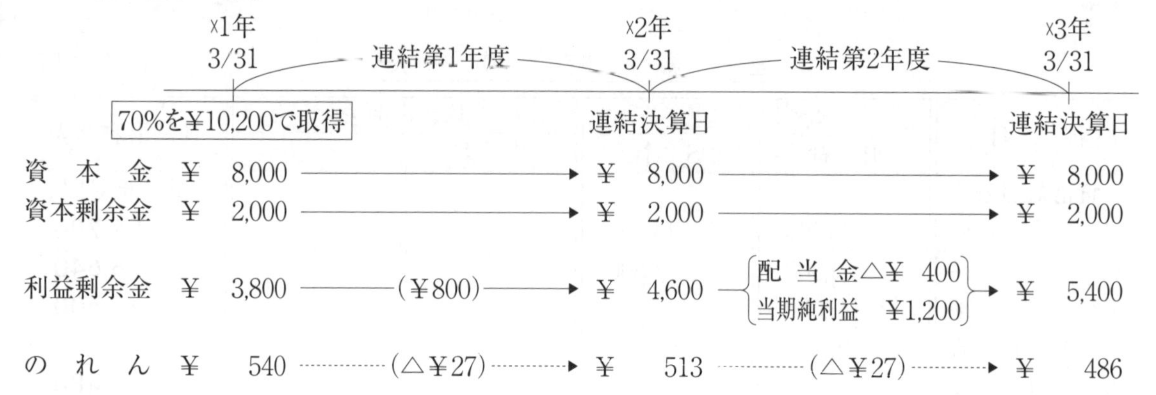

2. 開始仕訳

(1) 投資と資本の相殺消去

(資本金期首残高)	8,000	(S社株式)	10,200
(資本剰余金期首残高)	2,000	(非支配株主持分期首残高)	4,140
(利益剰余金期首残高)	3,800		
(のれん)	540		

のれん ¥10,200(S社株式) − (¥8,000(資本金) + ¥2,000(資本剰余金) + ¥3,800(利益剰余金)) × 70%(親会社持分割合) = ¥540

非支配株主持分 (¥8,000(資本金) + ¥2,000(資本剰余金) + ¥3,800(利益剰余金)) × 30%(非支配株主持分割合) = ¥4,140

(2) のれんの償却

(利益剰余金期首残高) のれん償却(前年度)	27	(のれん)	27

のれん償却 $¥540 \times \frac{1年}{20年} = ¥27$

(3) 利益剰余金増減額の非支配株主持分への振替え

(利益剰余金期首残高) 非支配株主に帰属する当期純利益(前年度)	240	(非支配株主持分期首残高)	240

非支配株主持分への振替額 (¥4,600 − ¥3,800)(増加利益剰余金) × 30%(非支配株主持分割合) = ¥240

3. のれんの償却

(のれん償却)	27	(のれん)	27

4．当期純利益の非支配株主持分への振替え

借方	金額	貸方	金額
(非支配株主に帰属する当期純利益)	360	(非支配株主持分)	360

非支配株主持分への振替額　￥1,200×30%＝￥360
（子会社当期純利益　非支配株主持分割合）

5．配当金の修正

借方	金額	貸方	金額
(非支配株主持分)	120	(配当金)	400
(受取配当金)	280		

非支配株主への支払額　￥400×30%＝￥120
（非支配株主持分割合）

親会社への支払額　￥400×70%＝￥280
（親会社持分割合）

6．非減価償却資産に含まれる未実現利益の消去

借方	金額	貸方	金額
(固定資産売却益)	100	(土地)	100
(非支配株主持分)	30	(非支配株主に帰属する当期純利益)	30

固定資産売却益　￥900－￥800＝￥100
（売却価額　帳簿価額）

非支配株主の負担額　￥100×30%＝￥30
（未実現利益　非支配株主持分割合）

7．商品売買取引の相殺消去

借方	金額	貸方	金額
(売上高)	2,000	(売上原価)	2,000

8．期末棚卸資産に含まれる未実現利益の消去

借方	金額	貸方	金額
(売上原価)	60	(商品)	60
(非支配株主持分)	18	(非支配株主に帰属する当期純利益)	18

未実現利益　￥400×15%＝￥60
（期末商品　売上総利益率）

非支配株主の負担額　￥60×30%＝￥18
（非支配株主持分割合）

〈参　考〉開始仕訳

下記仕訳は、上記２．開始仕訳(1)～(3)の仕訳を累積したものである。

借方	金額	貸方	金額
(資本金期首残高)	8,000	(S社株式)	10,200
(資本剰余金期首残高)	2,000	(非支配株主持分期首残高)	4,380
(利益剰余金期首残高)	4,067		
(のれん)	513		

問題番号 3-01

決算整理後残高試算表

解答

決算整理後残高試算表 (単位：円)

借　方	勘定科目	貸　方
3,730,000	現金預金	
200,000	受取手形	
1,550,000	売掛金	
1,280,000	売買目的有価証券	
489,000	繰越商品	
1,000,000	貸付金	
1,830,000	建物	
512,000	備品	
6,500,000	土地	
605,000	その他有価証券	
	支払手形	150,000
	買掛金	420,000
	借入金	400,000
	未払利息	2,200
	貸倒引当金	83,000
	資本金	12,000,000
	資本準備金	2,000,000
	利益準備金	500,000
	別途積立金	300,000
	繰越利益剰余金	946,000
15,000	その他有価証券評価差額金	
	売上	8,239,000
	受取利息	19,000
	受取配当金	50,000
	有価証券評価損益	64,000
5,871,000	仕入	
900,000	給料	
100,000	保険料	
120,000	消耗品費	
10,000	棚卸減耗損	
5,000	商品評価損	
150,000	研究開発費	
77,000	貸倒引当金繰入	
218,000	減価償却費	
11,200	支払利息	
25,173,200		25,173,200

決算整理後残高試算表を作成する問題である。

〈解　法〉決算整理後残高試算表などを作成する問題では、問題資料の決算整理前残高試算表を利用して解答する。

決算整理前残高試算表

×7年3月31日　（単位：円）

	借　方	勘定科目	貸　方	
＋¥30,000	3,700,000	現金預金		
	200,000	受取手形		
	1,550,000	売掛金		
＋¥32,000＋¥45,000－¥13,000	1,216,000	売買目的有価証券		
¥504,000－¥10,000－¥5,000	~~475,000~~	繰越商品		
	1,000,000	貸付金		
△¥90,000	1,920,000	建物		
△¥128,000	640,000	備品		
	6,500,000	土地		
＋¥30,000－¥45,000	620,000	その他有価証券		
		支払手形	150,000	
		買掛金	420,000	
		借入金	400,000	
		貸倒引当金	6,000	＋¥58,000＋¥19,000
		資本金	12,000,000	
		資本準備金	2,000,000	
		利益準備金	500,000	
		別途積立金	300,000	
		繰越利益剰余金	946,000	
		売上	8,239,000	
		受取利息	19,000	
期首商品＋¥475,000		受取配当金	20,000	＋¥30,000
期末商品△¥504,000	5,900,000	仕入		
	900,000	給料		
	100,000	保険料		
△¥150,000	270,000	消耗品費		
＋¥2,200	9,000	支払利息		
	25,000,000		25,000,000	

損益計算書：費　用		損益計算書：収　益	
研究開発費	¥150,000	¥32,000＋¥45,000－¥13,000	有価証券評価益
棚卸減耗損	¥10,000		
商品評価損	¥5,000		
貸倒引当金繰入	¥58,000＋¥19,000		
減価償却費	¥90,000＋¥128,000		

貸借対照表：資　産		貸借対照表：負債・純資産	
		¥30,000－¥45,000	その他有価証券評価差額金
		¥2,200	未払費用（利息）

Ⅰ　未処理事項等

1．配当金領収証

（現金預金）	30,000	（受取配当金）	30,000

2．研究開発費

（研究開発費）	150,000	（消耗品費）	150,000

Ⅱ　決算整理事項等

1．売上原価の算定および期末商品の評価

（仕入）	475,000	（繰越商品）	475,000
（繰越商品）	504,000	（仕入）	504,000
（棚卸減耗損）	10,000	（繰越商品）	10,000
（商品評価損）	5,000	（繰越商品）	5,000

棚卸減耗損　¥504,000（帳簿棚卸高）－¥494,000（実地棚卸高）＝¥10,000

商品評価損　¥14,000－¥9,000（正味売却価額）＝¥5,000

2．有価証券

(1)　A社株式（売買目的有価証券）

（売買目的有価証券）	32,000	（有価証券評価損益）	32,000

有価証券評価損益　¥278,000（時価）－¥246,000（帳簿価額）＝¥32,000（評価益）

(2)　B社株式（売買目的有価証券）

（売買目的有価証券）	45,000	（有価証券評価損益）	45,000

有価証券評価損益　¥582,000（時価）－¥537,000（帳簿価額）＝¥45,000（評価益）

(3)　C社株式（売買目的有価証券）

（有価証券評価損益）	13,000	（売買目的有価証券）	13,000

有価証券評価損益　¥420,000（時価）－¥433,000（帳簿価額）＝△¥13,000（評価損）

(4) D社株式（その他有価証券）

（その他有価証券） 30,000 （その他有価証券評価差額金） 30,000

評価差額 ¥380,000（時価）－¥350,000（帳簿価額）＝¥30,000（評価益）

(5) E社株式（その他有価証券）

（その他有価証券評価差額金） 45,000 （その他有価証券） 45,000

評価差額 ¥225,000（時価）－¥270,000（帳簿価額）＝△¥45,000（評価損）

3．貸倒引当金

(1) 営業債権

（貸倒引当金繰入） 58,000 （貸倒引当金） 58,000

貸倒見積額 甲社：（¥100,000－¥40,000）×50% ＝¥30,000

その他：（¥200,000（受取手形）＋¥1,550,000（売掛金）－¥100,000（甲社分））×2%＝¥33,000

¥63,000

貸倒引当金繰入 ¥63,000－¥5,000（貸倒引当金）＝¥58,000

(2) 営業外債権

（貸倒引当金繰入） 19,000 （貸倒引当金） 19,000

貸倒見積額 ¥1,000,000（貸付金）×2%＝¥20,000

貸倒引当金繰入 ¥20,000－¥1,000（貸倒引当金）＝¥19,000

4．減価償却

(1) 建物

（減価償却費） 90,000 （建物） 90,000

取得原価の推定（取得原価をXとする）

$$X-(X-0.1X)\times\frac{12年}{30年}=¥1,920,000$$

$$0.64X=¥1,920,000$$

$$X=¥3,000,000$$

減価償却費 $\frac{¥3,000,000-¥3,000,000\times 10\%}{30年}=¥90,000$

(2) 備　品

(減価償却費)	128,000	(備　　品)	128,000

200%定率法償却率　(1÷10年)×200%＝0.200

取得原価の推定 (取得原価をXとする)

X－0.200X＝¥640,000

0.8X＝¥640,000

X＝¥800,000

償却保証額　¥800,000×0.06552＝¥52,416

前期末における減価償却累計額　¥800,000（取得原価）－¥640,000（帳簿価額）＝¥160,000

調整前償却額　(¥800,000－¥160,000)×0.200＝¥128,000

調整前償却額が償却保証額を上回っているため、調整前償却額を減価償却費とする。

5．費用の未払い

(支払利息)	2,200	(未払利息)	2,200

3-02 損益計算書1

解答

損益計算書

自x2年4月1日　至x3年3月31日　（単位：円）

Ⅰ 売上高		10,273,600
Ⅱ 売上原価		
1 期首商品棚卸高	(**629,200**)	
2 当期商品仕入高	(**7,893,600**)	
合計	(**8,522,800**)	
3 期末商品棚卸高	(**608,400**)	
差引	(**7,914,400**)	
4 棚卸減耗損	(**10,530**)	
5 商品評価損	(**6,120**)	(**7,931,050**)
売上総利益		(**2,342,550**)
Ⅲ 販売費及び一般管理費		
1 給料	1,096,480	
2 保険料	173,350	
3 支払家賃	(**315,600**)	
4 貸倒引当金繰入	(**10,780**)	
5 減価償却費	(**476,400**)	
6 退職給付費用	(**41,500**)	(**2,114,110**)
営業利益		(**228,440**)
Ⅳ 営業外収益		
1 受取地代		181,600
Ⅴ 営業外費用		
1 支払利息	(**28,250**)	
2 手形売却損	(**420**)	
3 (**棚卸減耗損**)	(**1,170**)	
4 有価証券評価損	(**9,000**)	(**38,840**)
経常利益		(**371,200**)
Ⅵ 特別利益		
1 固定資産売却益		72,800
税引前当期純利益		(**444,000**)
法人税、住民税及び事業税	(**151,200**)	
法人税等調整額	(△ **18,000**)	(**133,200**)
当期純利益		(**310,800**)

解説

損益計算書を作成する問題である。

〈解　法〉財務諸表などを作成する問題では、問題資料の決算整理前残高試算表を利用して解答する。

決算整理前残高試算表

×3年3月31日　（単位：円）

	借　方	勘定科目	貸　方	
	245,880	現　　　金		
+¥84,580－¥170,000	596,800	当座預金		
¥15,980←2%×｛△¥85,000	265,200	受取手形		
	618,800	売　掛　金		
△¥9,000	758,000	売買目的有価証券		
¥608,400－¥11,700－¥6,120	~~629,200~~	繰越商品		
△¥61,000	61,000	仮払法人税等		
	1,800,000	備　　　品		
	960,000	車両運搬具		
	474,000	リース資産		
	3,800,000	土　　　地		
		支払手形	182,000	
		買　掛　金	431,600	
		リース債務	474,000	△¥158,000
		貸倒引当金	5,200	+¥10,780
		備品減価償却累計額	648,000	+¥230,400
		車両運搬具減価償却累計額	216,000	+¥88,000
		長期借入金	650,000	
		退職給付引当金	208,000	+¥41,500
		資　本　金	5,200,000	
		資本準備金	480,000	
		利益準備金	310,000	
		繰越利益剰余金	529,160	
		売　　　上	10,273,600	
期首商品+¥629,200		受取地代	181,600	
期末商品△¥608,400		固定資産売却益	72,800	
棚卸減耗損+¥　10,530	7,893,600	仕　　　入		
商品評価損+¥　6,120	1,096,480	給　　　料		
	173,350	保　険　料		
△¥157,800	473,400	支払家賃		
+¥12,000	16,250	支払利息		
	19,861,960		19,861,960	

損益計算書：費　用		損益計算書：収　益	
手形売却損	¥420		
貸倒引当金繰入	¥10,780		
有価証券評価損	¥9,000		
棚卸減耗損(営業外費用)	¥1,170		
減価償却費	¥230,400＋¥88,000＋¥158,000		
退職給付費用	¥41,500		
法人税、住民税及び事業税	¥151,200		
法人税等調整額(貸方)	¥18,000		

貸借対照表：資　産		貸借対照表：負債・純資産	
リース資産減価償却累計額(貸方)	¥158,000	¥90,200	未払法人税等
前払費用(家賃)	¥157,800		
繰延税金資産	¥18,000		

Ⅰ　未処理事項

1．手形の割引き

(当座預金)	84,580	(受取手形)	85,000
(手形売却損)	420		

手形売却損　¥85,000－¥84,580＝¥420

2．リース料の支払い

(リース債務)	158,000	(当座預金)	170,000
(支払利息)	12,000		

支払利息　(¥170,000(年間リース料)×3年－¥474,000(リース物件の現金購入価額))÷3年＝¥12,000

リース債務　¥170,000－¥12,000＝¥158,000

Ⅱ　決算整理事項等

1．貸倒引当金

(貸倒引当金繰入)	10,780	(貸倒引当金)	10,780

貸倒見積額　{(¥265,200(受取手形)－¥85,000(手形の割引き))＋¥618,800(売掛金)}×2％＝¥15,980

貸倒引当金繰入　¥15,980－¥5,200(貸倒引当金)＝¥10,780

2．売買目的有価証券

(有価証券評価損益)	9,000	(売買目的有価証券)	9,000

有価証券評価損益　¥749,000(時価)－¥758,000(帳簿価額)＝△¥9,000（評価損）

3．売上原価の算定、期末商品の評価および棚卸減耗損等の売上原価算入

借方	金額	貸方	金額
(仕　　　　入)	629,200	(繰　越　商　品)	629,200
(繰　越　商　品)	608,400	(仕　　　　入)	608,400
(棚　卸　減　耗　損)	11,700	(繰　越　商　品)	11,700
(商　品　評　価　損)	6,120	(繰　越　商　品)	6,120
(仕　　　　入)	10,530	(棚　卸　減　耗　損)	10,530
(仕　　　　入)	6,120	(商　品　評　価　損)	6,120

期末帳簿棚卸高　780個（帳簿数量）×@¥780（帳簿価額）＝¥608,400

棚卸減耗損　(780個（帳簿数量）－765個（実地数量）)×@¥780（帳簿価額）＝¥11,700

棚卸減耗損（営業外費用）　¥11,700×10％＝¥1,170
棚卸減耗損（売上原価算入）　¥11,700－¥1,170＝¥10,530
商品評価損　765個（実地数量）×(@¥780（帳簿価額）－@¥772（正味売却価額）)＝¥6,120

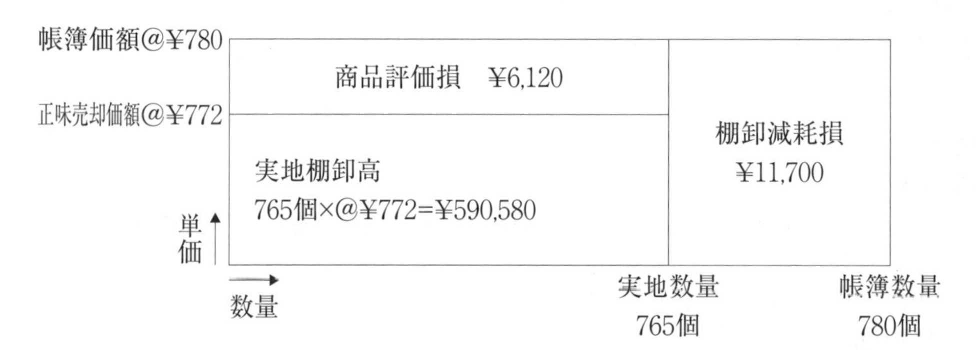

4．減価償却

(1)　備　品

借方	金額	貸方	金額
(減　価　償　却　費)	230,400	(備品減価償却累計額)	230,400

償却保証額　¥1,800,000×0.06552＝¥117,936
200％定率法償却率　(1÷10年)×200％＝0.200
調整前償却額　(¥1,800,000－¥648,000)×0.200＝¥230,400
　調整前償却額が償却保証額を上回っているため、調整前償却額を減価償却費とする。

(2)　車両運搬具

借方	金額	貸方	金額
(減　価　償　却　費)	88,000	(車両運搬具減価償却累計額)	88,000

減価償却費　$¥960{,}000\times\frac{11{,}000\text{km}}{120{,}000\text{km}}=¥88{,}000$

(3)　リース資産

借方	金額	貸方	金額
(減　価　償　却　費)	158,000	(リース資産減価償却累計額)	158,000

減価償却費　¥474,000÷3年＝¥158,000

5．退職給付引当金

借方	金額	貸方	金額
(退　職　給　付　費　用)	41,500	(退　職　給　付　引　当　金)	41,500

6．費用の前払い

（前　払　家　賃）	157,800	（支　払　家　賃）	157,800

前払家賃　$¥473{,}400 \times \dfrac{6カ月}{18カ月} = ¥157{,}800$

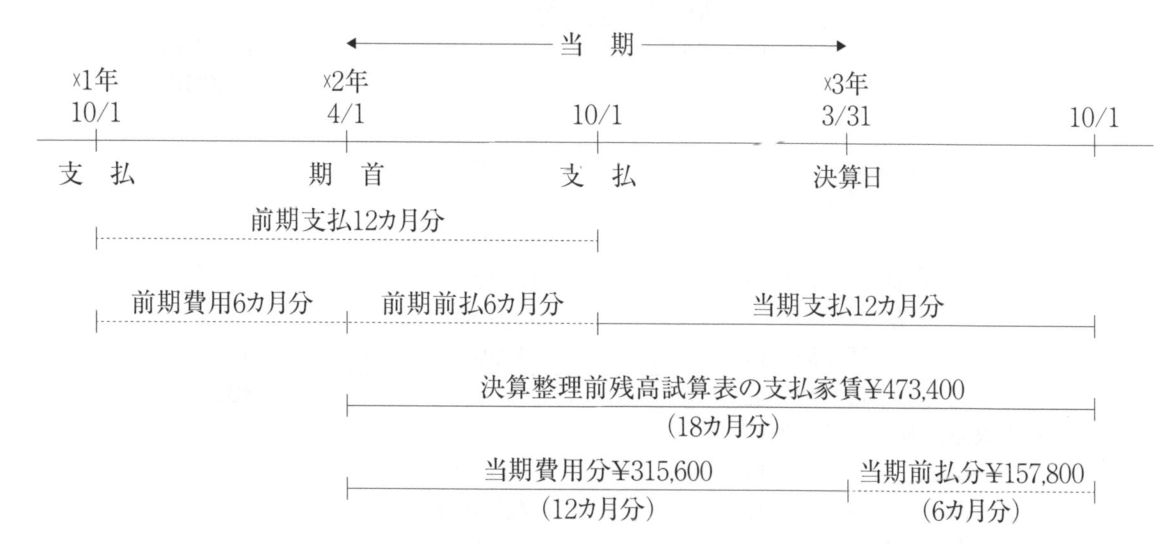

当期の家賃支払額のうち、翌期の6カ月分（x3年4月1日～9月30日）を前払いしているが、前期支払額のうち当期に属する6カ月分が期首再振替仕訳により支払家賃勘定（費用）に振替えられている。よって、決算整理前残高試算表の支払家賃は、当期支払分と合わせて18カ月分の金額となる。

7．法人税等

(1)　法人税、住民税及び事業税

（法人税、住民税及び事業税）	151,200	（仮　払　法　人　税　等）	61,000
		（未　払　法　人　税　等）	90,200

未払法人税等　¥151,200－¥61,000＝¥90,200

(2)　税効果会計

（繰　延　税　金　資　産）	18,000	（法 人 税 等 調 整 額）	18,000

法人税等調整額　¥60,000×30%＝¥18,000
損金不算入額

3-03 損益計算書2

解答

損益計算書

自×5年4月1日　至×6年3月31日　(単位：円)

Ⅰ 売上高		(546,000)
Ⅱ 売上原価		
1 期首商品棚卸高	(19,000)	
2 当期商品仕入高	(369,000)	
合計	(388,000)	
3 期末商品棚卸高	(32,000)	
差引	(356,000)	
4 商品評価損	(1,800)	(357,800)
売上総利益		(188,200)
Ⅲ 販売費及び一般管理費		
1 給料	41,000	
2 通信費	(6,250)	
3 支払家賃	56,000	
4 棚卸減耗損	(3,200)	
5 貸倒損失	(7,000)	
6 貸倒引当金繰入	(4,900)	
7 修繕引当金繰入	(5,500)	
8 減価償却費	(6,400)	
9 のれん償却	(1,000)	(131,250)
営業利益		(56,950)
Ⅳ 営業外収益		
1 受取配当金	5,500	
2 受取手数料	16,000	
3 (**有価証券評価益**)	(14,000)	(35,500)
Ⅴ 営業外費用		
1 雑損		(750)
経常利益		(91,700)
Ⅵ 特別利益		
1 固定資産売却益		4,000
税引前当期純利益		(95,700)
法人税、住民税及び事業税		(28,710)
当期純利益		(66,990)

損益計算書を作成する問題である。

〈解　法〉財務諸表などを作成する問題では、問題資料の決算整理前残高試算表を利用して解答する。

決 算 整 理 前 残 高 試 算 表

×6年3月31日　（単位：円）

	借　方	勘 定 科 目	貸　方	
	110,000	現 金 預 金		
△¥29,000	29,000	現金過不足		
¥6,400←2%×{ + ¥27,000	181,000	受 取 手 形		
△¥ 7,000	119,000	売 掛 金		
+ ¥5,000 − ¥1,000 + ¥10,000	46,000	売買目的有価証券		
¥32,000 − ¥3,200 − ¥1,800	~~19,000~~	繰 越 商 品		
	50,000	備 品		
△¥1,000	2,000	の れ ん		
△¥3,000 + ¥5,000	41,000	その他有価証券		
		買 掛 金	105,000	
		修繕引当金	4,500	+ ¥5,500
		貸倒引当金	1,500	+ ¥4,900
		備品減価償却累計額	18,000	+ ¥6,400
		資 本 金	350,000	
		利益準備金	15,000	
		繰越利益剰余金	2,500	
		売 上	546,000	
		受取配当金	5,500	
		受取手数料	16,000	
期 首 商 品 + ¥19,000		固定資産売却益	4,000	
期 末 商 品 △¥32,000 }	369,000	仕 入		
商品評価損 + ¥ 1,800	41,000	給 料		
+ ¥1,250	5,000	通 信 費		
	56,000	支 払 家 賃		
	1,068,000		1,068,000	

損益計算書：費　用		損益計算書：収　益	
雑損	¥750	¥5,000－¥1,000＋¥10,000	有価証券評価益
貸倒損失	¥7,000		
貸倒引当金繰入	¥4,900		
棚卸減耗損	¥3,200		
減価償却費	¥6,400		
のれん償却	¥1,000		
修繕引当金繰入	¥5,500		
法人税、住民税及び事業税	¥28,710		

貸借対照表：資　産		貸借対照表：負債・純資産	
		△¥3,000＋¥5,000	その他有価証券評価差額金
		¥5,500	修繕引当金
		¥28,710	未払法人税等

Ⅰ　決算整理前残高試算表の金額

1．給　料　損益計算書より¥41,000

2．備品減価償却累計額

1年目　¥50,000×20%　＝¥10,000
2年目　(¥50,000－¥10,000)×20%＝¥ 8,000
¥18,000

3．資本金　貸借差額により¥350,000

Ⅱ　未処理事項

1．現金過不足

(受取手形)	27,000	(現金過不足)	29,000
(通信費)	1,250		
(雑損)	750		

受取手形の訂正額　¥96,000－¥69,000＝¥27,000

雑損　¥29,000（現金過不足）－¥27,000（受取手形の訂正）－¥1,250（通信費の記帳漏れ）＝¥750

2．売掛金（当期発生）の貸倒れ

(貸倒損失)	7,000	(売掛金)	7,000

Ⅲ　決算整理事項等

1．貸倒引当金

(貸倒引当金繰入)	4,900	(貸倒引当金)	4,900

貸倒見積額　{(¥181,000（受取手形）＋¥27,000（受取手形の訂正）)＋(¥119,000（売掛金）－¥7,000（貸倒れ）)}×2%＝¥6,400

貸倒引当金繰入　¥6,400－¥1,500（貸倒引当金）＝¥4,900

2．売上原価の算定、期末商品の評価および商品評価損の売上原価算入

(仕入)	19,000	(繰越商品)	19,000
(繰越商品)	32,000	(仕入)	32,000
(棚卸減耗損)	3,200	(繰越商品)	3,200
(商品評価損)	1,800	(繰越商品)	1,800
(仕入)	1,800	(商品評価損)	1,800

期末帳簿棚卸高　200個（帳簿数量）×@¥160（原価）＝¥32,000

棚卸減耗損　(200個（帳簿数量）－180個（実地数量）)×@¥160（原価）＝¥3,200

商品評価損　180個（実地数量）×(@¥160（原価）－@¥150（正味売却価額）)＝¥1,800

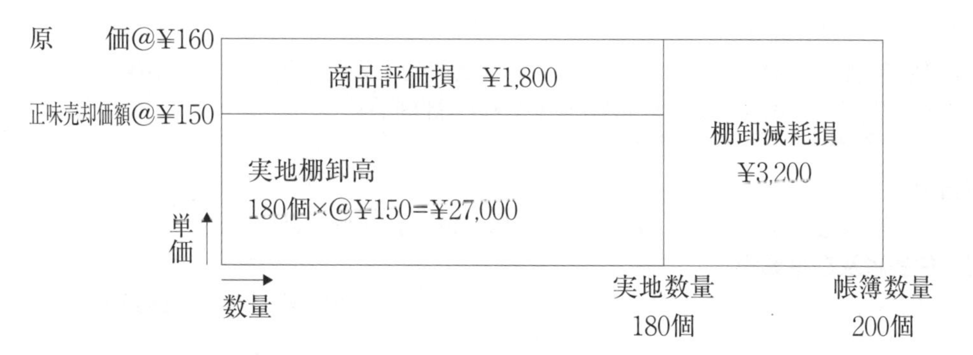

3．売買目的有価証券

(1)　A社株式（売買目的有価証券）

(売買目的有価証券)	5,000	(有価証券評価損益)	5,000

有価証券評価損益　100株（株数）×(@¥150（時価）－@¥100（帳簿価額）)＝¥5,000（評価益）

(2)　B社株式（売買目的有価証券）

(有価証券評価損益)	1,000	(売買目的有価証券)	1,000

有価証券評価損益　50株（株数）×(@¥100（時価）－@¥120（帳簿価額）)＝△¥1,000（評価損）

(3)　C社株式（売買目的有価証券）

(売買目的有価証券)	10,000	(有価証券評価損益)	10,000

有価証券評価損益　200株（株数）×(@¥200（時価）－@¥150（帳簿価額）)＝¥10,000（評価益）

4．減価償却（備品）

(減価償却費)	6,400	(備品減価償却累計額)	6,400

減価償却費　(¥50,000－¥18,000（備品減価償却累計額）)×20％＝¥6,400

5．のれんの償却

(の　れ　ん　償　却)	1,000	(の　　れ　　ん)	1,000

のれん償却　$¥2,000 \times \frac{1年}{5年-3年} = ¥1,000$

のれんは5年で毎期均等額の償却を行うが、当期はのれんを計上してから第4年度目に該当するため、第1年度から第3年度の償却額はすでにのれん勘定（資産）から減額されている。よって、決算整理前残高試算表ののれんは、当期を含めて残り2年で償却する。

6．その他有価証券

(1)　D社株式（その他有価証券）

(その他有価証券評価差額金)	3,000	(そ の 他 有 価 証 券)	3,000

評価差額　150株（株数）×（@¥120（時価）－@¥140（帳簿価額））＝△¥3,000（評価損）

(2)　E社株式（その他有価証券）

(そ の 他 有 価 証 券)	5,000	(その他有価証券評価差額金)	5,000

評価差額　250株（株数）×（@¥100（時価）－@¥80（帳簿価額））＝¥5,000（評価益）

7．修繕引当金

(修 繕 引 当 金 繰 入)	5,500	(修　繕　引　当　金)	5,500

8．法人税、住民税及び事業税

(法人税、住民税及び事業税)	28,710	(未 払 法 人 税 等)	28,710

法人税、住民税及び事業税　¥95,700（税引前当期純利益）×30％＝¥28,710

損益計算書3

解答

損益計算書

自××年1月1日　至××年12月31日　（単位：円）

Ⅰ 売上高		(3,600,000)
Ⅱ 売上原価		
1 期首商品棚卸高	(**130,000**)	
2 当期商品仕入高	(**2,200,000**)	
合計	(**2,330,000**)	
3 期末商品棚卸高	(**157,000**)	
差引	(**2,173,000**)	
4 棚卸減耗損	(**7,740**)	
5 (**商品評価損**)	(**6,660**)	(**2,187,400**)
(**売上総利益**)		(**1,412,600**)
Ⅲ 販売費及び一般管理費		
1 給料	670,000	
2 消耗品費	4,700	
3 支払地代	160,000	
4 (**貸倒引当金繰入**)	(**32,000**)	
5 減価償却費	(**350,000**)	(**1,216,700**)
(**営業利益**)		(**195,900**)
Ⅳ 営業外収益		
1 有価証券利息	(**2,000**)	
2 受取手数料	3,300	(**5,300**)
Ⅴ 営業外費用		
1 支払利息	1,100	
2 (**為替差損**)	(**100**)	(**1,200**)
経常利益		(**200,000**)
Ⅵ 特別利益		
1 保険差益		800
税引前当期純利益		(**200,800**)
法人税、住民税及び事業税	(**65,940**)	
法人税等調整額	(△ **5,700**)	(**60,240**)
(**当期純利益**)		(**140,560**)

解説

損益計算書を作成する問題である。

〈解　法〉財務諸表などを作成する問題では、問題資料の決算整理前残高試算表を利用して解答する。

決算整理前残高試算表

××年12月31日　(単位：円)

修正	借　方	勘定科目	貸　方	修正
	1,842,600	現金預金		
¥39,000←2%×{	749,400	受取手形		
△¥400	1,201,000	売掛金		
¥157,000－¥7,740－¥6,660	~~130,000~~	繰越商品		
△¥1,800,000	1,800,000	仮払金		
＋¥1,800,000	9,600,000	建物		
	100,000	リース資産		
＋¥1,000	96,000	満期保有目的債券		
＋¥2,000	47,000	その他有価証券		
△¥6,000＋¥11,700	6,000	繰延税金資産		
		支払手形	245,000	
		買掛金	455,000	
		リース債務	80,000	
		借入金	100,000	
		貸倒引当金	7,000	＋¥32,000
		建物減価償却累計額	4,800,000	＋¥330,000
		資本金	8,000,000	
		利益準備金	520,000	
		繰越利益剰余金	795,400	
		売上	3,600,000	
		有価証券利息	1,000	＋¥1,000
		受取手数料	3,300	
期首商品＋¥130,000		為替差損益	300	△¥400
期末商品△¥157,000		保険差益	800	
棚卸減耗損＋¥　7,740	2,200,000	仕入		
商品評価損＋¥　6,660	670,000	給料		
	4,700	消耗品費		
	160,000	支払地代		
	1,100	支払利息		
	18,607,800		18,607,800	

損益計算書：費　用		損益計算書：収　益	
貸倒引当金繰入	¥32,000		
減価償却費	¥330,000＋¥20,000		
法人税等調整額(貸方)	△¥6,000＋¥11,700		
法人税、住民税及び事業税	¥65,940		

貸借対照表：資　産		貸借対照表：負債・純資産	
リース資産減価償却累計額(貸方)	¥20,000	¥600	繰延税金負債
		¥1,400	その他有価証券評価差額金
		¥65,940	未払法人税等

1．売掛金（外貨建金銭債権）

借方	金額	貸方	金額
(為替差損益)	400	(売掛金)	400

売掛金の外貨額　¥20,000÷@¥100＝200ドル
（@¥100：取引日の為替相場）

貸借対照表価額　200ドル×@¥98＝¥19,600
（@¥98：決算日の為替相場）

為替差損益　¥19,600－¥20,000＝△¥400（損）

2．貸倒引当金

借方	金額	貸方	金額
(貸倒引当金繰入)	32,000	(貸倒引当金)	32,000

貸倒見積額　{¥749,400＋(¥1,201,000－¥400)}×2%＝¥39,000
（¥749,400：受取手形、¥1,201,000：売掛金、¥400：換算替え）

貸倒引当金繰入　¥39,000－¥7,000＝¥32,000
（¥7,000：貸倒引当金）

3．売上原価の算定、期末商品の評価および棚卸減耗損等の売上原価算入

借方	金額	貸方	金額
(仕入)	130,000	(繰越商品)	130,000
(繰越商品)	157,000	(仕入)	157,000
(棚卸減耗損)	7,740	(繰越商品)	7,740
(商品評価損)	6,660	(繰越商品)	6,660
(仕入)	7,740	(棚卸減耗損)	7,740
(仕入)	6,660	(商品評価損)	6,660

棚卸減耗損　¥157,000－¥149,260＝¥7,740
（¥157,000：帳簿棚卸高、¥149,260：実地棚卸高(原価)）

4．有価証券

(1)　丙社社債（満期保有目的債券）

（満期保有目的債券）	1,000	（有価証券利息）	1,000

償却原価法　$(¥100{,}000 - ¥96{,}000) \times \dfrac{12カ月}{12カ月 \times 5年 - 12カ月} = ¥1{,}000$
（¥100,000：額面総額　¥96,000：帳簿価額）

当期は満期保有目的債券を取得してから第2年度目に該当するため、第1年度の償却額は、すでに満期保有目的債券勘定（資産）に加算されている。よって、決算整理前残高試算表の満期保有目的債券（帳簿価額）と額面総額との差額は当期を含めて残り48カ月で償却する。

(2)　丁社株式（その他有価証券）

（その他有価証券）	2,000	（繰延税金負債）	600
		（その他有価証券評価差額金）	1,400

評価差額　¥49,000 − ¥47,000 = ¥2,000（評価益）
（¥49,000：時価　¥47,000：帳簿価額）

繰延税金負債　¥2,000 × 30％ = ¥600
その他有価証券評価差額金　¥2,000 − ¥600 = ¥1,400

5．建　物

(1)　改装工事（資本的支出）

（建物）	1,800,000	（仮払金）	1,800,000

(2)　減価償却

（減価償却費）	330,000	（建物減価償却累計額）	330,000

減価償却費
　既存建物　¥9,600,000 ÷ 40年 = ¥240,000
　資本的支出　¥1,800,000 ÷ 20年 = ¥　90,000
　　¥330,000

6．リース資産（減価償却）

（減価償却費）	20,000	（リース資産減価償却累計額）	20,000

減価償却費　¥100,000 ÷ 5年 = ¥20,000

7．税効果会計（貸倒引当金）

(1)　差異の解消（当期損金算入）

（法人税等調整額）	6,000	（繰延税金資産）	6,000

法人税等調整額　¥20,000 × 30％ = ¥6,000
（¥20,000：前期末損金不算入額）

(2)　差異の発生

（繰延税金資産）	11,700	（法人税等調整額）	11,700

法人税等調整額　¥39,000 × 30％ = ¥11,700
（¥39,000：当期末損金不算入額）

8．法人税、住民税及び事業税

（法人税、住民税及び事業税）	65,940	（未払法人税等）	65,940

課税所得　¥200,800 − ¥20,000 + ¥39,000 = ¥219,800
（¥200,800：税引前当期純利益　¥20,000：損金算入額　¥39,000：損金不算入額）

法人税、住民税及び事業税　¥219,800 × 30％ = ¥65,940

問題番号 3-05 貸借対照表1

解答

貸借対照表

×4年3月31日現在 (単位：円)

資産の部		
Ⅰ 流動資産		
現金預金		(8,290)
受取手形	(1,200)	
貸倒引当金	(24)	(1,176)
売掛金	(1,800)	
貸倒引当金	(36)	(1,764)
(**有価証券**)		(7,800)
商品		(1,755)
前払費用		(60)
Ⅱ 固定資産		
建物	(60,000)	
減価償却累計額	(19,800)	(40,200)
車両運搬具	(12,000)	
減価償却累計額	(4,320)	(7,680)
土地		(45,000)
長期貸付金		(20,000)
(**投資有価証券**)		(5,760)
資産合計		(139,485)
負債の部		
Ⅰ 流動負債		
支払手形		(1,100)
買掛金		(1,300)
短期借入金		(10,000)
未払法人税等		(2,900)
負債合計		(15,300)
純資産の部		
Ⅰ 株主資本		
資本金		(90,000)
資本準備金		(15,000)
利益準備金		(3,000)
別途積立金		(7,000)
繰越利益剰余金		(9,185)
純資産合計		(124,185)
負債・純資産合計		(139,485)

解説

貸借対照表を作成する問題である。

〈解　法〉財務諸表などを作成する問題では、問題資料の決算整理前残高試算表を利用して解答する。

決算整理前残高試算表

×4年3月31日　(単位：円)

修正	借　方	勘定科目	貸　方	修正
	8,290	現金預金		
¥60←2%×(受取手形・売掛金)	1,200	受取手形		
	1,800	売掛金		
+¥300－¥200	7,700	売買目的有価証券		
¥2,000－¥50－¥195	~~1,500~~	繰越商品		
	60,000	建物		
	12,000	車両運搬具		
	45,000	土地		
	20,000	長期貸付金		
+¥60	5,700	満期保有目的債券		
		支払手形	1,100	
		買掛金	1,300	
		短期借入金	10,000	
		貸倒引当金	20	+¥40
		建物減価償却累計額	19,650	+¥150
		車両運搬具減価償却累計額	4,160	+¥160
		資本金	90,000	
		資本準備金	15,000	
		利益準備金	3,000	
		別途積立金	7,000	
		繰越利益剰余金	2,890	
		売上	45,000	
		受取利息	400	
		受取配当金	300	
		有価証券利息	120	+¥60
期首商品+¥1,500 期末商品△¥2,000 商品評価損+¥ 195	27,500	仕入		
	5,150	給料		
△¥60	240	保険料		
+¥150+¥160	3,410	減価償却費		
	250	支払利息		
	200	固定資産売却損		
	199,940		199,940	

損益計算書：費　用		損益計算書：収　益	
棚卸減耗損	¥50	¥300－¥200	有価証券評価損益
貸倒引当金繰入	¥40		
法人税、住民税及び事業税	¥2,900		

貸借対照表：資　産		貸借対照表：負債・純資産	
前払費用（保険料）	¥60	¥2,900	未払法人税等

1．売上原価の算定、期末商品の評価および商品評価損の売上原価算入

（仕　　入）	1,500	（繰越商品）	1,500
（繰越商品）	2,000	（仕　　入）	2,000
（棚卸減耗損）	50	（繰越商品）	50
（商品評価損）	195	（繰越商品）	195
（仕　　入）	195	（商品評価損）	195

期末帳簿棚卸高　200個×@¥10＝¥2,000
（200個：帳簿数量、@¥10：原価）

棚卸減耗損　（200個－195個）×@¥10＝¥50
（200個：帳簿数量、195個：実地数量、@¥10：原価）

商品評価損　195個×（@¥10－@¥9）＝¥195
（195個：実地数量、@¥10：原価、@¥9：正味売却価額）

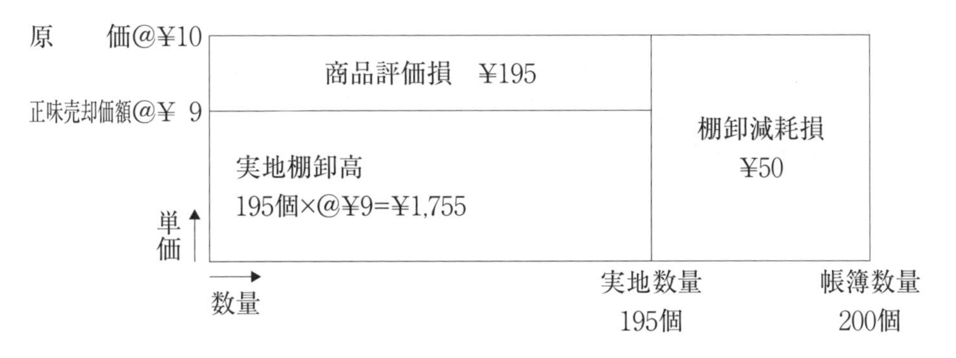

2．貸倒引当金

（貸倒引当金繰入）	40	（貸倒引当金）	40

貸倒見積額　（¥1,200＋¥1,800）×2%＝¥60
（¥1,200：受取手形、¥1,800：売掛金）

貸倒引当金繰入　¥60－¥20＝¥40
（¥20：貸倒引当金）

3．減価償却

(1) 建　物

(減　価　償　却　費)	150	(建物減価償却累計額)	150

年間減価償却費 $\frac{¥60{,}000 - ¥60{,}000 \times 10\%}{30年} = ¥1{,}800$

当月計上額　¥1,800 − ¥150（見積計上額）× 11カ月 = ¥150

(2) 車両運搬具

(減　価　償　却　費)	160	(車両運搬具減価償却累計額)	160

期首減価償却累計額　¥4,160（減価償却累計額）− ¥160（見積計上額）× 11カ月 = ¥2,400

年間減価償却費　(¥12,000 − ¥2,400) × 20% = ¥1,920

当月計上額　¥1,920 − ¥160 × 11カ月 = ¥160

4．売買目的有価証券

(1) A社株式

(売買目的有価証券)	300	(有価証券評価損益)	300

有価証券評価損益　¥4,800（時価）− ¥4,500（帳簿価額）= ¥300（評価益）

(2) B社株式

(有価証券評価損益)	200	(売買目的有価証券)	200

有価証券評価損益　¥3,000（時価）− ¥3,200（帳簿価額）= △¥200（評価損）

5．満期保有目的債券

(満期保有目的債券)	60	(有　価　証　券　利　息)	60

償却原価法　(¥6,000（額面総額）− ¥5,700（帳簿価額）) × $\frac{12カ月}{12カ月 \times 5年}$ = ¥60

6．費用の前払い

（前　払　保　険　料）　60　（保　　険　　料）　60

前払保険料　¥240×$\frac{4カ月}{16カ月}$＝¥60

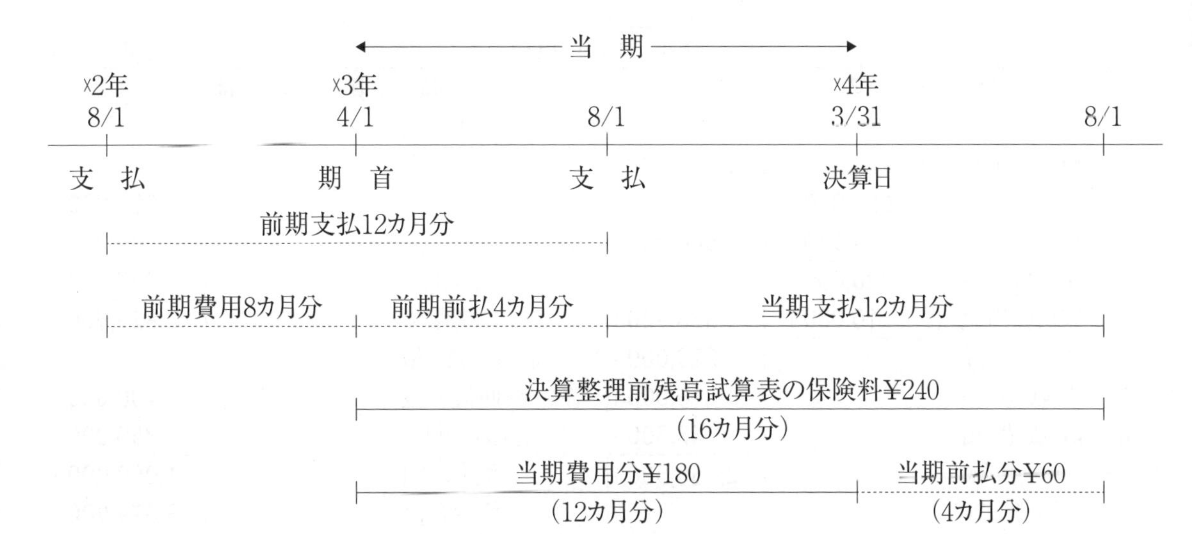

当期の保険料支払額のうち、翌期の4カ月分（x4年4月1日～7月31日）を前払いしているが、前期支払額のうち当期に属する4カ月分が期首再振替仕訳により保険料勘定（費用）に振替えられている。よって、決算整理前残高試算表の保険料は、当期支払分と合わせて16カ月分の金額となる。

7．法人税、住民税及び事業税

（法人税、住民税及び事業税）　2,900　（未 払 法 人 税 等）　2,900

3-06 貸借対照表2

解答

貸　借　対　照　表

×6年3月31日現在　(単位：円)

資産の部			負債の部		
Ⅰ 流動資産			Ⅰ 流動負債		
1．現金預金		(1,182,000)	1．支払手形		(1,100,000)
2．受取手形	(664,000)		2．買掛金		(981,000)
貸倒引当金	(19,920)	(644,080)	3．未払金		(400,000)
3．売掛金	(336,000)		4．未払法人税等		(348,900)
貸倒引当金	(10,080)	(325,920)	流動負債合計		(2,829,900)
4．商品		(229,000)	Ⅱ 固定負債		
5．未収収益		(10,000)	1．長期借入金		(700,000)
6．前払費用		(47,500)	2．退職給付引当金		(350,000)
流動資産合計		(2,438,500)	固定負債合計		(1,050,000)
Ⅱ 固定資産			負債合計		(3,879,900)
1．建物	(3,500,000)		純資産の部		
減価償却累計額	(1,603,750)	(1,896,250)	Ⅰ 株主資本		
2．備品	(900,000)		1．資本金		(4,400,000)
減価償却累計額	(439,200)	(460,800)	2．資本剰余金		
3．車両運搬具	(1,000,000)		(1) 資本準備金	(800,000)	
減価償却累計額	(80,000)	(920,000)	資本剰余金合計		(800,000)
4．土地		(4,000,000)	3．利益剰余金		
5．投資有価証券		(982,000)	(1) 利益準備金	(420,000)	
固定資産合計		(8,259,050)	(2) その他利益剰余金		
			繰越利益剰余金	(1,197,650)	
			利益剰余金合計		(1,617,650)
			株主資本合計		(6,817,650)
			純資産合計		(6,817,650)
資産合計		(10,697,550)	負債・純資産合計		(10,697,550)

貸借対照表を作成する問題である。

〈解　法〉財務諸表などを作成する問題では、問題資料の決算整理前残高試算表を利用して解答する。

決算整理前残高試算表

×6年3月31日　（単位：円）

修正	借方	勘定科目	貸方	修正
	1,182,000	現金預金		
¥30,000←3%×	664,000	受取手形		
△¥200,000	536,000	売掛金		
△¥58,000－¥100,000	158,000	仮払金		
¥285,000－¥9,500－¥46,500	~~255,000~~	繰越商品		
+¥500,000	3,000,000	建物		
	900,000	備品		
	1,000,000	車両運搬具		
	4,000,000	土地		
+¥12,000	970,000	満期保有目的債券		
		支払手形	1,100,000	
		買掛金	981,000	
		仮受金	200,000	△¥200,000
		貸倒引当金	21,100	+¥8,900
		建物減価償却累計額	1,500,000	+¥103,750
		備品減価償却累計額	324,000	+¥115,200
		長期借入金	750,000	△¥50,000
		退職給付引当金	340,000	△¥155,000+¥165,000
		資本金	4,400,000	
		資本準備金	800,000	
		利益準備金	420,000	
期首商品+¥255,000		繰越利益剰余金	383,000	
期末商品△¥285,000		売上	9,700,000	
棚卸減耗損+¥　9,500		有価証券利息	10,000	+¥12,000+¥10,000
商品評価損+¥　46,500	6,900,000	仕入		
△¥155,000	1,155,000	給料		
△¥47,500	114,000	保険料		
+¥8,000	65,100	支払利息		
	30,000	株式交付費		
	20,929,100		20,929,100	

損益計算書：費　用		損益計算書：収　益	
貸倒引当金繰入	¥8,900		
減価償却費	¥298,950		
退職給付費用	¥165,000		
法人税、住民税及び事業税	¥348,900		

貸借対照表：資　産		貸借対照表：負債・純資産	
車両運搬具減価償却累計額(貸方)	¥80,000	¥400,000	未払金
未収収益(有価証券利息)	¥10,000	¥348,900	未払法人税等
前払費用(保険料)	¥47,500		

Ⅰ　未処理事項等

1．仮払金の振替え

(1)　長期借入金の返済

(長期借入金)	50,000	(仮払金)	58,000
(支払利息)	8,000		

長期借入金の返済額　¥58,000－¥8,000＝¥50,000

(2)　建物建設工事

(建物)	500,000	(仮払金)	100,000
		(未払金)	400,000

未払金　¥500,000－¥100,000＝¥400,000

2．仮受金の振替え

(仮受金)	200,000	(売掛金)	200,000

3．退職給付

(退職給付引当金)	155,000	(給料)	155,000

Ⅱ　決算整理事項等

1．貸倒引当金

(貸倒引当金繰入)	8,900	(貸倒引当金)	8,900

貸倒見積額　{¥664,000（受取手形）＋(¥536,000（売掛金）－¥200,000（売掛金の回収）)}×3%＝¥30,000

貸倒引当金繰入　¥30,000－¥21,100（貸倒引当金）＝¥8,900

2．売上原価の算定、期末商品の評価および棚卸減耗損等の売上原価算入

(仕入)	255,000	(繰越商品)	255,000
(繰越商品)	285,000	(仕入)	285,000
(棚卸減耗損)	9,500	(繰越商品)	9,500
(商品評価損)	46,500	(繰越商品)	46,500
(仕入)	9,500	(棚卸減耗損)	9,500
(仕入)	46,500	(商品評価損)	46,500

期末帳簿棚卸高

甲商品　125個 × @ ¥400 = ¥　50,000
　　　　帳簿数量　帳簿価額

乙商品　300個 × @ ¥250 = ¥　75,000
　　　　帳簿数量　帳簿価額

丙商品　200個 × @ ¥300 = ¥　60,000
　　　　帳簿数量　帳簿価額

丁商品　200個 × @ ¥500 = ¥100,000
　　　　帳簿数量　帳簿価額　¥285,000

棚卸減耗損

甲商品　(125個 − 120個) × @ ¥400 = ¥2,000
　　　　帳簿数量　実地数量　帳簿価額

乙商品　(300個 − 290個) × @ ¥250 = ¥2,500
　　　　帳簿数量　実地数量　帳簿価額

丁商品　(200個 − 190個) × @ ¥500 = ¥5,000
　　　　帳簿数量　実地数量　帳簿価額　¥9,500

丙商品については、帳簿棚卸数量と実地棚卸数量が一致しているため、棚卸減耗損を計上しない。

商品評価損

甲商品　120個 × (@ ¥400 − @ ¥300) = ¥12,000
　　　　実地数量　帳簿価額　正味売却価額

乙商品　290個 × (@ ¥250 − @ ¥200) = ¥14,500
　　　　実地数量　帳簿価額　正味売却価額

丙商品　200個 × (@ ¥300 − @ ¥200) = ¥20,000
　　　　実地数量　帳簿価額　正味売却価額　¥46,500

丁商品については、帳簿価額よりも正味売却価額の方が高いため、商品評価損を計上しない。

〈甲商品〉

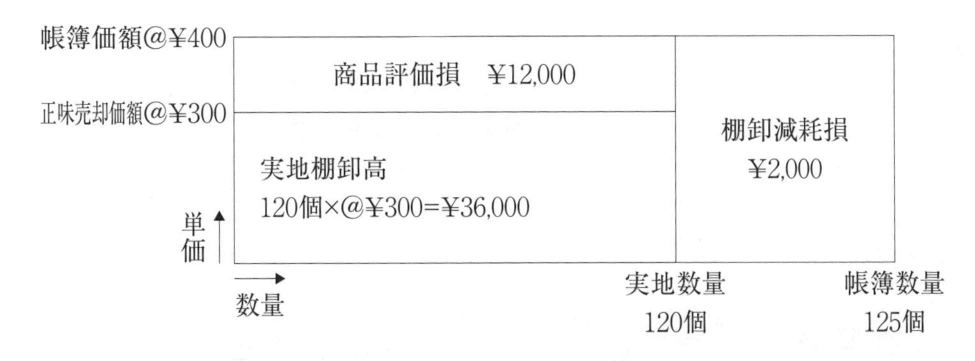

〈乙商品〉

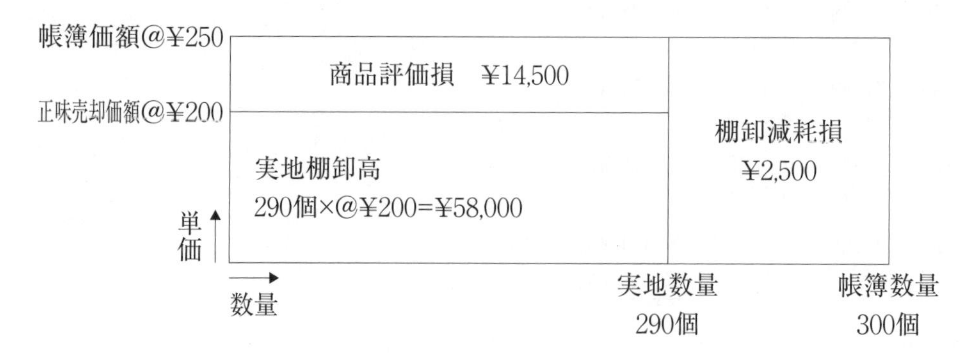

〈丙商品〉

〈丁商品〉

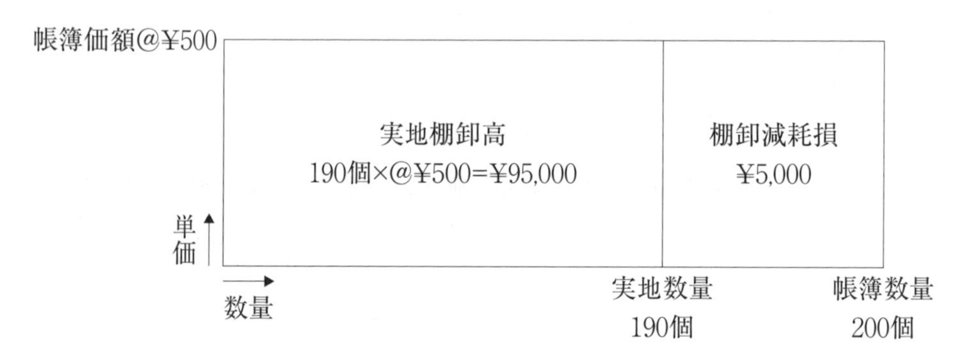

3．減価償却

(減　価　償　却　費)	298,950	(建物減価償却累計額)	103,750
		(備品減価償却累計額)	115,200
		(車両運搬具減価償却累計額)	80,000

減価償却費

建　物：既存建物　$\dfrac{¥3,000,000-¥3,000,000\times10\%}{30年}$ ＝¥　90,000

新 建 物　$\dfrac{¥500,000-¥500,000\times10\%}{30年}\times\dfrac{11カ月}{12カ月}$ ＝¥　13,750

¥103,750

備　品　(¥900,000－¥324,000)×20%　＝¥115,200

車両運搬具　$¥1,000,000\times\dfrac{12,000km}{150,000km}$ ＝¥　80,000

¥298,950

4．満期保有目的債券

(1)　償却原価法

（満期保有目的債券）	12,000	（有価証券利息）	12,000

取得口数　¥970,000 ÷ @¥97 = 10,000口
帳簿価額

額面総額　10,000口 × @¥100 = ¥1,000,000

償却原価法　$(¥1{,}000{,}000 - ¥970{,}000) \times \frac{12カ月}{30カ月} = ¥12{,}000$

償却原価法（定額法）における償却期間は、取得日から償還日まで（x5年4月1日～x7年9月30日）の期間である。よって、決算整理前残高試算表の満期保有目的債券（帳簿価額）と額面総額との差額は当期を含めて残り30カ月で償却する。

(2)　収益の未収

（未収有価証券利息）	10,000	（有価証券利息）	10,000

未収有価証券利息　$¥1{,}000{,}000 \times 2\% \times \frac{6カ月}{12カ月} = ¥10{,}000$
額面総額

5．退職給付引当金

（退職給付費用）	165,000	（退職給付引当金）	165,000

退職給付費用　¥350,000 − (¥340,000 − ¥155,000) = ¥165,000
設定額　退職給付引当金　当期退職給付

6．費用の前払い

（前払保険料）	47,500	（保険料）	47,500

前払保険料　$¥114{,}000 \times \frac{5カ月}{12カ月} = ¥47{,}500$

7．法人税、住民税及び事業税

（法人税、住民税及び事業税）	348,900	（未払法人税等）	348,900

4-01 仕訳問題：材料費会計

解答

	借方		貸方	
	記号	金額	記号	金額
1	（ イ ）	3,150,000	（ ア ）	3,150,000
	（ ）		（ ）	
2	（ イ ）	390,000	（ ア ）	375,000
	（ ）		（ オ ）	15,000
3	（ ウ ）	1,030,000	（ イ ）	1,030,000
	（ ）		（ ）	
4	（ カ ）	24,500	（ ア ）	24,500
	（ ）		（ ）	
5	（ カ ）	8,000	（ オ ）	8,000
	（ ）		（ ）	

解説

1．材料を購入した問題である。

（材　料）3,150,000　（現　金）3,150,000

(1) 材料購入原価　2,500個×@1,200円＋150,000円＝3,150,000円

2．材料を購入した問題である。

（材　料）390,000　（現　金）375,000
　　　　　　　　　（材料副費）15,000

(1) 材料副費予定配賦額　375,000円×4％＝15,000円
(2) 購入原価　375,000円＋15,000円＝390,000円

3．材料費を計上した問題である。

（仕掛品）1,030,000　（材　料）1,030,000

消費量2,000個に対する材料費は、月初有高500個と、当月購入量2,000個のうち1,500個より計算する。

(1) 当月の購入単価　1,040,000円÷2,000個＝@520円
(2) 素材の消費額　250,000円＋1,500個×@520円＝1,030,000円

4．材料消費価格差異を計上した問題である。

（材料消費価格差異）24,500　（材　料）24,500

(1) 当月消費量　450kg＋1,800kg－250kg＝2,000kg
(2) 予定消費価格による材料費　2,000kg×@1,500円＝3,000,000円
(3) 実際消費価格による材料費
消費量2,000kgに対する材料費は、月初在庫量450kgと、当月購入量1,800kgのうち1,550kgより計算する。
450kg×@1,520円＋1,550kg×@1,510円＝3,024,500円
(4) 材料消費価格差異　3,000,000円－3,024,500円＝24,500円（借方差異）

5．材料副費差異を計上した問題である。

（材料副費差異）8,000　（材料副費）8,000

(1) 材料副費差異　140,000円－148,000円＝8,000円（借方差異）

4-02 仕訳問題：労務費会計

解答

	借方		貸方	
	記号	金額	記号	金額
1	(ウ)	5,880,000	(イ)	7,112,000
	(エ)	1,232,000	( )	
2	(エ)	1,550,000	(イ)	1,550,000
	( )		( )	
3	(エ)	1,000,000	(カ)	1,000,000
	( )		( )	
4	(カ)	10,000	(イ)	10,000
	( )		( )	
5	(イ)	14,000	(カ)	14,000
	( )		( )	

解説

1．労務費を計上した問題である。

（仕掛品） 5,880,000 （賃金・給料） 7,112,000
（製造間接費） 1,232,000

勤務時間と就業時間の差（定時休憩時間等）は、労務費とはならない。

(1) 直接労務費 4,200時間×@1,400円＝5,880,000円
(2) 間接労務費 （860時間＋20時間）×@1,400円＝1,232,000円

2．労務費を計上した問題である。

（製造間接費） 1,550,000 （賃金・給料） 1,550,000

(1) 間接労務費 1,600,000円－500,000円＋450,000円＝1,550,000円

3．労務費を計上した問題である。

（製造間接費） 1,000,000 （賞与引当金） 1,000,000

工場における賞与引当金繰入額は間接労務費となるが、賃金・給料勘定には集計しない。

(1) 賞与引当金繰入額 6,000,000円÷6カ月＝1,000,000円

4．賃率差異を計上した問題である。

（賃率差異） 10,000 （賃金・給料） 10,000

(1) 予定賃率による労務費 480時間×@1,000円＝480,000円
(2) 原価計算期間の要支払額 500,000円－170,000円＋160,000円＝490,000円
(3) 賃率差異 480,000円－490,000円＝10,000円（借方差異）

5．賃率差異を計上した問題である。

（賃金・給料） 14,000 （賃率差異） 14,000

(1) 予定消費賃率による労務費 （350時間＋250時間）×@1,200円＝720,000円
(2) 原価計算期間の要支払額 700,000円－210,000円＋216,000円＝706,000円
(3) 賃率差異 720,000円－706,000円＝14,000円（貸方差異）

第1問対策 第2問対策 第3問対策 第4問対策 第5問対策 総合問題① 総合問題②

4-03 仕訳問題：経費・製造間接費会計

解答

	借方		貸方	
	記号	金額	記号	金額
1	（ エ ）	220,000	（ イ ）	220,000
	（ ）		（ ）	
2	（ エ ）	70,000	（ ア ）	70,000
	（ ）		（ ）	
3	（ イ ）	576,000	（ エ ）	576,000
	（ ）		（ ）	
4	（ エ ）	19,200	（ ウ ）	31,600
	（ オ ）	12,400	（ ）	

解説

1．外注加工賃を計上した問題である。

（仕　掛　品）　220,000　（当　座　預　金）　220,000

(1)　外注加工賃（直接経費）　220,000円

2．棚卸減耗損を計上した問題である。

（製　造　間　接　費）　70,000　（材　料）　70,000

(1)　棚卸減耗損（間接経費）　1,120,000円－1,050,000円＝70,000円

3．製造間接費の予定配賦額を計上した問題である。

（仕　掛　品）　576,000　（製　造　間　接　費）　576,000

(1)　予定配賦率　6,984,000円÷5,820時間＝@1,200円

(2)　予定配賦額　480時間×@1,200円＝576,000円

4．予算差異および操業度差異を計上した問題である。

（予　算　差　異）	19,200	（製　造　間　接　費）	31,600
（操　業　度　差　異）	12,400		

(1)　変動費率　20,700,000円÷9,000時間＝@2,300円

(2)　固定費率　27,900,000円÷9,000時間＝@3,100円

(3)　予定配賦率　@2,300円＋@3,100円＝@5,400円

(4)　予定配賦額　746時間×@5,400円＝4,028,400円

(5)　製造間接費差異　4,028,400円－4,060,000円＝31,600円（借方差異）

(6)　月間固定費予算額　27,900,000円÷12カ月＝2,325,000円

(7)　実際操業度の予算額　746時間×@2,300円＋2,325,000円＝4,040,800円

(8)　予算差異　4,040,800円－4,060,000円＝19,200円（借方差異）

(9)　操業度差異　（746時間－750時間）×@3,100円＝12,400円（借方差異）

なお、製造間接費差異の分析図を示すと次のようになる。

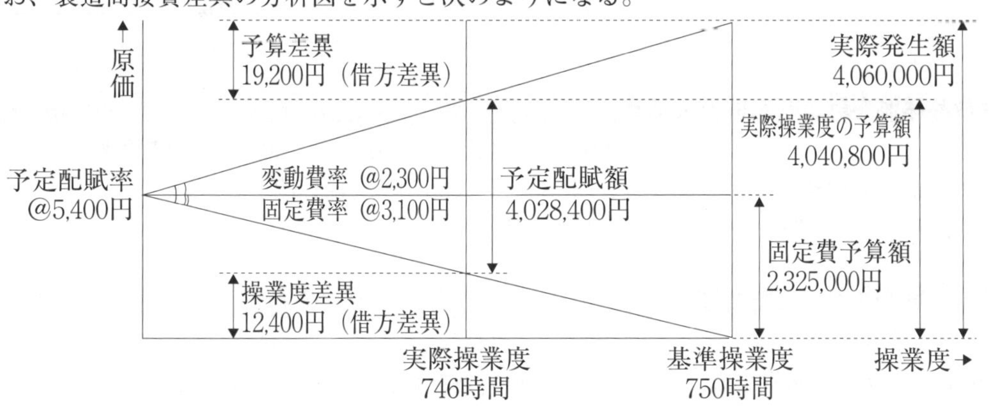

問題番号 4-04 仕訳問題：標準原価計算

解答

	借方		貸方	
	記号	金額	記号	金額
1	(オ)	2,100,000	(エ)	2,100,000
	( )		( )	
2	(イ)	780,000	(ア)	780,000
	( )		( )	
3	(オ)	50,000	(ア)	50,000
	( )		( )	
4	(イ)	1,116,000	(ア)	1,116,000
	( )		( )	
5	(イ)	50,000	(オ)	50,000
	( )		( )	

解説

1．完成品原価を計上した問題である。

（製　　品）　2,100,000　（仕　掛　品）　2,100,000

(1) 製品1個あたりの標準原価　@400円＋@300円＋@350円＝@1,050円

(2) 完成品原価　2,000個×@1,050円＝2,100,000円

2．直接材料費を計上した問題である。

（仕　掛　品）　780,000　（材　　料）　780,000

シングル・プランであるため、当月標準直接材料費を仕掛品勘定に集計する。

(1) 生産データ（単位：個）

生産データ

	数量		換算量		数量		換算量
月初仕掛品	0	－	0	完成品	1,950	－	1,950
当月投入	1,950	－	1,950	月末仕掛品	0	－	0

(2) 当月標準直接材料費　1,950個×@400円＝780,000円

3．直接材料費差異を計上した問題である。

（直接材料費差異）　50,000　（材　　料）　50,000

シングル・プランであるため、直接材料費差異は材料勘定で把握される。

(1) 生産データ（単位：個）

生産データ

	数量		換算量		数量		換算量
月初仕掛品	0	－	0	完成品	1,000	－	1,000
当月投入	1,000	－	1,000	月末仕掛品	0	－	0

(2) 当月標準直接材料費　1,000個×@5,000円＝5,000,000円

(3) 直接材料費差異　5,000,000円－5,050,000円＝50,000円（不利差異）

4．直接労務費を計上した問題である。

（仕　　掛　　品）　1,116,000　（賃　金　・　給　料）　1,116,000

シングル・プランであるため、当月標準直接労務費を仕掛品勘定に集計する。

(1) 生産データ（単位：個）

生産データ

	数量		換算量		数量		換算量
月初仕掛品	150	−	120	完成品	1,000	−	1,000
当月投入	950	−	930	月末仕掛品	100	−	50

(2) 当月標準直接労務費　930個×@1,200円＝1,116,000円

5．製造間接費差異を計上した問題である。

（仕　　掛　　品）　50,000　（製 造 間 接 費 差 異）　50,000

パーシャル・プランであるため、製造間接費差異は仕掛品勘定で把握される。

(1) 生産データ（単位：個）

生産データ

	数量		換算量		数量		換算量
月初仕掛品	0	−	0	完成品	600	−	600
当月投入	600	−	600	月末仕掛品	0	−	0

(2) 当月標準製造間接費　600個×@12,000円＝7,200,000円

(3) 製造間接費差異　7,200,000円−7,150,000円＝50,000円（有利差異）

問題番号 4-05 仕訳問題：工場会計の独立

解答

	借方 記号	借方 金額	貸方 記号	貸方 金額
1	（イ）	2,300,000	（オ）	2,300,000
	（　）		（　）	
2	（カ）	3,400,000	（エ）	350,000
	（　）		（ア）	3,050,000
3	（ウ）	900,000	（エ）	900,000
	（　）		（　）	
4	（オ）	5,000,000	（イ）	5,000,000
	（　）		（　）	

解説

1．工場において材料の購入原価を計上した問題である。

（材　　　料）　2,300,000　（本　　　社）　2,300,000

支払いは本社で行うため、工場側において買掛金勘定を使用せず、本社勘定を用いる。

2．本社において賃金支給額を計上した問題である。

（工　　　場）　3,400,000　（預　り　金）　350,000
　　　　　　　　　　　　　（当 座 預 金）　3,050,000

支払いは本社で行うため、本社側において賃金・給料勘定を使用せず、工場勘定を用いる。

(1) 支給総額　2,400,000円＋1,000,000円＝3,400,000円

(2) 現金支給額　3,400,000円−350,000円＝3,050,000円

3．工場において減価償却費を計上した問題である。

（製　造　間　接　費）　900,000　（設備減価償却累計額）　900,000

工場における設備の減価償却費は間接経費となる。なお、設備減価償却累計額勘定は工場元帳に設定しているため、工場側において設備減価償却累計額を用いる。

4．工場から本社へ製品を送付した問題である。

（本　　　　社）　5,000,000　（製　　　　品）　5,000,000

工場において製品を減少させる必要がある。

問題番号 4-06　個別問題：部門別計算

解答

問1　予定配賦率　**1,500**　円／時間

問2

直接配賦法　　実際部門別配賦表　　（単位：円）

費目	金額	製造部門		補助部門	
		切削部	組立部	動力部	修繕部
部門費合計	1,253,000	605,000	378,000	180,000	90,000
動力部費	**180,000**	**100,000**	**80,000**		
修繕部費	**90,000**	**50,000**	**40,000**		
製造部門費	**1,253,000**	**755,000**	**498,000**		

問3　予算差異　**2,000**　円（ **貸方差異** ）

操業度差異　**5,000**　円（ **借方差異** ）

解説

部門別計算の問題である。

1．切削部の予定配賦率

$$\text{予定配賦率}\ \frac{\overset{\text{切削部予算額}}{9{,}000{,}000\text{円}}}{\underset{\text{切削部予定機械作業時間}}{6{,}000\text{時間}}} = @1{,}500\text{円}$$

2．直接配賦法による実際部門別配賦表の作成（第2次集計）

(1)　動力部費

$$\frac{180{,}000\text{円}}{6{,}250\text{kWh}+5{,}000\text{kWh}}(@16\text{円})\times\begin{cases}6{,}250\text{kWh}=100{,}000\text{円（切削部）}\\5{,}000\text{kWh}=\ 80{,}000\text{円（組立部）}\end{cases}$$

(2)　修繕部費

$$\frac{90{,}000\text{円}}{25\text{時間}+20\text{時間}}(@2{,}000\text{円})\times\begin{cases}25\text{時間}=50{,}000\text{円（切削部）}\\20\text{時間}=40{,}000\text{円（組立部）}\end{cases}$$

3．組立部費の製造部門費配賦差異の分析（固定予算）

(1)　予定配賦率　$\dfrac{\overset{\text{組立部予算額}}{6,000,000円}}{\underset{\text{組立部予定機械作業時間}}{4,800時間}}$ ＝@1,250円

(2)　予定配賦額　396時間×@1,250円＝495,000円
　　　　　　　　実際機械作業時間

(3)　実際発生額　378,000円＋80,000円＋40,000円＝498,000円

(4)　製造部門費配賦差異　495,000円－498,000円＝3,000円（借方差異）

(5)　月間の製造間接費予算額（基準操業度の予算額）　$\dfrac{6,000,000円}{12カ月}$ ＝500,000円

(6)　月間の基準操業度（機械作業時間）　$\dfrac{4,800時間}{12カ月}$ ＝400時間

(7)　予算差異　500,000円－498,000円＝2,000円（貸方差異）

(8)　操業度差異　(396時間－400時間)×@1,250円＝5,000円（借方差異）

なお、製造部門費配賦差異の分析図を示すと次のようになる。

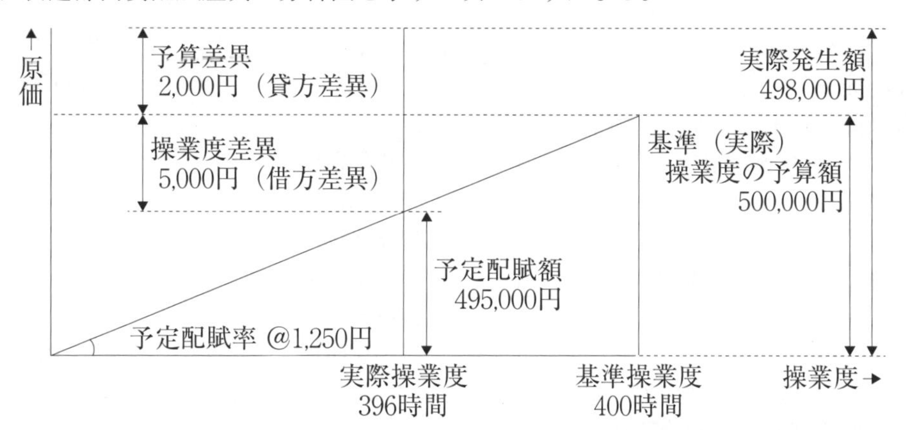

4-07 個別問題：財務諸表

解答

製造原価報告書 (単位：円)

Ⅰ 直接材料費		(1,160,000)
Ⅱ 直接労務費		(924,000)
Ⅲ 製造間接費		
実際発生額	(1,735,000)	
製造間接費差異	([－] 55,000)	(1,680,000)
当月総製造費用		(3,764,000)
月初仕掛品棚卸高		(0)
合計		(3,764,000)
月末仕掛品棚卸高		(766,000)
当月製品製造原価		(2,998,000)

損益計算書 (単位：円)

Ⅰ 売上高		4,500,000
Ⅱ 売上原価		
1. 月初製品棚卸高	(982,000)	
2. 当月製品製造原価	(2,998,000)	
合計	(3,980,000)	
3. 月末製品棚卸高	(1,064,000)	
差引	(2,916,000)	
4. 原価差異	([＋] 55,000)	(2,971,000)
売上総利益		(1,529,000)
Ⅲ 販売費及び一般管理費		
1. 販売費	400,000	
2. 一般管理費	300,000	700,000
営業利益		(829,000)

(注) [　] には、加算するなら「＋」、減算するなら「－」の符号を記入しなさい。

解説

製造原価報告書および損益計算書を作成する問題である。

1. 製造間接費予定配賦率

予定配賦率 $\dfrac{21{,}600{,}000\text{円（年間製造間接費予算）}}{5{,}400\text{時間（正常直接作業時間）}} = @4{,}000\text{円}$

2．指図書No. 1の集計（月初製品）

(1)　直接材料費　300,000円

(2)　直接労務費　110時間×@2,200円＝242,000円

(3)　製造間接費　110時間×@4,000円＝440,000円

(4)　完成品原価（No. 1）　300,000円＋242,000円＋440,000円＝982,000円

3．3月の指図書別原価計算表

指図書別原価計算表　（単位：円）

摘　要	No. 2	No. 3	No. 4	合　計
直接材料費	570,000	320,000	270,000	1,160,000
直接労務費	484,000	264,000	176,000	924,000
製造間接費	880,000	480,000	320,000	1,680,000
合　計	1,934,000	1,064,000	766,000	3,764,000
備　考	完成・引渡	完成・未引渡	仕　掛　中	

(1)　直接材料費

No. 2　570,000円
No. 3　320,000円
No. 4　270,000円
合　計　1,160,000円

(2)　直接労務費

No. 2　220時間×@2,200円＝484,000円
No. 3　120時間×@2,200円＝264,000円
No. 4　80時間×@2,200円＝176,000円
合　計　924,000円

(3)　製造間接費

No. 2　220時間×@4,000円＝　880,000円
No. 3　120時間×@4,000円＝　480,000円
No. 4　80時間×@4,000円＝　320,000円
合　計　1,680,000円

(4)　完成品原価、月末仕掛品原価

①　完成品原価

No. 2　570,000円＋484,000円＋880,000円＝1,934,000円
No. 3　320,000円＋264,000円＋480,000円＝1,064,000円
合　計　2,998,000円

②　月末仕掛品原価（No. 4）　270,000円＋176,000円＋320,000円＝766,000円

4．製造原価報告書の諸数値

(1)　直接材料費（指図書別原価計算表の直接材料費合計額）　1,160,000円

(2)　直接労務費（指図書別原価計算表の直接労務費合計額）　924,000円

(3)　製造間接費（指図書別原価計算表の製造間接費合計額）　1,680,000円

(4)　製造間接費配賦差異

1,680,000円（予定配賦額）－1,735,000円（実際発生額）＝55,000円（借方差異）

(5) 月初仕掛品棚卸高　3月月初現在に未完成の指図書は存在しないためゼロである。
(6) 月末仕掛品棚卸高（No. 4） 766,000円
(7) 当月製品製造原価（No. 2、No. 3） 2,998,000円

5．月次損益計算書の諸数値

(1) 月初製品棚卸高（No. 1） 982,000円
(2) 当月製品製造原価（No. 2、No. 3） 2,998,000円
(3) 月末製品棚卸高（No. 3） 1,064,000円
(4) 差引：原価差異調整前売上原価（No. 1、No. 2）
982,000円＋1,934,000円＝2,916,000円
(5) 原価差異：製造間接費配賦差異　55,000円（借方差異）
なお、製造間接費配賦差異は借方差異のため、売上原価に加算する。
(6) 売上総利益
4,500,000円－(2,916,000円＋55,000円)＝1,529,000円
(7) 営業利益
1,529,000円－700,000円＝829,000円

問題番号 4-08 個別問題：単純総合原価計算

解答

総合原価計算表　（単位：円）

	直接材料費	加工費	合計
月初仕掛品原価	1,088,000	399,960	1,487,960
当月製造費用	2,700,000	3,534,300	6,234,300
合計	3,788,000	3,934,260	7,722,260
差引：月末仕掛品原価	(**810,000**)	(**385,560**)	(**1,195,560**)
完成品総合原価	(**2,978,000**)	(**3,548,700**)	(**6,526,700**)

解説

単純総合原価計算の問題である。

1．生産データのまとめ

生産データ　（単位：kg）

		数量		換算量		数量		換算量	
（進捗度 30%）	月初仕掛品	4,000	－	1,200	完成品	10,000	－	10,000	（進捗度100%）
（差引）	**当月投入**	**10,000**	**－**	**11,000**	正常減損	1,000	－	1,000	（進捗度100%）
					月末仕掛品	3,000	－	1,200	（進捗度 40%）

2．月末仕掛品原価および完成品総合原価の計算（先入先出法）

仕　掛　品（直接材料費の計算）

月初　1,088,000円	4,000kg	10,000kg	差引2,978,000円	完成
当月　2,700,000円 ÷	10,000kg	1,000kg	－	減損
	@270円	× 3,000kg	＝ 810,000円	月末

仕　掛　品（加工費の計算）

月初　399,960円	1,200kg	10,000kg	差引3,548,700円	完成
当月　3,534,300円 ÷	11,000kg	1,000kg	－	減損
	@321.3円	× 1,200kg	＝ 385,560円	月末

4-09 個別問題：工程別総合原価計算

解答

工程別総合原価計算表　　（単位：円）

	第1工程			第2工程		
	原料費	加工費	合計	前工程費	加工費	合計
月初仕掛品原価	0	0	0	612,000	192,000	804,000
当月製造費用	3,600,000	1,980,000	5,580,000	**4,800,000**	3,000,000	**7,800,000**
合計	3,600,000	1,980,000	5,580,000	**5,412,000**	**3,192,000**	**8,604,000**
月末仕掛品原価	**600,000**	**180,000**	**780,000**	**984,000**	**168,000**	**1,152,000**
完成品総合原価	**3,000,000**	**1,800,000**	**4,800,000**	**4,428,000**	**3,024,000**	**7,452,000**

解説

工程別総合原価計算の問題である。

1．生産データのまとめ

第1工程生産データ　（単位：kg）

	数量		換算量		数量		換算量	
月初仕掛品	0	－	0	完成品	5,000	－	5,000	（進捗度100%）
（差引）当月投入	**6,000**	**－**	**5,500**	月末仕掛品	1,000	－	500	（進捗度 50%）

第2工程生産データ　（単位：kg）

	数量		換算量		数量		換算量	
（進捗度 50%）月初仕掛品	500	－	250	完成品	4,000	－	4,000	（進捗度100%）
（差引）当月投入	**5,000**	**－**	**4,500**	正常減損	500	－	500	（進捗度100%）
				月末仕掛品	1,000	－	250	（進捗度 25%）

2．月末仕掛品原価および完成品総合原価の計算

(1)　第1工程（月初仕掛品が存在しないため、当月製造費用を按分すればよい）

仕　掛　品（原料費の計算）

月初	0円	0kg	5,000kg	**差引3,000,000円**	完成
当月	3,600,000円 ÷	6,000kg ×			
		@600円	1,000kg =	**600,000円**	月末

仕　掛　品（加工費の計算）

月初	0円	0kg	5,000kg	**差引1,800,000円**	完成
当月	1,980,000円 ÷	5,500kg ×			
		@360円	500kg =	**180,000円**	月末

第１工程完成品総合原価　3,000,000円＋1,800,000円＝4,800,000円

(2)　第２工程（平均法）

仕　掛　品（前工程費の計算）

月初	612,000円	500kg	4,000kg	**差引4,428,000円**	完成
当月	4,800,000円	5,000kg			
			500kg	－	減損
			× 1,000kg =	**984,000円**	月末
合計	5,412,000円 ÷	5,500kg			
		@984円			

仕　掛　品（加工費の計算）

月初	192,000円	250kg	4,000kg	**差引3,024,000円**	完成
当月	3,000,000円	4,500kg			
			500kg	－	減損
			× 250kg =	**168,000円**	月末
合計	3,192,000円 ÷	4,750kg			
		@672円			

4-10 個別問題：組別総合原価計算

解答

組別総合原価計算表　（単位：円）

	A製品			B製品		
	直接材料費	加工費	合計	直接材料費	加工費	合計
月初仕掛品原価	50,250	99,900	150,150	43,440	28,710	72,150
当月製造費用	645,000	**2,376,000**	**3,021,000**	570,000	**1,584,000**	**2,154,000**
合計	695,250	**2,475,900**	**3,171,150**	613,440	**1,612,710**	**2,226,150**
月末仕掛品原価	**77,250**	**117,900**	**195,150**	**102,240**	**146,610**	**248,850**
完成品総合原価	**618,000**	**2,358,000**	**2,976,000**	**511,200**	**1,466,100**	**1,977,300**

解説

組別総合原価計算の問題である。

1．加工費予定配賦率

48,000,000円÷120,000時間＝@400円

2．加工費予定配賦額

(1)　A製品　5,940時間×@400円＝2,376,000円

(2)　B製品　3,960時間×@400円＝1,584,000円

3．生産データのまとめ

A製品生産データ　（単位：個）

		数量		換算量		数量		換算量	
（進捗度50%）	月初仕掛品	200	－	100	完成品	2,400	－	2,400	（進捗度100%）
（差引）	**当月投入**	**2,500**	**－**	**2,420**	月末仕掛品	300	－	120	（進捗度 40%）

B製品生産データ　（単位：個）

		数量		換算量		数量		換算量	
（進捗度25%）	月初仕掛品	160	－	40	完成品	1,800	－	1,800	（進捗度100%）
（差引）	**当月投入**	**2,000**	**－**	**1,940**	月末仕掛品	360	－	180	（進捗度 50%）

4．月末仕掛品原価および完成品総合原価の計算

(1)　A製品（平均法）

仕　掛　品（直接材料費の計算）

月初	50,250円	200個	2,400個	**差引　618,000円**	完成
当月	645,000円	2,500個	×300個 ＝	**77,250円**	月末

合計　695,250円 ÷ 2,700個

@257.5円

仕　掛　品（加工費の計算）

月初	99,900円	100個	2,400個	差引2,358,000円	完成
当月	2,376,000円	2,420個	×120個	＝117,900円	月末
合計	2,475,900円	÷2,520個			
		@982.5円			

(2)　B製品（平均法）

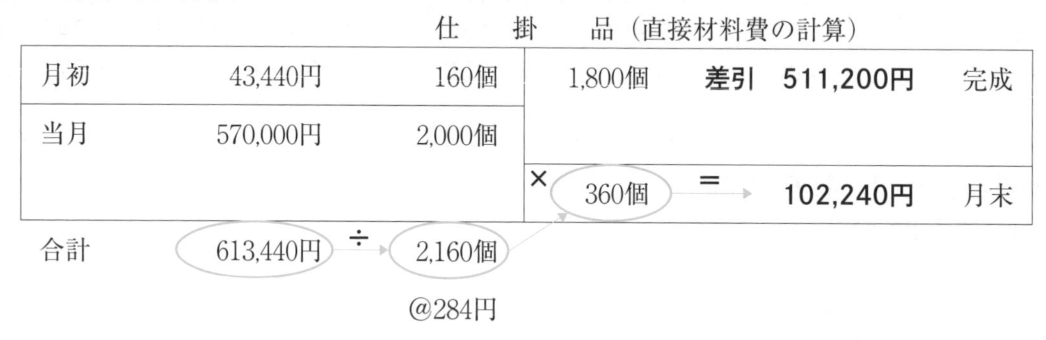

仕　掛　品（加工費の計算）

月初	28,710円	40個	1,800個	差引1,466,100円	完成
当月	1,584,000円	1,940個	×180個	＝146,610円	月末
合計	1,612,710円	÷1,980個			
		@814.5円			

問題番号 4-11 個別問題：等級別総合原価計算

解答

①	当月の完成品総合原価	9,000,000	円
②	当月の月末仕掛品原価	810,000	円
③	等級製品甲の完成品単位原価	937.5	円／個
④	等級製品乙の完成品単位原価	656.25	円／個

等級別総合原価計算の問題である。

1．生産データのまとめ

生産データ　（単位：個）

		数量		換算量		数量		換算量	
（進捗度 50%）	月初仕掛品	1,200	－	600	完成品	12,000	－	12,000	（進捗度100%）
（差引）	**当月投入**	**12,300**	**－**	**12,150**	月末仕掛品	1,500	－	750	（進捗度 50%）

2．月末仕掛品原価および完成品総合原価の計算（先入先出法）

仕　掛　品（直接材料費の計算）

月初	391,000円	1,200個	12,000個	**差引3,955,000円**	完成
当月	4,059,000円 ÷	12,300個 ×			
		@330円	1,500個 =	**495,000円**	月末

仕　掛　品（加工費の計算）

月初	257,000円	600個	12,000個	**差引5,045,000円**	完成
当月	5,103,000円 ÷	12,150個 ×			
		@420円	750個 =	**315,000円**	月末

完成品総合原価　3,955,000円＋5,045,000円＝9,000,000円
月末仕掛品原価　495,000円＋315,000円＝810,000円

3．等価係数（等級製品甲の等価係数を1とした場合）

(1) 等級製品甲　500ｇ÷500ｇ＝1
(2) 等級製品乙　350ｇ÷500ｇ＝0.7

4．積数

(1) 等級製品甲　4,000個×1＝4,000
(2) 等級製品乙　8,000個×0.7＝5,600

5．完成品総合原価の按分額

(1) 等級製品甲　9,000,000円÷（4,000＋5,600）×4,000＝3,750,000円
(2) 等級製品乙　9,000,000円÷（4,000＋5,600）×5,600＝5,250,000円

6．完成品単位原価

(1) 等級製品甲　3,750,000円÷4,000個＝@937.5円
(2) 等級製品乙　5,250,000円÷8,000個＝@656.25円

5-01 標準原価計算1

解答

問1	製品Xの原価標準	11,400	円
問2	完成品原価	12,540,000	円
	月末仕掛品原価	548,000	円
問3	標準消費量	5,000	kg
問4	標準直接作業時間	1,960	時間

解説

標準原価計算の問題である。

1．製品Xの原価標準

(1) 直接材料費標準　5kg×@800円＝4,000円
(2) 直接労務費標準　2時間×@1,500円＝3,000円
(3) 製造間接費標準配賦率　4,400,000円÷2,000時間＝@2,200円
(4) 製造間接費標準　2時間×@2,200円＝4,400円
(5) 製品Xの原価標準　4,000円＋3,000円＋4,400円＝11,400円

2．生産データのまとめ

生産データ　(単位：個)

		数量		換算量		数量		換算量	
(進捗度 70%)	月初仕掛品	200	－	140	完成品	1,100	－	1,100	(進捗度100%)
(差引)	**当月投入**	**1,000**	**－**	**980**	月末仕掛品	100	－	20	(進捗度 20%)

3．完成品原価

1,100個×@11,400円＝12,540,000円

4．月末仕掛品原価

(1) 直接材料費　100個×@4,000円＝400,000円
(2) 直接労務費　20個×@3,000円＝60,000円
(3) 製造間接費　20個×@4,400円＝88,000円
(4) 月末仕掛品原価合計　400,000円＋60,000円＋88,000円＝548,000円

5．材料の標準消費量

1,000個×5kg＝5,000kg

6．標準直接作業時間

980個×2時間＝1,960時間

5-02 標準原価計算２

解答

問１	直接材料費差異	4,060	円（不利差異・有利差異）
問２	価格差異	3,940	円（不利差異・有利差異）
	数量差異	8,000	円（不利差異・有利差異）
問３	直接労務費差異	4,970	円（不利差異・有利差異）
問４	賃率差異	1,970	円（不利差異・有利差異）
	時間差異	3,000	円（不利差異・有利差異）

解説

標準原価計算の問題である。

1．生産データのまとめ

生産データ　（単位：個）

		数量		換算量		数量		換算量	
（進捗度 50%）	月初仕掛品	200	−	100	完成品	2,000	−	2,000	（進捗度100%）
（差引）	**当月投入**	**1,950**	**−**	**1,960**	月末仕掛品	150	−	60	（進捗度 40%）

2．直接材料費差異

⑴　標準直接材料費　1,950個×@400円＝780,000円

⑵　直接材料費差異　780,000円−784,060円＝4,060円（不利差異）

3．直接材料費差異の分析

⑴　価格差異　3,940kg×（@200円−@199円）＝3,940円（有利差異）

⑵　標準消費量　1,950個×2kg＝3,900kg

⑶　数量差異　（3,900kg−3,940kg）×@200円＝8,000円（不利差異）

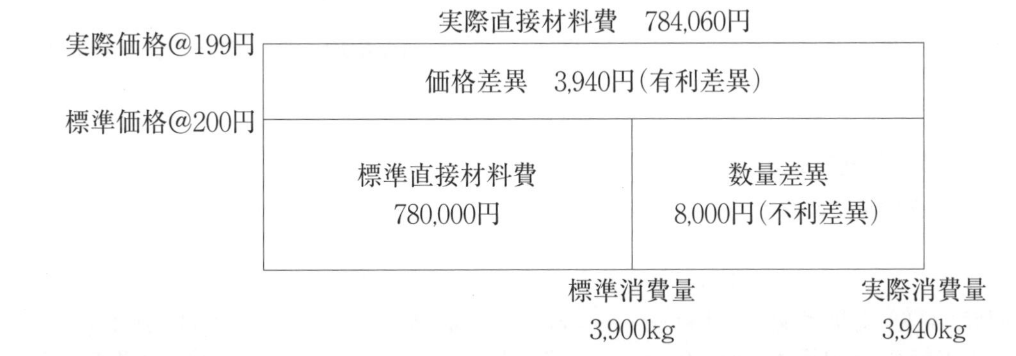

4．直接労務費差異

(1) 標準直接労務費　1,960個×@300円＝588,000円

(2) 直接労務費差異　588,000円－592,970円＝4,970円（不利差異）

5．直接労務費差異の分析

(1) 賃率差異　985時間×(@600円－@602円)＝1,970円（不利差異）

(2) 標準直接作業時間　1,960個×0.5時間＝980時間

(3) 時間差異　(980時間－985時間)×@600円＝3,000円（不利差異）

実際直接労務費　592,970円

実際賃率@602円

賃率差異　1,970円(不利差異)

標準賃率@600円

標準直接労務費 588,000円	時間差異 3,000円(不利差異)

標準直接作業時間 980時間　　実際直接作業時間 985時間

問題番号 5-03 標準原価計算3

解答

問1	直接材料費差異	42,600	円（借方差異・貸方差異）※借方差異に○
	直接労務費差異	68,558	円（借方差異・貸方差異）※借方差異に○
	製造間接費差異	68,000	円（借方差異・貸方差異）※借方差異に○
問2	予算差異	37,300	円（借方差異・貸方差異）※貸方差異に○
	能率差異	88,500	円（借方差異・貸方差異）※借方差異に○
	操業度差異	16,800	円（借方差異・貸方差異）※借方差異に○

解説

標準原価計算の問題である。

1．生産データのまとめ

生産データ　（単位：個）

		数量	換算量		数量	換算量	
（進捗度 80%）	月初仕掛品	100 －	80	完成品	650 －	650	（進捗度100%）
（差引）	**当月投入**	**600 －**	**590**	月末仕掛品	50 －	20	（進捗度 40%）

2．直接材料費差異

(1)　標準直接材料費　600個×@10,000円＝6,000,000円

(2)　直接材料費差異　6,000,000円－6,042,600円＝42,600円（借方差異）

3．直接労務費差異

(1)　標準直接労務費　590個×@8,000円＝4,720,000円

(2)　直接労務費差異　4,720,000円－4,788,558円＝68,558円（借方差異）

4．製造間接費差異

(1)　標準製造間接費　590個×@12,000円＝7,080,000円

(2)　製造間接費差異　7,080,000円－7,148,000円＝68,000円（借方差異）

5．製造間接費差異の原因別分析

(1)　予算差異

①　変動費率　3,360,000円÷4,800時間＝@700円

②　実際操業度の予算額　4,779時間×@700円＋3,840,000円＝7,185,300円

③　予算差異　7,185,300円－7,148,000円＝37,300円（貸方差異）

(2)　能率差異

①　標準操業度（標準直接作業時間）　590個×8時間＝4,720時間

②　能率差異　(4,720時間－4,779時間)×@1,500円＝88,500円（借方差異）

(3)　操業度差異

①　固定費率　3,840,000円÷4,800時間＝@800円

②　操業度差異　(4,779時間－4,800時間)×@800円＝16,800円（借方差異）

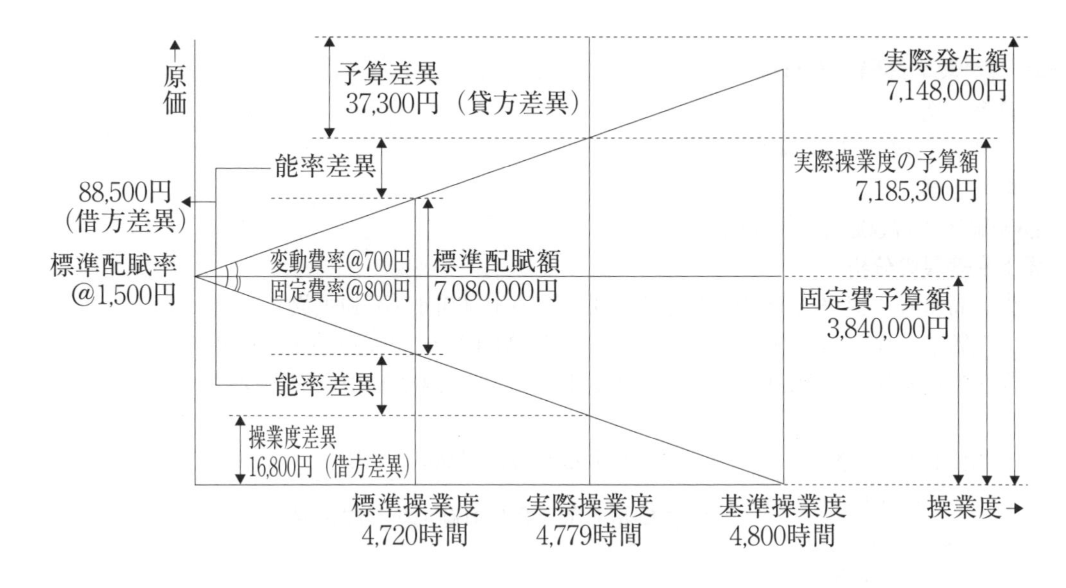

5-04 標準原価計算4

解答

問1	予算売上高	90,000,000	円	
	実際売上高	84,000,000	円	
問2	売上高差異	6,000,000	円	（有利差異・(不利差異)）
	販売価格差異	2,400,000	円	（有利差異・(不利差異)）
	販売数量差異	3,600,000	円	（有利差異・(不利差異)）
問3	予算差異	180,000	円	（有利差異・(不利差異)）
	能率差異	100,000	円	（有利差異・(不利差異)）
	操業度差異	120,000	円	（有利差異・(不利差異)）

解説

標準原価計算の問題である。

1．予算売上高

5,000個×@18,000円＝90,000,000円

2．実際売上高

4,800個×@17,500円＝84,000,000円

3．売上高差異の分析

(1) 売上高差異　84,000,000円－90,000,000円＝6,000,000円（不利差異）
(2) 販売価格差異　4,800個×（@17,500円－@18,000円）＝2,400,000円（不利差異）
(3) 販売数量差異　（4,800個－5,000個）×@18,000円＝3,600,000円（不利差異）

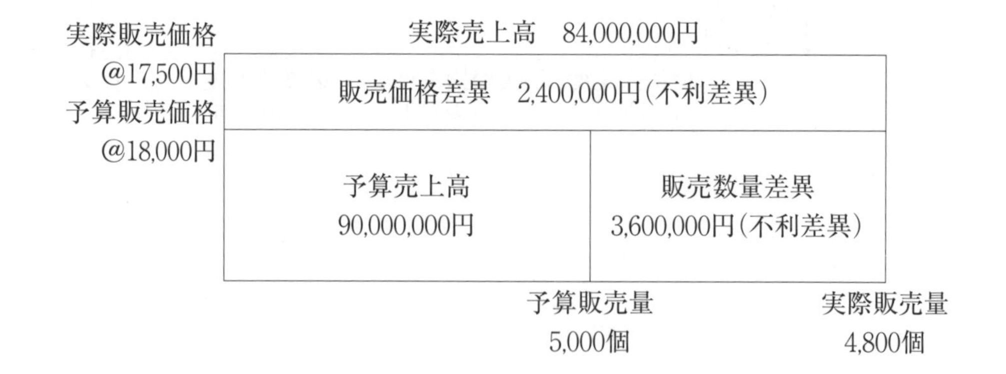

4．製造間接費差異の分析

(1) 製品甲1個あたりの標準製造間接費

① 基準操業度　5,000個（計画製造・販売量）× 2時間 = 10,000時間

② 固定費率　4,000,000円 ÷ 10,000時間 = @400円

③ 標準配賦率　@600円 + @400円 = @1,000円

④ 製品甲1個あたりの標準製造間接費　2時間 × @1,000円 = 2,000円

(2) 生産データのまとめ

生産データ　（単位：個）

	数量		換算量		数量		換算量	
月初仕掛品	0	−	0	完成品	4,800	−	4,800	（進捗度100%）
（差引）当月投入	**4,800**	**−**	**4,800**	月末仕掛品	0	−	0	

(3) 当月標準製造間接費　4,800個 × @2,000円 = 9,600,000円

(4) 製造間接費差異　9,600,000円 − 10,000,000円 = 400,000円（不利差異）

(5) 予算差異

① 実際操業度の予算額　9,700時間 × @600円 + 4,000,000円 = 9,820,000円

② 予算差異　9,820,000円 − 10,000,000円 = 180,000円（不利差異）

(6) 能率差異

① 標準操業度　4,800個 × 2時間 = 9,600時間

② 能率差異　(9,600時間 − 9,700時間) × @1,000円 = 100,000円（不利差異）

(7) 操業度差異　(9,700時間 − 10,000時間) × @400円 = 120,000円（不利差異）

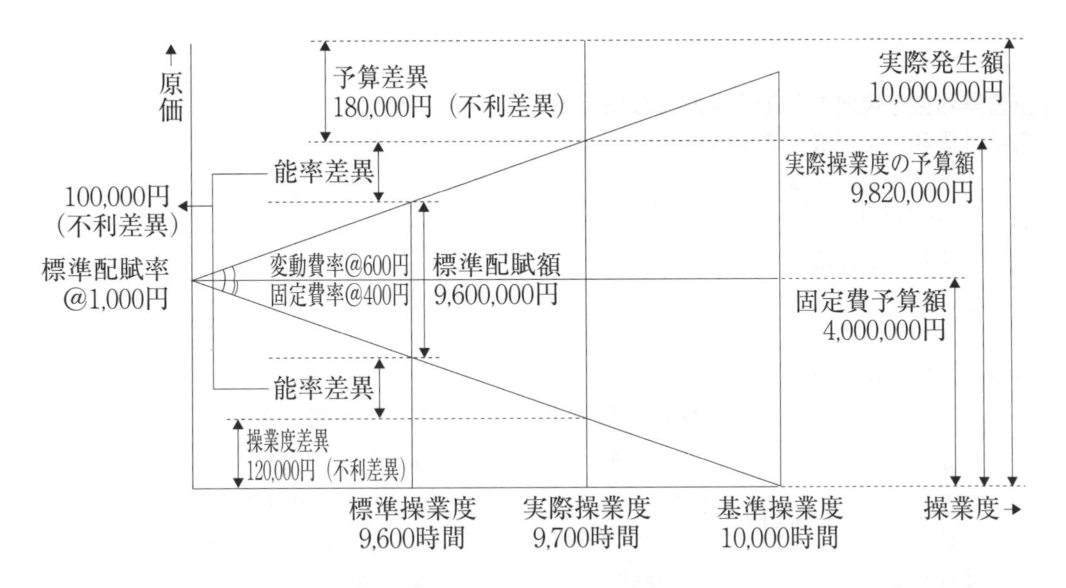

問題番号 5-05 CVP分析1

解答

問1	貢献利益	900円／個	貢献利益率	45%
問2	販売量	5,000個	売上高	10,000,000円
問3	販売量	14,600個	売上高	29,200,000円

解説

CVP分析の問題である。

1．製品1単位あたり貢献利益および貢献利益率

(1) 製品1単位あたり貢献利益

@2,000円－@1,100円＝@900円

(2) 貢献利益率

$$\frac{@900円}{@2,000円}=0.45(45\%)$$

2．損益分岐点の販売量および売上高

(1) 損益分岐点の販売量

$$\frac{4,500,000円}{@900円}=5,000個$$

(2) 損益分岐点の売上高

$$\frac{4,500,000円}{45\%}=10,000,000円$$

3．希望営業利益を達成する販売量および売上高

(1) 希望営業利益を達成する販売量

$$\frac{4,500,000円+8,640,000円}{@900円}=14,600個$$

(2) 希望営業利益を達成する売上高

$$\frac{4,500,000円+8,640,000円}{45\%}=29,200,000円$$

＜参　考＞分析用損益計算書

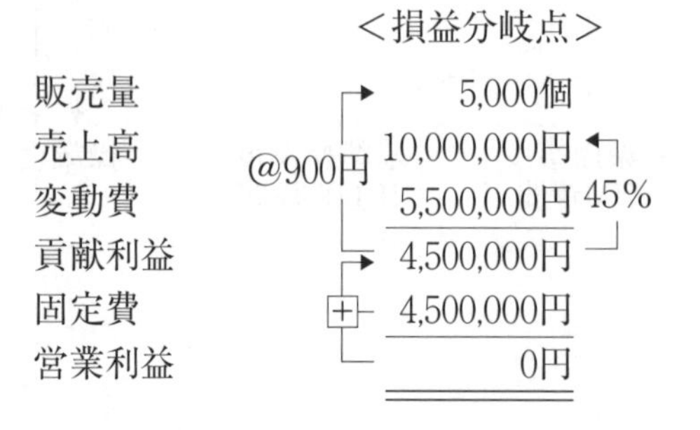

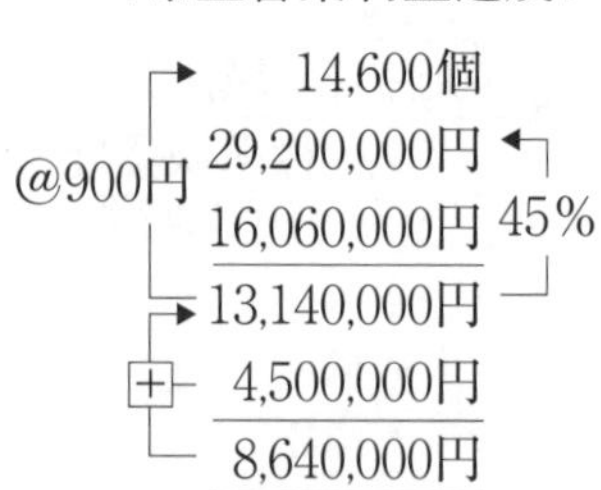

5-06 CVP分析2

解答

問1

直接原価計算方式の損益計算書　（単位：円）

売　上　高	6,800,000
変動売上原価	3,740,000
変動製造マージン	3,060,000
変動販売費	1,360,000
貢 献 利 益	1,700,000
固定費：製造原価	800,000
：販売費および一般管理費	500,000
営 業 利 益	400,000

問2　5,200,000 円

問3　7,600,000 円

解説

直接原価計算方式の損益計算書の作成およびCVP分析の問題である。

1．直接原価計算方式の損益計算書（問1）

変動費は、全部原価から固定費を控除して計算する。

(1) 売上高　6,800,000円（全部原価計算と同様）

(2) 変動売上原価　4,540,000円－800,000円＝3,740,000円

(3) 変動販売費　1,860,000円－(200,000円＋300,000円)＝1,360,000円

(4) 固定製造原価　800,000円

(5) 固定販売費および一般管理費　200,000円＋300,000円＝500,000円

2．当期の損益分岐点の売上高（問2）

(1) 貢献利益率

$$\frac{1{,}700{,}000円}{6{,}800{,}000円}=0.25(25\%)$$

(2) 当期の損益分岐点の売上高

$$\frac{800{,}000円+500{,}000円}{25\%}=5{,}200{,}000円$$

3．目標営業利益600,000円を達成するための必要売上高（問3）

$$\frac{800{,}000円+500{,}000円+600{,}000円}{25\%}=7{,}600{,}000円$$

問題番号 5-07 直接原価計算1

解答

損益計算書　　(単位：円)

売上高	4,500,000
変動費	**2,250,000**
貢献利益	**2,250,000**
固定費	**1,700,000**
営業利益	**550,000**

解説

直接原価計算の損益計算書作成問題である。

1．生産・販売データのまとめ

生産データ　(単位：個)

	数量		換算量		数量		換算量
期首仕掛品	0	−	0	当期完成	5,000	−	5,000
当期投入	5,000	−	5,000	期末仕掛品	0	−	0

販売データ　(単位：個)

	数量		数量
期首製品	0	当期販売	4,500
当期完成	5,000	期末製品	500

2．コスト・フロー

仕掛品－変動製造原価

当期 5,000個 @350円 1,750,000円	完成 5,000個 1,750,000円

→ 製品－変動製造原価

完成 5,000個 @350円 1,750,000円	**販売 4,500個 1,575,000円**
	期末 500個 175,000円

仕掛品－固定製造原価

当期 5,000個 @200円 1,000,000円	完成 5,000個 1,000,000円

→ 製品－固定製造原価

完成 5,000個 @200円 1,000,000円	**販売 4,500個 900,000円**
	期末 500個 100,000円

3．直接原価計算による損益計算書の変動費

変動売上原価と変動販売費の合計額を計算する。

(1) 変動売上原価

全部原価計算による売上原価から、固定費を控除して計算する。なお、期首仕掛品および期首製品が存在しないため、当期投入の単価で固定費が計算できる。

① 製品単位あたり固定加工費

1,000,000円÷5,000個＝@200円

② 売上原価に含まれる固定加工費

4,500個×@200円＝900,000円

③ 変動売上原価

2,475,000円－900,000円＝1,575,000円

(2) 変動販売費

4,500個×@150円＝675,000円

(3) 直接原価計算による損益計算書の変動費

1,575,000円＋675,000円＝2,250,000円

4．直接原価計算による損益計算書の固定費

固定加工費と固定販売費および一般管理費の合計額を計算する。

(1) 固定販売費および一般管理費

全部原価計算による販売費および一般管理費から、変動販売費を控除して計算する。

1,375,000円－675,000円＝700,000円

(2) 直接原価計算による損益計算書の固定費

1,000,000円＋700,000円＝1,700,000円

問題番号 5-08 直接原価計算2

解答

損益計算書（全部原価計算方式）　（単位：円）

売上高	(31,000,000)
売上原価	(20,400,000)
売上総利益	(10,600,000)
販売費・一般管理費	(9,240,000)
営業利益	(1,360,000)

損益計算書（直接原価計算方式）　（単位：円）

売上高	(31,000,000)
変動売上原価	(16,800,000)
変動製造マージン	(14,200,000)
変動販売費	(1,200,000)
貢献利益	(13,000,000)
固定費	(12,000,000)
営業利益	(1,000,000)

解説

全部原価計算と直接原価計算の損益計算書作成問題である。

1．生産・販売データのまとめ

生産データ　（単位：個）

	数量		換算量		数量		換算量
期首仕掛品	0	－	0	当期完成	1,100	－	1,100
当期投入	1,100	－	1,100	期末仕掛品	0	－	0

販売データ　（単位：個）

	数量		数量
期首製品	0	当期販売	1,000
当期完成	1,100	期末製品	100

2．コスト・フロー

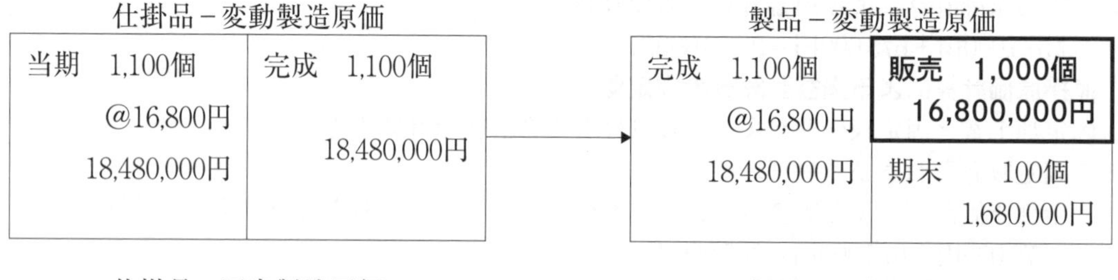

仕掛品－固定製造原価

当期　1,100個 @3,600円 3,960,000円	完成　1,100個 3,960,000円

→

製品－固定製造原価

完成　1,100個 @3,600円 3,960,000円	**販売　1,000個 3,600,000円** 期末　100個 360,000円

3．全部原価計算の損益計算書の作成

(1)　売上高（販売量×販売単価）

1,000個×@31,000円＝31,000,000円

(2)　売上原価

期首仕掛品および期首製品が存在しないため、当期投入の単価で計算できる。

①　製品単位あたり固定製造原価

3,960,000円÷1,100個＝@3,600円

②　売上原価

変動製造原価　1,000個×@16,800円＝16,800,000円
固定製造原価　1,000個×@3,600円＝　3,600,000円
合計　20,400,000円

(3)　販売費・一般管理費（変動費＋固定費）

1,000個×@1,200円＋8,040,000円＝9,240,000円

4．直接原価計算の損益計算書の作成

(1) 売上高（販売量×販売単価）

1,000個×@31,000円＝31,000,000円

(2) 変動売上原価

期首仕掛品および期首製品が存在しないため、当期投入の単価で計算できる。

変動製造原価　1,000個×@16,800円＝16,800,000円

(3) 変動販売費

1,000個×@1,200円＝1,200,000円

(4) 固定費（固定製造原価＋固定販売費・一般管理費）

3,960,000円＋8,040,000円＝12,000,000円

総合問題①

解答

第1問（20点）

	借方		貸方	
	記号	金額	記号	金額
1	（ウ）	25,500,000	（エ）	22,500,000
	（　）		（キ）	3,000,000
	（　）		（　）	
	（　）		（　）	
	（　）		（　）	
2	（イ）	25,000	（エ）	25,000
	（ク）	300,000	（イ）	300,000
	（　）		（　）	
	（　）		（　）	
	（　）		（　）	
3	（オ）	24,000,000	（カ）	24,000,000
	（キ）	4,000,000	（ウ）	4,000,000
	（　）		（　）	
	（　）		（　）	
	（　）		（　）	
4	（ウ）	1,125,000	（オ）	1,140,000
	（ク）	15,000	（　）	
	（　）		（　）	
	（　）		（　）	
	（　）		（　）	
5	（ク）	640,000	（カ）	640,000
	（　）		（　）	
	（　）		（　）	
	（　）		（　）	
	（　）		（　）	

仕訳1つにつき4点。合計20点。

第2問（20点）

株主資本等変動計算書

自×5年4月1日　至×6年3月31日　（単位：千円）

	株主資本		
	資本金	資本剰余金	
		資本準備金	その他資本剰余金
当期首残高	(48,000)	(4,800)	(1,280)
当期変動額			
新株の発行	(5,000)	(❷ 1,250)	
剰余金の配当		(108)	(❷ △1,188)
別途積立金の積立て			
吸収合併	(7,000)		(❷ 2,100)
当期純利益			
当期変動額合計	(❷ 12,000)	(1,358)	(912)
当期末残高	(60,000)	(6,158)	(2,192)

（下段へ続く）

（上段より続く）

	株主資本			
	利益剰余金			株主資本合計
	利益準備金	その他利益剰余金		
		別途積立金	繰越利益剰余金	
当期首残高	(3,200)	(600)	(4,520)	(62,400)
当期変動額				
新株の発行				(6,250)
剰余金の配当	(324)		(❷ △3,564)	(△4,320)
別途積立金の積立て		(160)	(❷ △160)	――
吸収合併				(9,100)
当期純利益			(7,800)	(❷ 7,800)
当期変動額合計	(❷ 324)	(160)	(4,076)	(18,830)
当期末残高	(3,524)	(❷ 760)	(8,596)	(❷ 81,230)

❷×10箇所。合計20点。

第3問（20点）

損益計算書
自×7年4月1日　至×8年3月31日　（単位：円）

Ⅰ 売上高		(❷ 36,950,000)
Ⅱ 売上原価		
1 期首商品棚卸高	(700,000)	
2 当期商品仕入高	(27,800,000)	
合計	(28,500,000)	
3 期末商品棚卸高	(800,000)	
差引	(27,700,000)	
4 (**商品評価損**)	(❷ 120,000)	(27,820,000)
売上総利益		(9,130,000)
Ⅲ 販売費及び一般管理費		
1 給料	5,200,800	
2 水道光熱費	1,225,400	
3 租税公課	363,000	
4 雑費	108,640	
5 棚卸減耗損	(50,000)	
6 貸倒引当金繰入	(❷ 25,800)	
7 減価償却費	(❷ 782,250)	
8 ソフトウェア償却	(❷ 88,000)	
9 退職給付費用	(30,000)	(7,873,890)
営業利益		(1,256,110)
Ⅳ 営業外収益		
1 有価証券利息	(❷ 7,040)	
2 (**為替差益**)	(❷ 4,400)	(11,440)
Ⅴ 営業外費用		
1 (**支払利息**)		(❷ 6,250)
税引前当期純利益		(1,261,300)
法人税、住民税及び事業税	(360,000)	
法人税等調整額	(❷ △6,000)	(354,000)
(**当期純利益**)		(❷ 907,300)

❷×10箇所。合計20点。

第4問（28点）

(1)

	借方		貸方	
	記号	金額	記号	金額
1	（ カ ）	3,000	（ オ ）	3,000
	（ ）		（ ）	
2	（ エ ）	840,000	（ ウ ）	1,582,000
	（ オ ）	742,000	（ ）	
3	（ エ ）	4,250,000	（ ウ ）	4,250,000
	（ ）		（ ）	

仕訳1つにつき4点。合計12点。

(2)

製造原価報告書　（単位：千円）

Ⅰ　直接材料費			（❷ 3,230）
Ⅱ　直接労務費			（❷ 1,800）
Ⅲ　製造間接費			
	実際発生額	（❷ 3,670）	
	製造間接費差異	（ 70）	（❷ 3,600）
当月総製造費用			（ 8,630）
月初仕掛品棚卸高			（ 250）
合　計			（ 8,880）
月末仕掛品棚卸高			（ 200）
当月製品製造原価			（ 8,680）

損益計算書　（単位：千円）

Ⅰ　売上高		20,000
Ⅱ　売上原価		
1．月初製品棚卸高	（ 200）	
2．当月製品製造原価	（❷ 8,680）	
合　計	（ 8,880）	
3．月末製品棚卸高	（ 180）	
差　引	（❷ 8,700）	
4．原価差異	（❷ 70）	（ 8,770）
売上総利益		（❷ 11,230）

❷×8箇所。合計16点。

第5問（12点）

問1	製品甲　標準直接材料費	❷ 5,000 円	
	製品乙　標準直接材料費	❷ 4,000 円	
	製品丙　標準直接材料費	❷ 12,000 円	
問2	消費価格差異	❷ 350,000 円	（ア）
	消費量差異	❷ 50,000 円	（イ）
問3	直接労務費差異	❷ 134,000 円	（ア）

❷×6箇所。合計12点。

解説

第1問

1．売買目的有価証券（株式）を売却した問題である。

（未収入金）	25,500,000	（売買目的有価証券）	22,500,000
		（有価証券売却益）	3,000,000

株式を売却したときは、株式の売却価額と帳簿価額との差額を有価証券売却益勘定（収益）の貸方または有価証券売却損勘定（費用）の借方に記帳する。なお、代金は翌月末に受取るため未収入金勘定（資産）の借方に記帳する。

平均単価　(@¥1,440×20,000株＋@¥1,620×10,000株)÷(20,000株＋10,000株)＝@¥1,500
売却価額　@¥1,700×15,000株＝¥25,500,000
帳簿価額　@¥1,500×15,000株＝¥22,500,000
有価証券売却益　¥25,500,000－¥22,500,000＝¥3,000,000

2．決算において商品保証引当金を計上した問題である。

（商品保証引当金）	25,000	（商品保証引当金戻入）	25,000
（商品保証引当金繰入）	300,000	（商品保証引当金）	300,000

洗替法により引当金を設定するため、前期に設定した商品保証引当金を取り崩し、商品保証引当金勘定（負債）の借方と、商品保証引当金戻入勘定（収益）の貸方に記帳する。また、当期の見積額を商品保証引当金繰入勘定（費用）の借方と、商品保証引当金勘定の貸方に記帳する。

当期見積額　¥30,000,000×1％＝¥300,000

3．ソフトウェアを取得した問題である。

（ソフトウェア）	24,000,000	（ソフトウェア仮勘定）	24,000,000
（未払金）	4,000,000	（普通預金）	4,000,000

ソフトウェアの製作が完了し使用を開始したときは、ソフトウェア仮勘定（資産）の貸方に記帳するとともに、ソフトウェア勘定（資産）の借方に記帳する。また、未払額を普通預金から支払っているため、普通預金勘定（資産）の貸方に記帳するとともに、未払金勘定（負債）の借方に記帳する。

【参　考】ソフトウェア開発の契約締結時

（ソフトウェア仮勘定）	24,000,000	（未払金）	24,000,000

ソフトウェア開発の契約締結時には、ソフトウェアはまだ完成していないため、支払額（契約総額）を一時的にソフトウェア仮勘定の借方に記帳する。

4．固定資産を割賦購入した問題である。

（備　　品）	1,125,000	（営業外支払手形）	1,140,000
（支払利息）	15,000		

商品陳列棚（備品）を購入したときは、取得原価にて備品勘定（資産）の借方に記帳する。代金は、毎月末に支払期限が到来する約束手形で支払っているため、営業外支払手形勘定（負債）の貸方に記帳する。割賦購入にかかる利息相当額については、勘定科目欄の指示により支払利息勘定（費用）の借方に記帳する。

備品の取得原価　@¥225,000×5台＝¥1,125,000
営業外支払手形　¥190,000×6枚＝¥1,140,000
利息相当額　¥1,140,000－¥1,125,000＝¥15,000

5．支店の当期純利益を本店が計上した問題である。

（支　　店）	640,000	（損　　益）	640,000

支店の当期純利益を本店が計上するさいは、支店勘定（照合勘定）の借方に記帳し、損益勘定（集合勘定）の貸方に記帳する。

【参　考】支店側の仕訳

（損　　益）	640,000	（本　　店）	640,000

第2問

株主資本等変動計算書を作成する問題である。

1．剰余金の配当等

（その他資本剰余金）	1,188,000	（未払配当金）	4,320,000
（繰越利益剰余金）	3,564,000	（資本準備金）	108,000
		（利益準備金）	324,000

(1)　準備金の積立額の算定

①　$(¥1{,}080{,}000 + ¥3{,}240{,}000) \times \frac{1}{10} = ¥432{,}000$
（¥1,080,000：その他資本剰余金からの配当財源、¥3,240,000：繰越利益剰余金からの配当財源）

②　$¥48{,}000{,}000 \times \frac{1}{4} - (¥4{,}800{,}000 + ¥3{,}200{,}000) = ¥4{,}000{,}000$
（¥48,000,000：資本金、¥4,800,000：配当直前の資本準備金、¥3,200,000：配当直前の利益準備金）

③　①＜②

(2)　資本準備金の積立額

$$¥432{,}000 \times \frac{¥1{,}080{,}000}{¥1{,}080{,}000 + ¥3{,}240{,}000} = ¥108{,}000$$

(3)　利益準備金の積立額

$$¥432{,}000 \times \frac{¥3{,}240{,}000}{¥1{,}080{,}000 + ¥3{,}240{,}000} = ¥324{,}000$$

(4)　別途積立金

（繰越利益剰余金）	160,000	（別途積立金）	160,000

2．新株の発行

借方	金額	貸方	金額
(当座預金)	6,250,000	(資本金)	5,000,000
		(資本準備金)	1,250,000

3．吸収合併

借方	金額	貸方	金額
(諸資産)	24,000,000	(諸負債)	15,000,000
(のれん)	100,000	(資本金)	7,000,000
		(その他資本剰余金)	2,100,000

のれん　7,000株×@¥1,300－(¥24,000,000（諸資産）－¥15,000,000（諸負債）)＝¥100,000

4．当期純利益

借方	金額	貸方	金額
(損益)	7,800,000	(繰越利益剰余金)	7,800,000

第3問

損益計算書を作成する問題である。

〈解　法〉財務諸表などを作成する問題では、問題資料の決算整理前残高試算表を利用して解答する。

決算整理前残高試算表

×8年3月31日　（単位：円）

	借　方	勘定科目	貸　方	
	323,200	現金預金		
¥53,800←2%×　+¥50,000	2,640,000	売掛金		
¥800,000－¥50,000－¥120,000	~~700,000~~	繰越商品		
	5,280,000	建物		
	4,000,000	備品		
	8,600,000	土地		
△¥88,000	176,000	ソフトウェア		
+¥1,760	432,960	満期保有目的債券		
		支払手形	3,600,000	
		買掛金	1,783,000	△¥2,000
		長期借入金	500,000	
		退職給付引当金	257,000	+¥30,000
		貸倒引当金	28,000	+¥25,800
		建物減価償却累計額	1,760,000	+¥176,000
		備品減価償却累計額	1,575,000	+¥606,250
		資本金	8,500,000	
		資本準備金	1,200,000	
		利益準備金	500,000	
		繰越利益剰余金	239,320	
		売上	36,900,000	+¥50,000
		有価証券利息	5,280	+¥1,760
期首商品+¥700,000		為替差損益	2,400	+¥2,000
期末商品△¥800,000	27,800,000	仕入		
商品評価損+¥120,000	5,200,800	給料		
	1,225,400	水道光熱費		
	363,000	租税公課		
	108,640	雑費		
	56,850,000		56,850,000	

損益計算書：費　用		損益計算書：収　益
貸倒引当金繰入	¥25,800	
棚卸減耗損	¥50,000	
減価償却費	¥782,250	
ソフトウェア償却	¥88,000	
支払利息	¥6,250	
退職給付費用	¥30,000	
法人税、住民税及び事業税	¥360,000	
法人税等調整額(貸方)	¥6,000	

貸借対照表：資　産		貸借対照表：負債・純資産	
繰延税金資産	¥6,000	¥6,250	未払利息
		¥360,000	未払法人税等

Ⅰ.〔資料Ⅱ〕の処理

1．売上計上

(売掛金)	50,000	(売上)	50,000

Ⅱ.〔資料Ⅲ〕の処理

1．貸倒引当金の設定（差額補充法）

(貸倒引当金繰入)	25,800	(貸倒引当金)	25,800

貸倒見積額　(¥2,640,000（売掛金）+ ¥50,000（上記Ⅰ1.）) × 2% = ¥53,800

当期繰入額　¥53,800 − ¥28,000（貸倒引当金）= ¥25,800

2．売上原価の計算、期末商品の評価、商品評価損の売上原価算入

(仕入)	700,000	(繰越商品)	700,000
(繰越商品)	800,000	(仕入)	800,000
(棚卸減耗損)	50,000	(繰越商品)	50,000
(商品評価損)	120,000	(繰越商品)	120,000
(仕入)	120,000	(商品評価損)	120,000

3．減価償却および税効果会計

(減価償却費)	176,000	(建物減価償却累計額)	176,000
(減価償却費)	606,250	(備品減価償却累計額)	606,250
(繰延税金資産)	6,000	(法人税等調整額)	6,000

減価償却費（建物）　¥5,280,000 ÷ 30年 = ¥176,000

減価償却費（旧備品）

(1)　200%定率法償却率　(1 ÷ 8年) × 2 = 0.25

(2)　償却保証額　¥3,600,000（取得原価）× 0.07909（保証率）= ¥284,724

(3)　調整前償却額　(¥3,600,000（取得原価）− ¥1,575,000（備品減価償却累計額）) × 0.250（償却率）= ¥506,250

(4)　(2)＜(3)　∴ ¥506,250

減価償却費（新備品）

(1)　200％定率法償却率　(1÷8年)×2＝0.25

(2)　償却保証額　￥400,000×0.07909＝￥31,636
　　取得原価　保証率

(3)　調整前償却額　￥400,000×0.250＝￥100,000
　　取得原価　償却率

(4)　(2)＜(3)　∴￥100,000

税効果会計

(1)　会計上の減価償却費　￥400,000×0.25＝￥100,000

(2)　税務上の減価償却費　￥400,000×0.2＝￥80,000
　　200％定率法償却率　(1÷10年)×2＝0.2

(3)　繰延税金資産　(￥100,000－￥80,000)×30％＝￥6,000

4．ソフトウェア償却

（ソフトウェア償却）	88,000	（ソフトウェア）	88,000

ソフトウェア償却　$￥176,000 \times \dfrac{1年}{5年-3年} = ￥88,000$

当期はソフトウェアを取得してから第4年目に該当するため、当期を含めた残り2年で償却する。

5．満期保有目的債券

（満期保有目的債券）	1,760	（有価証券利息）	1,760

$(￥440,000-￥432,960) \times \dfrac{12カ月}{5年 \times 12カ月-12カ月} = ￥1,760$

6．買掛金（外貨建金銭債務）

（買掛金）	2,000	（為替差損益）	2,000

貸借対照表価額　2,000ドル×@￥100＝￥200,000
　　（決算日の為替相場）

為替差損益　￥202,000－￥200,000＝￥2,000（益）

7．未払利息の計上（費用の未払い）

（支払利息）	6,250	（未払利息）	6,250

未払利息　$￥500,000 \times 3\% \times \dfrac{5カ月}{12カ月} = ￥6,250$

8．退職給付会計

（退職給付費用）	30,000	（退職給付引当金）	30,000

退職給付費用　￥287,000－￥257,000＝￥30,000
　　設定額　退職給付引当金

9．法人税、住民税及び事業税

（法人税、住民税及び事業税）	360,000	（未払法人税等）	360,000

第4問

(1) 仕訳問題である。

1．材料副費差異の計算

借方	金額	貸方	金額
(材料副費差異)	3,000	(材料副費)	3,000

(1) 材料副費予定配賦額　750,000円×2％＝15,000円
(2) 材料副費差異　15,000円－18,000円＝3,000円（借方差異）

2．労務費の計算

借方	金額	貸方	金額
(仕掛品)	840,000	(賃金・給料)	1,582,000
(製造間接費)	742,000		

(1) 直接工
① 直接労務費　700時間×@1,200円＝840,000円
② 間接労務費　150時間×@1,200円＝180,000円
(2) 間接工（間接労務費）　560,000円－184,000円＋186,000円＝562,000円
(3) 間接労務費合計　180,000円＋562,000円＝742,000円

3．完成品原価の計算

借方	金額	貸方	金額
(製品)	4,250,000	(仕掛品)	4,250,000

(1) 製造指図書No.604　250,000円＋1,800,000円＝2,050,000円
(2) 製造指図書No.701　2,200,000円
(3) 完成品原価　2,050,000円＋2,200,000円＝4,250,000円

(2) 製造原価報告書および損益計算書を作成する問題である。

1．製造原価報告書

(1) 直接材料費
① 素材費　400,000円＋2,500,000円－500,000円＝2,400,000円
② 部品費　230,000円＋860,000円－260,000円＝830,000円
③ 直接材料費合計　2,400,000円＋830,000円＝3,230,000円
(2) 直接労務費　1,800時間×@1,000円＝1,800,000円
(3) 製造間接費実際発生額
① 燃料費（間接材料費）　120,000円＋500,000円－100,000円＝520,000円
② 直接工間接作業賃金（間接労務費）　600時間×@1,000円＝600,000円
③ 間接工賃金（間接労務費）　1,900,000円－380,000円＋400,000円＝1,920,000円
④ 水道光熱費（間接経費）　480,000円
⑤ 減価償却費（間接経費）　150,000円
⑥ 製造間接費実際発生額合計
520,000円＋600,000円＋1,920,000円＋480,000円＋150,000円＝3,670,000円
(4) 製造間接費予定配賦額　1,800,000円×200％＝3,600,000円
(5) 製造間接費差異　3,600,000円－3,670,000円＝70,000円（借方差異）
(6) 当月総製造費用　3,230,000円＋1,800,000円＋3,600,000円＝8,630,000円
(7) 当月製品製造原価　8,630,000円＋250,000円－200,000円＝8,680,000円

2．損益計算書

(1) 売上原価（原価差異加減前）　200,000円＋8,680,000円－180,000円＝8,700,000円
(2) 売上原価（原価差異加減後）　8,700,000円＋70,000円＝8,770,000円
(3) 売上総利益　20,000,000円－8,770,000円＝11,230,000円

参考：勘定体系図（金額単位：千円）

素　材

借方		貸方	
月初	400	直材	2,400
購入	2,500		
		月末	500

部　品

借方		貸方	
月初	230	直材	830
購入	860		
		月末	260

燃　料

借方		貸方	
月初	120	間材	520
購入	500		
		月末	100

直接工

借方		貸方	
支払	?	月初	?
		直労	1,800
月末	?	間労	600

間接工

借方		貸方	
支払	1,900	月初	380
		間労	1,920
月末	400		

製造間接費

借方		貸方	
間材	520	予定配賦額	3,600
間労	600		
	1,920		
間経	480		
	150	差異	70

仕掛品

借方		貸方	
月初	250	完成	8,680
直材	3,230		
直労	1,800		
製間	3,600	月末	200

製　品

借方		貸方	
月初	200	販売	8,700
完成	8,680		
		月末	180

売上原価

借方		貸方	
販売	8,700	損益	8,770
差異	70		

第5問

標準原価計算の問題である。

1．生産データ

製品甲 生産データ　（単位：個）

	数量		換算量		数量		換算量
月初仕掛品	0	−	0	完成品	800	−	800
当月投入	800	−	800	月末仕掛品	0	−	0

製品乙 生産データ　（単位：個）

	数量		換算量		数量		換算量
月初仕掛品	0	−	0	完成品	1,200	−	1,200
当月投入	1,200	−	1,200	月末仕掛品	0	−	0

製品丙 生産データ　（単位：個）

	数量		換算量		数量		換算量
月初仕掛品	0	−	0	完成品	460	−	460
当月投入	460	−	460	月末仕掛品	0	−	0

2．製品1個あたりの標準直接材料費

(1) 製品甲　10kg×@500円＝5,000円
(2) 製品乙　8kg×@500円＝4,000円
(3) 製品丙　15kg×@800円＝12,000円

3．材料Aの消費価格差異

(1) 実際単価　9,100,000円÷17,500kg＝@520円
(2) 消費価格差異　17,500kg×(@500円－@520円)＝350,000円（不利差異）
なお、消費価格差異は以下のように計算することもできる。
17,500kg×@500円－9,100,000円＝350,000円（不利差異）

4．材料Aの消費量差異

(1) 標準消費量　800個×10kg＋1,200個×8kg＝17,600kg
(2) 消費量差異　(17,600kg－17,500kg)×@500円＝50,000円（有利差異）

参考：材料Aの消費価格差異および消費量差異

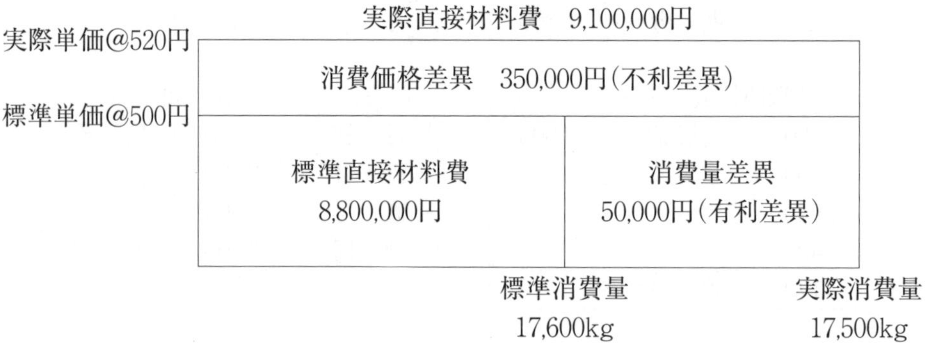

実際直接材料費　9,100,000円
実際単価@520円
消費価格差異　350,000円(不利差異)
標準単価@500円
標準直接材料費
8,800,000円
消費量差異
50,000円(有利差異)
標準消費量
17,600kg
実際消費量
17,500kg

5．製品1個あたりの標準直接労務費

(1) 製品甲　2.0時間×@1,500円＝3,000円
(2) 製品乙　1.2時間×@1,500円＝1,800円
(3) 製品丙　3.0時間×@1,500円＝4,500円

6．直接労務費差異

(1) 当月の標準直接労務費
800個×@3,000円＋1,200個×@1,800円＋460個×@4,500円＝6,630,000円
(2) 直接労務費差異　6,630,000円－6,764,000円＝134,000円（不利差異）

第4問（28点）

(1)

	借	方	貸	方
	記　号	金　額	記　号	金　額
1	（ イ ）	2,080,000	（ オ ）	2,080,000
	（ ）		（ ）	
2	（ ウ ）	400,000	（ イ ）	400,000
	（ ）		（ ）	
3	（ エ ）	200,000	（ カ ）	200,000
	（ ）		（ ）	

仕訳1つにつき4点。合計12点。

(2)

総 合 原 価 計 算 表　（単位：円）

	原料費	加工費	合計
月初仕掛品原価	1,540,000	790,000	2,330,000
当月製造費用	26,050,000	33,370,000	59,420,000
合　計	27,590,000	34,160,000	61,750,000
差引：月末仕掛品原価	（④ 2,790,000）	（④ 2,160,000）	（ 4,950,000）
完成品総合原価	（④ 24,800,000）	（ 32,000,000）	（④ 56,800,000）

④×4箇所。合計16点。

総合問題②

解答

第1問（20点）

	借	方	貸	方
	記　号	金　額	記　号	金　額
1	（ エ ）	2,970,000	（ イ ）	2,972,220
	（ カ ）	2,220	（ ）	
	（ ）		（ ）	
	（ ）		（ ）	
	（ ）		（ ）	
2	（ ク ）	15,000	（ オ ）	15,000
	（ ）		（ ）	
	（ ）		（ ）	
	（ ）		（ ）	
	（ ）		（ ）	
3	（ カ ）	500,000	（ エ ）	5,000,000
	（ キ ）	250,000	（ ）	
	（ オ ）	3,000,000	（ ）	
	（ ク ）	1,250,000	（ ）	
	（ ）		（ ）	
4	（ ア ）	600,000	（ エ ）	1,025,000
	（ オ ）	425,000	（ ）	
	（ ）		（ ）	
	（ ）		（ ）	
	（ ）		（ ）	
5	（ オ ）	4,000,000	（ エ ）	4,000,000
	（ キ ）	3,000,000	（ カ ）	3,000,000
	（ ）		（ ）	
	（ ）		（ ）	
	（ ）		（ ）	

仕訳1つにつき4点。合計20点。

第2問（20点）

連　結　精　算　表

（単位：千円）

科　目	個別財務諸表（x5年3月31日）		修　正・消　去		連結財務諸表
	P　社	S　社	借　方	貸　方	
貸借対照表					
諸　資　産	165,000	65,000			**230,000**
売　掛　金	90,000	40,000			② **121,000**
商　品	48,000	35,000			② **81,200**
未　収　入　金	32,000	5,000			**27,000**
土　地	250,000	50,000			② **298,000**
の　れ　ん					② **10,800**
子会社株式	80,000				
資産合計	665,000	195,000			**768,000**
諸　負　債	85,000	30,000			**115,000**
買　掛　金	70,000	50,000			**111,000**
未　払　金	50,000	15,000			② **55,000**
資　本　金	290,000	50,000			② **290,000**
資本剰余金	50,000	10,000			**50,000**
利益剰余金	120,000	40,000			**127,000**
非支配株主持分					② **20,000**
負債・純資産合計	665,000	195,000			**768,000**
損益計算書					
売　上　高	625,000	430,000			② **977,000**
売　上　原　価	480,000	310,000			② **712,300**
のれん償却					**600**
土地売却益	2,000				
その他諸費用	112,000	110,000			**222,000**
当期純利益	35,000	10,000			**42,100**
非支配株主に帰属する当期純利益					② **2,000**
親会社株主に帰属する当期純利益	35,000	10,000			**40,100**

②×10箇所。合計20点。

第3問（20点）

損　益　計　算　書

自20x1年4月1日　至20x2年3月31日

（単位：円）

Ⅰ　売　上　高		（ **31,600,000** ）
Ⅱ　売　上　原　価		
1　期首商品棚卸高	（ **1,500,000** ）	
2　当期商品仕入高	（ **25,200,000** ）	
合　計	（ **26,700,000** ）	
3　期末商品棚卸高	（ **1,600,000** ）	
差　引	（ **25,100,000** ）	
4　棚卸減耗損	（② **144,000** ）	
5　商品評価損	（② **180,000** ）	（ **25,424,000** ）
売上総利益		（ **6,176,000** ）
Ⅲ　販売費及び一般管理費		
1　給　料	1,556,000	
2　保　険　料	177,000	
3　支払家賃	（② **422,400** ）	
4　減価償却費	（② **816,200** ）	
5　貸倒引当金繰入	（② **52,760** ）	
6　退職給付費用	（② **300,000** ）	（ **3,324,360** ）
営　業　利　益		（ **2,851,640** ）
Ⅳ　営業外収益		
1（**有価証券評価益**）		（② **100,000** ）
Ⅴ　営業外費用		
1　支払利息	（② **35,000** ）	
2（**手形売却損**）	（② **5,000** ）	
3　棚卸減耗損	（ **16,000** ）	（ **56,000** ）
税引前当期純利益		（ **2,895,640** ）
法人税、住民税及び事業税	（ **680,000** ）	
法人税等調整額	（② **△48,000** ）	（ **632,000** ）
当期純利益		（ **2,263,640** ）

②×10箇所。合計20点。

第5問（12点）

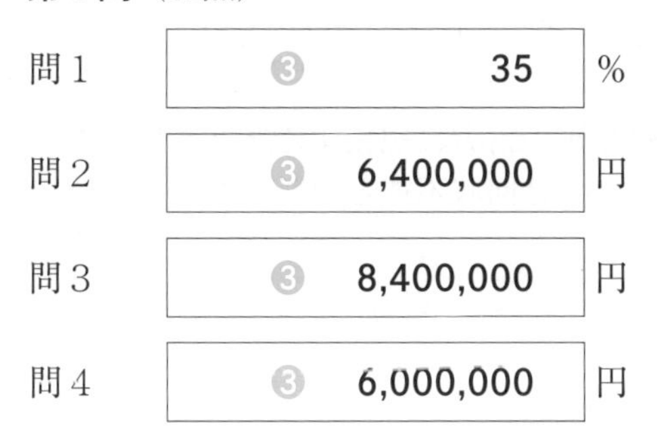

問1　③ 35 %

問2　③ 6,400,000 円

問3　③ 8,400,000 円

問4　③ 6,000,000 円

③×4箇所。合計12点。

解説

第1問

1．満期保有目的債券（社債）を購入した問題である。

借方科目	金額	貸方科目	金額
（満期保有目的債券）	2,970,000	（当座預金）	2,972,220
（有価証券利息）	2,220		

満期保有目的債券を購入したときは、取得原価をもって満期保有目的債券勘定（資産）の借方に記帳する。また、満期保有目的債券を利払日以外の日に売買したときは、端数利息を売主に支払う。なお、端数利息の支払額は、有価証券利息勘定（収益）の借方に記帳する。

購入口数　¥3,000,000÷@¥100＝30,000口

購入原価　@¥99×30,000口＝¥2,970,000

端数利息支払額　$¥3,000,000 \times 0.365\% \times \frac{74日（4/1〜6/13）}{365日} = ¥2,220$

2．為替予約（振当処理）の問題である。

借方科目	金額	貸方科目	金額
（為替差損益）	15,000	（買掛金）	15,000

買掛金の発生時（商品仕入時）の直物為替相場と予約時の為替相場の差額を、予約日の属する期の損益として為替差損益勘定の借方に記帳するとともに、買掛金勘定（負債）の貸方に記帳する。

為替差損益　7,500ドル×（@¥108－@¥110）＝¥15,000（損）

3．盗難保険契約が付してある資産が盗難にあった問題である。

借方科目	金額	貸方科目	金額
（車両減価償却累計額）	500,000	（車両）	5,000,000
（減価償却費）	250,000		
（未決算）	3,000,000		
（盗難損失）	1,250,000		

盗難保険契約が付してある資産が盗難にあったときは、保険金額が確定するまでは、その帳簿価額を未決算勘定（資産）の借方に記帳する。しかし、本問では¥3,000,000までの盗難保険契約を結んでいるため、これを超える部分は盗難損失勘定（費用）の借方に記帳する。

年間の減価償却費　¥5,000,000÷10年＝¥500,000

前期末までの減価償却費（車両減価償却累計額勘定（評価勘定）の借方に記帳）

X1年4月1日〜X2年3月31日　¥500,000

当期首から盗難時までの減価償却費（減価償却費勘定（費用）の借方に記帳）

X2年4月1日〜X2年9月30日　$¥500,000 \times \frac{6カ月}{12カ月} = ¥250,000$

盗難時点の帳簿価額　¥5,000,000－¥500,000－¥250,000＝¥4,250,000

盗難損失　¥4,250,000－¥3,000,000＝¥1,250,000

4．不渡手形の償還を受けた問題である。

（現　　　　　金）	600,000	（不　渡　手　形）	1,025,000
（貸 倒 引 当 金）	425,000		

不渡手形の償還を現金で受けたときには、現金勘定（資産）の借方に記帳するとともに、不渡手形勘定（資産）の貸方に記帳する。なお、未回収額については回収不能と判断したため、貸倒引当金勘定（評価勘定）の借方に記帳する。

不渡手形　¥1,000,000＋¥25,000＝¥1,025,000

貸倒引当金取崩額　¥1,025,000－¥600,000＝¥425,000

5．剰余金を準備金に振替えた問題である。

（その他資本剰余金）	4,000,000	（資 本 準 備 金）	4,000,000
（繰 越 利 益 剰 余 金）	3,000,000	（利 益 準 備 金）	3,000,000

株主総会の決議によりその他資本剰余金を準備金に振替える場合は、その他資本剰余金勘定（純資産）の借方に記帳するとともに、資本準備金勘定（純資産）の貸方に記帳する。また、繰越利益剰余金を準備金に振替える場合は、繰越利益剰余金勘定（純資産）の借方に記帳するとともに、利益準備金勘定（純資産）の貸方に記帳する。

第2問

連結精算表を作成する問題である。（解説上、仕訳の金額は単位千円とする。）

1．S社の資本の推移

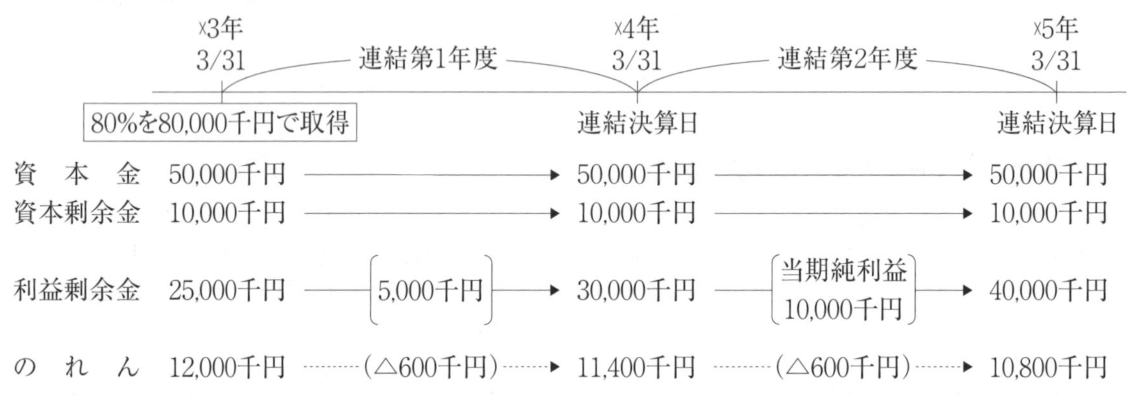

2．開始仕訳

(1)　投資と資本の相殺消去

（資本金期首残高）	50,000	（子 会 社 株 式）	80,000
（資本剰余金期首残高）	10,000	（非支配株主持分期首残高）	17,000
（利益剰余金期首残高）	25,000		
（の　れ　ん）	12,000		

のれん　80,000千円（子会社株式の取得原価）－（50,000千円（子会社資本金）＋10,000千円（子会社資本剰余金）＋25,000千円（子会社利益剰余金））×80%（親会社持分割合）＝12,000千円

非支配株主持分　（50,000千円（子会社資本金）＋10,000千円（子会社資本剰余金）＋25,000千円（子会社利益剰余金））×20%（非支配株主持分割合）＝17,000千円

(2)　のれんの償却

（利益剰余金期首残高）	600	（の　れ　ん）	600

のれん償却　12,000千円$\times\frac{1年}{20年}$＝600千円

(3) 利益剰余金増減額の非支配株主持分への振替え

(利益剰余金期首残高)	1,000	(非支配株主持分期首残高)	1,000

非支配株主持分への振替額　5,000千円×20%＝1,000千円
（20%：非支配株主持分割合）

3．のれんの償却

(の れ ん 償 却)	600	(の れ ん)	600

のれん償却　12,000千円×$\frac{1年}{20年}$＝600千円

4．当期純利益の非支配株主持分への振替え

(非支配株主に帰属する当期純利益)	2,000	(非 支 配 株 主 持 分)	2,000

当期純利益の非支配株主持分への振替額　10,000千円×20%＝2,000千円
（10,000千円：当期純利益　20%：非支配株主持分割合）

5．商品売買取引の相殺消去

(売 上 高)	78,000	(売 上 原 価)	78,000

6．商品に含まれる未実現利益の消去（ダウン・ストリーム）

(1) 期首商品に含まれる未実現利益の消去

① 開始仕訳

(利益剰余金期首残高)	1,500	(商 品)	1,500

未実現利益　6,500千円×$\frac{0.3}{1+0.3}$＝1,500千円
（6,500千円：期首商品）

② 実現仕訳

(商 品)	1,500	(売 上 原 価)	1,500

(2) 期末商品に含まれる未実現利益の消去

(売 上 原 価)	1,800	(商 品)	1,800

未実現利益　7,800千円×$\frac{0.3}{1+0.3}$＝1,800千円
（7,800千円：期末商品）

7．土地に含まれる未実現利益の消去（ダウン・ストリーム）

(土 地 売 却 益)	2,000	(土 地)	2,000

未実現利益　10,000千円－8,000千円＝2,000千円

8．債権債務の相殺消去

(買 掛 金)	9,000	(売 掛 金)	9,000
(未 払 金)	10,000	(未 収 入 金)	10,000

〈参　考〉開始仕訳

下記仕訳は、上記2．(1)～(3)の仕訳を累積したものである。

(資 本 金 期 首 残 高)	50,000	(子 会 社 株 式)	80,000
(資本剰余金期首残高)	10,000	(非支配株主持分期首残高)	18,000
(利益剰余金期首残高)	26,600		
(の れ ん)	11,400		

第3問

損益計算書を作成する問題である。

〈解　法〉財務諸表などを作成する問題では、問題資料の決算整理前残高試算表を利用して解答する。

決算整理前残高試算表
20×2年3月31日　（単位：円）

	借　方	勘定科目	貸　方	
△¥88,000＋¥495,000	2,000,000	現金預金		
¥75,760←2%×｛△¥500,000	1,228,000	受取手形		
	3,060,000	売掛金		
＋¥100,000	2,400,000	売買目的有価証券		
¥1,600,000－¥160,000－¥180,000	~~1,500,000~~	繰越商品		
	1,680,000	備品		
	2,340,000	車両運搬具		
	240,000	リース資産		
	8,000,000	土地		
		支払手形	720,000	
		買掛金	2,136,000	
		リース債務	240,000	△¥80,000
		長期借入金	900,000	
		退職給付引当金	3,500,000	＋¥300,000
		貸倒引当金	23,000	＋¥52,760
		備品減価償却累計額	420,000	＋¥315,000
		車両減価償却累計額	468,000	＋¥421,200
		資本金	8,600,000	
		利益準備金	1,137,000	
期首商品＋¥1,500,000		繰越利益剰余金	368,000	
期末商品△¥1,600,000		売上	31,600,000	
棚卸減耗損＋¥　144,000	25,200,000	仕入		
商品評価損＋¥　180,000	1,556,000	給料		
	177,000	保険料		
△¥281,600	704,000	支払家賃		
＋¥8,000	27,000	支払利息		
	50,112,000		50,112,000	

損益計算書：費　用		損益計算書：収　益	
手形売却損	¥5,000	¥100,000	有価証券評価益
棚卸減耗損	¥16,000		
減価償却費	¥816,200		
貸倒引当金繰入	¥52,760		
退職給付費用	¥300,000		
法人税、住民税及び事業税	¥680,000		
法人税等調整額(貸方)	¥48,000		

貸借対照表：資　産		貸借対照表：負債・純資産	
リース資産減価償却累計額(貸方)	¥80,000	¥680,000	未払法人税等
前払家賃	¥281,600		
繰延税金資産	¥48,000		

Ⅰ．未処理事項

1．手形の割引き

(現金預金)	495,000	(受取手形)	500,000
(手形売却損)	5,000		

2．リース料の支払い

(リース債務)	80,000	(現金預金)	88,000
(支払利息)	8,000		

Ⅱ．決算整理事項

1．売買目的有価証券の評価

(売買目的有価証券)	100,000	(有価証券評価損益)	100,000

有価証券評価益　¥2,500,000（期末時価）－¥2,400,000（帳簿価額）＝¥100,000

2．売上原価の計算、期末商品の評価、棚卸減耗損および商品評価損の売上原価算入

(仕入)	1,500,000	(繰越商品)	1,500,000
(繰越商品)	1,600,000	(仕入)	1,600,000
(棚卸減耗損)	160,000	(繰越商品)	160,000
(商品評価損)	180,000	(繰越商品)	180,000
(仕入)	144,000	(棚卸減耗損)	144,000
(仕入)	180,000	(商品評価損)	180,000

期末商品棚卸高　@¥800（原価）×2,000個（帳簿数量）＝¥1,600,000

棚卸減耗損　@¥800（原価）×(2,000個（帳簿数量）－1,800個（実地数量）)＝¥160,000

商品評価損　(@¥800（原価）－@¥700（正味売却価額）)×1,800個（実地数量）＝¥180,000

棚卸減耗損のうち10%は営業外費用に表示し、残額は売上原価に算入する。

3．減価償却

(1) 備品の減価償却

(減価償却費)	315,000	(備品減価償却累計額)	315,000

200%定率法償却率　(1÷8年)×2＝0.250

(¥1,680,000－¥420,000)×0.250＝¥315,000
取得原価　減価償却累計額　償却率

(2) 車両の減価償却

(減価償却費)	421,200	(車両減価償却累計額)	421,200

$$¥2,340,000 \times \frac{57,600km}{320,000km} = ¥421,200$$

(3) リース資産の減価償却

(減価償却費)	80,000	(リース資産減価償却累計額)	80,000

¥240,000÷3年＝¥80,000

4．貸倒引当金の設定（差額補充法）

(貸倒引当金繰入)	52,760	(貸倒引当金)	52,760

貸倒見積額　(¥1,228,000－¥500,000＋¥3,060,000)×2%＝¥75,760
受取手形　上記Ⅰ1.　売掛金

当期繰入額　¥75,760－¥23,000＝¥52,760
貸倒引当金

5．退職給付引当金

(退職給付費用)	300,000	(退職給付引当金)	300,000

6．前払家賃の計上（費用の前払い）

(前払家賃)	281,600	(支払家賃)	281,600

$$¥704,000 \times \frac{8カ月}{8カ月+12カ月} = ¥281,600$$

当期の家賃支払額のうち、翌期の8カ月分（20x1年4月1日～20x2年11月30日）を前払いしているが、前期支払額のうち当期に属する8カ月分が期首再振替仕訳により支払家賃勘定（費用）に振替えられている。よって、決算整理前残高試算表の支払家賃は、当期支払分と合わせて20カ月分の金額となる。

7．法人税、住民税及び事業税および税効果会計

(法人税、住民税及び事業税)	680,000	(未払法人税等)	680,000
(繰延税金資産)	48,000	(法人税等調整額)	48,000

繰延税金資産　¥120,000×40%＝¥48,000

第4問

(1) 仕訳問題である。

1．材料の購入

(材料)	2,080,000	(本社)	2,080,000

購入原価　5,000kg×@400円＋80,000円＝2,080,000円

2．材料の消費

(仕掛品)	400,000	(材料)	400,000

原料消費額（直接材料費）1,000kg×@400円＝400,000円

3．減価償却費の計上

(製造間接費)	200,000	(本社)	200,000

減価償却費（間接経費）2,400,000円÷12カ月＝200,000円

(2) 総合原価計算の問題である。

1．生産データのまとめ

生産データ　　（単位：kg）

		数量		換算量		数量		換算量	
（進捗度 40%）	月初仕掛品	2,500	−	1,000	完 成 品	40,000	−	40,000	（進捗度 100%）
（差引）	**当月投入**	**42,500**	**−**	**41,700**	正常減損	500	−	？	（進捗度 ？ %）
					月末仕掛品	4,500	−	2,700	（進捗度 60%）

2．月末仕掛品原価および完成品総合原価の計算（平均法）

仕　　掛　　品（原料費の計算）

月初	1,540,000円	2,500kg	40,000kg		**差引24,800,000円**	完成
当月	26,050,000円	42,500kg	× 4,500kg	=	**2,790,000円**	月末
			~~500kg~~		−	減損

合計　27,590,000円 ÷ ~~45,000kg~~　44,500kg

@620円

仕　　掛　　品（加工費の計算）

月初	790,000円	1,000kg	40,000kg		**差引32,000,000円**	完成
当月	33,370,000円	41,700kg	× 2,700kg	=	**2,160,000円**	月末
			~~? kg~~		−	減損

合計　34,160,000円 ÷ ~~42,700kg~~　42,700kg

@800円

第5問

CVP分析の問題である。

1．貢献利益率

(1)　変動費

①　変動製造原価　3,940,000円－940,000円＝3,000,000円

②　変動販売費　3,500,000円－500,000円－800,000円＝2,200,000円

③　変動費合計　3,000,000円＋2,200,000円＝5,200,000円

(2)　貢献利益　8,000,000円－5,200,000円＝2,800,000円

(3)　貢献利益率　2,800,000円÷8,000,000円＝0.35（35%）

2．損益分岐点の売上高

⑴　固定費　940,000円＋500,000円＋800,000円＝2,240,000円

⑵　損益分岐点の売上高　2,240,000円÷0.35＝6,400,000円

参考：直接原価計算による損益計算書

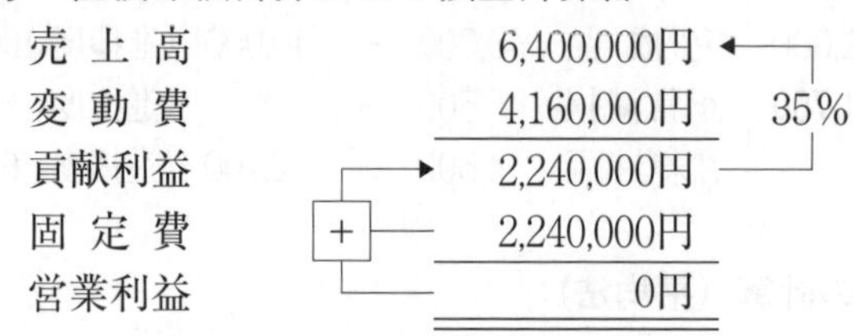

売 上 高	6,400,000円
変 動 費	4,160,000円
貢献利益	2,240,000円
固 定 費	2,240,000円
営業利益	0円

3．営業利益700,000円を達成する売上高

⑴　貢献利益　700,000円＋2,240,000円＝2,940,000円

⑵　営業利益700,000円を達成する売上高　2,940,000円÷0.35＝8,400,000円

参考：直接原価計算による損益計算書

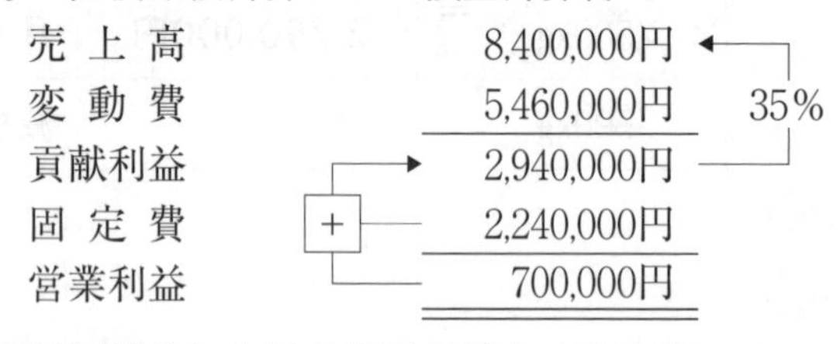

売 上 高	8,400,000円
変 動 費	5,460,000円
貢献利益	2,940,000円
固 定 費	2,240,000円
営業利益	700,000円

4．固定費削減後における損益分岐点の売上高

⑴　固定費　2,240,000円－140,000円＝2,100,000円

⑵　損益分岐点の売上高　2,100,000円÷0.35＝6,000,000円

参考：直接原価計算による損益計算書

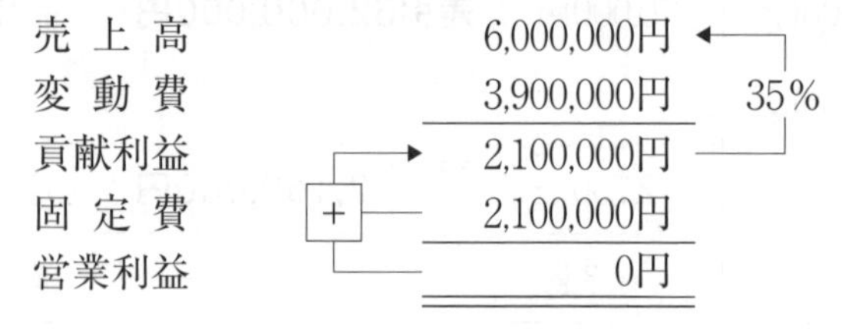

売 上 高	6,000,000円
変 動 費	3,900,000円
貢献利益	2,100,000円
固 定 費	2,100,000円
営業利益	0円

MEMO

日商簿記検定書籍のご案内

土日で合格(うか)る・大原で合格(うか)るシリーズ(中央経済社出版)

資格の大原著者、中央経済社出版の、新しい日商簿記検定書籍が発刊になりました!
すらすら学んで解けるよう大原メソッドを凝縮!!大事なところだけを「学んで→解ける」1冊です。

◆土日で合格(うか)る
日商簿記初級

定価:1,320円(税込)

◆土日で合格(うか)る
日商原価計算初級

定価:1,320円(税込)

◆大原で合格(うか)る
日商簿記3級

定価:1,210円(税込)

◆大原で合格(うか)る
日商簿記2級
商業簿記

定価:1,595円(税込)

◆大原で合格(うか)る
日商簿記2級
工業簿記

定価:1,485円(税込)

応用力アップ・試験直前の総仕上げにオススメ!

◆ステップアップ問題集

3級商業簿記	定価:1,320円(税込)
2級商業簿記	定価:1,320円(税込)
2級工業簿記	定価:1,320円(税込)
1級商業簿記・会計学	定価:2,200円(税込)
1級工業簿記・原価計算	定価:2,200円(税込)

◆過去問分析より徹底予想!
試験に出る問題集

3級	定価:1,540円(税込)
2級	定価:1,760円(税込)

◆過去問題集

日商簿記1級
定価:2,750円(税込)

◆理論問題集

日商簿記1級・全経簿記上級
定価:1,320円(税込)

※商品ラインナップ及び書籍名、販売期間、定価は変更の可能性がございます。最新情報は大原ブックストアにてご確認ください。

書籍のご購入は、「資格の大原書籍販売サイト 大原ブックストア」へ

資格の大原 O-HARA BOOK STORE

https://www.o-harabook.jp/

検索エンジンで ▸▸▸▸ 大原 ブックストア 検索

会員特典 会員登録(年会費無料・入会金なし)でさらにおトクに!

特典1 大原出版発刊の書籍がいつでも10%OFF!
クーポンコードのご入力で、10%割引でご購入いただけます。
(他の出版社発刊書籍など、一部割引対象外の商品がございます)

特典2 便利なマイページ機能がつかえる!
お気に入りリストで、購入を考えたい商品や気になる商品をリストで確認できます。
購入履歴の確認や、複数のお届け場所からの選択も可能です。

最新情報

■新刊の発売情報はサイトをチェック
■大事な改正情報もタイムリーに掲載

~大原ブックストア以外でもお買い求めいただけます~

■大原グループ各校窓口で購入
■全国の書店、大学生協で購入

簿記講座開講案内

通信講座

大原の簿記通信講座は、いつでもどこでもご自身のペースで学習できる「Web通信」、自宅からリアルタイムで受講できる「Webライブ」をご用意しています。自宅学習にありがちの「疑問点があっても解消できない」等といった不安を解消できるよう万全なサポート体制が整っていますので、安心して学習できます。

Web通信　合格Webアプリ　DVDフォロー（有料）

インターネット環境があれば、いつでもどこでも、大原の講義が受講できます。
Webならではの便利な機能が充実しており、大きな学習効果が得られます。

スマホ・タブレット端末でも再生スピードを変更できる!

❶ 講義映像　❸ 続きから再生　❺ スピード再生
❷ インデックス　❹ 画面サイズ　❻ スキップ機能

※スマートフォン・タブレット端末では、端末に標準でインストールされているブラウザおよび動画プレーヤーにて、映像を再生いたします。
パソコンでご利用可能な映像再生の機能のうち「続きから再生、画面サイズの変更、スキップ機能」はご利用いただけません。

Webライブ　Web講義標準装備　合格Webアプリ　DVDフォロー（有料）

自宅からリアルタイムで受講！

インターネットを通じて場所に縛られない学習スタイル「Webライブ」は、自宅のPC・タブレット等で受講可能です！
講義日程が決まっているライブ配信だから、学習計画が立てやすいのも魅力の一つです。さらにライブ講義の欠席時の補講や復習に便利なWeb講義も標準装備されているので安心して学習できます！

特長①
ライブ配信だから臨場感のある講義が受けられる!

特長②
ライブ配信だから学習ペースを一定に保てる!

通学講座　Web講義 標準装備

予習や復習に活用!
急な仕事や用事で欠席しても大丈夫!

「教室通学」「映像通学」よりお選びください。どの学校も通学に便利で、快適な学習環境をご提供しております。
サポート体制も万全ですので、安心して学習に専念することが可能です。

教室通学　合格Webアプリ　DVDフォロー（有料）

決まった日程・時間に大原に通学し、教室で講義を受ける学習スタイルです。大原の専任講師の熱意あふれる講義を、同じ目的を持った仲間と一緒に受講します。

映像通学　合格Webアプリ　DVDフォロー（有料）

講義を収録した映像を大原校内の個別視聴ブースにて視聴する学習スタイルです。自分のスケジュールに合わせて無理なく受講することができます。

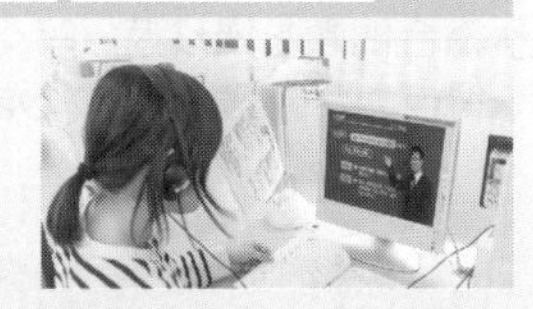

スマホやタブレットでいつでも、どこでも学習できます!!

大好評! 講義動画をアプリにダウンロードできます!

快適にストレスなく学習できます!!

1. 

まずは 資格の大原 合格Webアプリ スマホ・タブレットにインストール

2. 
ご自宅の無線LAN（Wi-Fi）環境で講義動画をアプリにダウンロード

3. • 電波のない環境でも講義動画を再生できます！
• 通信費やデータ容量制限を気にすることなく視聴できます！

※Web通信講座やWebフォロー（Web講義標準装備を含む）など動画が視聴可能なコースを受講している方がご利用いただけます。
※Web講義のダウンロードには、Android・iOSの［合格Webアプリ］が必要です（無料）。パソコンにはダウンロードできません。
※ダウンロードした動画は2週間視聴可能となります。受講期間内であれば何度でもダウンロード可能です。

パスル
Pass-sul

講義が分かる。　問題が解ける。　学習が継続できる。

パスルの特長

分かりやすい講義映像

- ☑ 講義映像は 1タイトル10分未満で完結。
  通勤時間や休憩時間などのスキマ時間に視聴することができます。
- ☑ テーマを細分化したことで重要ポイントが明確になり、スキマ時間でも理解しながら知識を身に付けることができます。
- ☑ 講義の最後の問題演習（ワンポイントチェック）で理解度をしっかりとチェックできます。

機能充実デジタルテキスト

- ☑ 過去の本試験を徹底分析し、豊富な図解で分かりやすいテキストをデジタル化。
- ☑ カラーリングで、重要ポイントが一目で分かるように作成。
- ☑ デジタルならではの機能（ブックマーク表示など）が充実しており、ダウンロードもできます。

Web問題集で基礎知識の定着

- ☑ テーマごとにネット試験と同じ仕様の問題を用意しています。
- ☑ PCやスマホ等で手軽に解答しながら基礎知識の定着が図れます。
- ☑ 正答箇所の確認や解答・解説の確認もWeb上で行えるから便利です！

※一部、PCでの解答を推奨

Web模擬試験で得点力をアップ

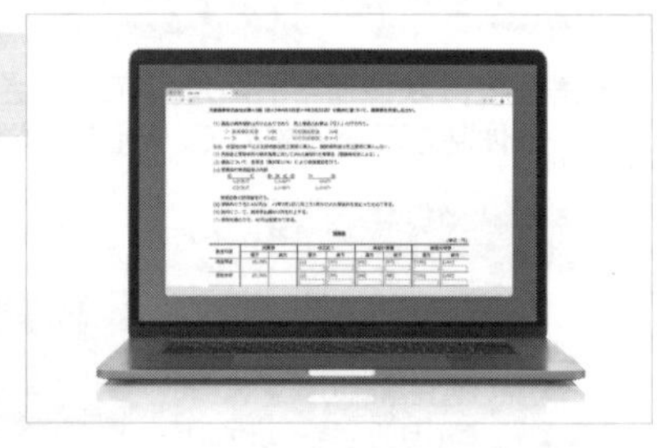

- ☑ 基本講義等で身に付けた知識をもとに、総合問題を解答することで実践的な答案作成能力を高めます。
- ☑ 総合問題を繰り返し解くことで時間配分などのテクニックが身に付き、得点力が確実にアップします。

3級：1セット、2級：3セット　※PCでの解答推奨

模擬試験プログラムは本試験と同じ仕様

- ☑ ネット試験を想定した“こだわり”のPC仕様。本試験と全く同じ環境でのトレーニングが可能です！
- ☑ ネット試験の解き方や操作方法、また適切なペース配分など、ネット試験対策の総仕上げができます！

3級：3セット、2級：3セット

無料体験

ぜひ、「タイパ抜群の新通信講座」の講義等を体験してみてください!

大原の新感覚Web通信講座、誕生！ NEW

手軽に学習できる！
短時間で学習できる！
楽しく学習できる！
いつでもどこでも学習できる！

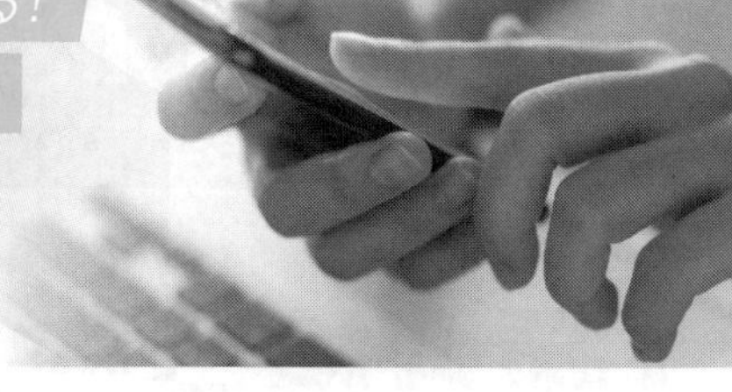

パススル簿記（3級）　日商簿記検定3級合格目標

ネット試験　2024年度実施

3級合格を最短期間で狙うならコレ！

対象：初学者

インプットはスキマ時間を使ってスマホで完結。仕上げのアウトプットは、ネット試験（PC受験）対策も兼ねて、パソコンを使った本試験さながらの問題解答ができる模擬試験をご用意しました。当コースなら、いつからでも学習できて、最短期間で受験できます！

カリキュラム

INPUT：3級講義（映像）…約9時間
▶ OUTPUT：3級Web問題集／Web模擬試験…1セット／3級模擬試験プログラム…3セット
▶ 3級 ネット試験受験
▶ 合格

フォローサポート

●質問対応　●個人カルテ　●学習スケジュール　●講義動画ダウンロード

受講料・開講日等

受講形態		受講料（消費税10%込）		講義映像配信日	サービス提供期間
		一般価格	大学生協等割引価格		
通信講座	Web通信	17,600円	16,720円	2024年4月1日(月)より随時視聴開始	申込み手続完了日から3ヵ月

●割引 大原受講生割引3% OFF　※大原受講生割引（3%OFF）は、他の割引や大学生協等代理店割引・特典との併用はできません。

紙（冊子）の教材を使って学習したい方へ	パススル簿記（3級）の教材はデジタルとなります。対応したテキスト・問題集・解答集（冊子）は、受講生限定でご購入いただけます。ご購入方法等の詳細は、パススル簿記（3級）お申込み後、ご受講いただくサイトにてご案内いたします。

パススル簿記（3級＋2級）　日商簿記検定3級・2級合格目標

ネット試験　2024年度実施

3級と2級がセットになったお得なコース！

対象：初学者

簿記を学習する人の多くが2級までを目標としています。簿記を初めて学習する方も2級合格を目標とすることで無駄なく計画的かつ効率的に学習を進めることができます。

カリキュラム

INPUT：3級講義（映像）…約9時間／2級講義（映像）…約30時間
▶ OUTPUT：Web問題集／Web模擬試験…3級1セット・2級3セット／模擬試験プログラム…3級3セット・2級3セット
▶ 3級・2級 ネット試験受験
▶ 合格

フォローサポート

●質問対応　●個人カルテ　●学習スケジュール　●講義動画ダウンロード

受講料・開講日等

受講形態		受講料（消費税10%込）		講義映像配信日	サービス提供期間
		一般価格	大学生協等割引価格		
通信講座	Web通信	44,000円	41,800円	3級 2024年4月1日(月)より随時視聴開始 2級 2024年9月9日(月)より随時視聴開始	申込み手続完了日から7ヵ月

●割引 大原受講生割引3% OFF　※大原受講生割引（3%OFF）は、他の割引や大学生協等代理店割引・特典との併用はできません。

紙（冊子）の教材を使って学習したい方へ	パススル簿記(3級)、簿記(2級)の教材はデジタルとなります。対応したテキスト・問題集・解答集(冊子)は、受講生限定でご購入いただけます。ご購入方法等の詳細は、パススル簿記（3級＋2級）お申込み後、ご受講いただくサイトにてご案内いたします。

大原で1級へステップアップ!

1級合格コース(全65回)

2級学習経験者対象

最高峰1級を目指すならこのコース。2級学習経験者を短期合格へ導く!

カリキュラム

INPUT

1級商簿・会計基本講義(30回)
問題集解説動画Web視聴 / 解答用紙ダウンロードサービス

▼

1級工簿・原計基本講義(22回)
問題集解説動画Web視聴 / 解答用紙ダウンロードサービス

▶

OUTPUT

1級直前模擬試験
(12回)
+
1級全国統一
公開模擬試験
(1回)

▶

▶

受講料・開講日等

受講形態		受講料 消費税10%込 一般価格	受講料 消費税10%込 大学生協等割引価格	教材発送開始日・開講日等	標準装備
6カ月コース 通信講座	Web通信 給付金	124,700円	118,460円	6月・12月より順次教材発送開始	問題集解説動画Web視聴 / 解答用紙ダウンロードサービス
	Web通信+DVDフォロー(基本講義DVD付)	163,900円	155,700円		
	資料通信	97,800円	92,910円		
6カ月コース 通学講座	映像通学	152,200円	144,590円	6月・12月より視聴 視聴開始日の詳細は、開講スケジュール(HP)または受講校にてご確認ください。	Web講義 / 問題集解説動画Web視聴 / 解答用紙ダウンロードサービス
	教室通学 給付金			通学開始日はパンフレットまたはHPをご覧ください。 ※6月・12月よりWeb視聴	
9カ月コース 通信講座	Web通信 給付金	146,500円	139,170円	3月・9月より順次教材発送開始	問題集解説動画Web視聴 / 解答用紙ダウンロードサービス
	Web通信+DVDフォロー(基本講義DVD付)	185,700円	176,410円		
	資料通信	97,800円	92,910円		
9カ月コース 通学講座	映像通学	178,700円	169,760円	3月・9月より視聴 視聴開始日の詳細は、開講スケジュール(HP)または受講校にてご確認ください。	Web講義 / 問題集解説動画Web視聴 / 解答用紙ダウンロードサービス
	教室通学			通学開始日はパンフレットまたはHPをご覧ください。 ※3月・9月よりWeb視聴	
12カ月コース 通信講座	Web通信	165,000円	156,750円	6月・12月より順次教材発送開始	問題集解説動画Web視聴 / 解答用紙ダウンロードサービス
	Web通信+DVDフォロー(基本講義DVD付)	204,200円	193,990円		
	資料通信	97,800円	92,910円		
12カ月コース 通学講座	映像通学	199,100円	189,140円	6月・12月より視聴 視聴開始日の詳細は、開講スケジュール(HP)または受講校にてご確認ください。	Web講義 / 問題集解説動画Web視聴 / 解答用紙ダウンロードサービス
	教室通学			通学開始日はパンフレットまたはHPをご覧ください。 ※6月・12月よりWeb視聴	

お得な割引制度

大原受講生割引3%OFF

過去に大原の講座(一般価格20,000円以上のものに限ります。)を受講された方が、新たに大原の講座(割引対象コースに限ります。)をお申込みいただく場合に、受講料が3%割引になる制度です。

再受講割引30%OFF

過去に一般価格60,000円以上の簿記2級受験対策商品を受講された方が、受講終了後に再度同一級の受験対策講座(対象講座)をお申込みいただく場合、受講料30%割引にて受講いただける制度です。

※キャンペーン価格および他の割引制度・特典との併用はできません。一般価格からの割引となります。
※各種割引制度・特典は、お申込み後の適用はできません。

大学生協等割引制度

大原グループと提携している大学生協・購買会等にて諸手続をすると受講料が5%OFFになります。

一般教育訓練給付制度

大原の簿記講座には一般教育訓練給付制度の適用コースが多数あります。支給対象者が修了要件を満たせば受講料の20%(限度額10万円)がハローワークより支給されます。給付金制度の詳細は簿記講座パンフレットをご覧ください。(教室通学は実施校により対象コースが異なります。)

簿記からのステップアップ

簿記の知識は企業から求められるだけではなく、様々な資格と関連があります。簿記は税理士や公認会計士をはじめとする資格をめざす上でベースとなる知識であり、その後のステップアップを有利に展開することができます。

■ 簿記の知識で大きなアドバンテージ！

公認会計士

会計系資格の最高峰。近年、ビジネスの多様化・国際化に伴い、企業経営に多くの会計スキルが必要な時代。そのため、公認会計士が活躍するフィールドはますます拡大しています！日商簿記の学習経験があれば、大きなアドバンテージを持って試験に臨むことができます！

日商簿記と公認会計士試験(会計学)の学習範囲の比較

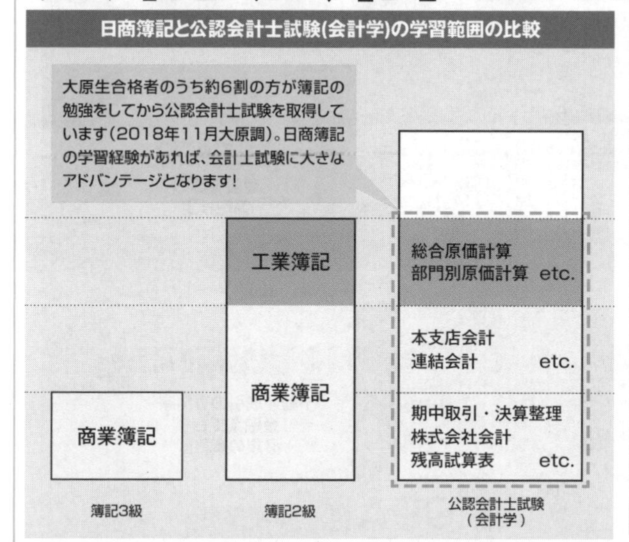

2006年～2023年大原生合格者※の合格実績 (新試験制度制定後)

9,566名

社会人講座 8,755名　専門課程 811名

<2006年～2023年公認会計士論文式試験 合格者数内訳>

2023年308名(社会人講座277名・専門課程31名)、2022年344名(社会人講座299名・専門課程35名)、2021年397名(社会人講座360名・専門課程37名)、2020年399名(社会人講座345名・専門課程54名)、2019年470名(社会人講座418名・専門課程52名)、2018年486名(社会人講座438名・専門課程48名)、2017年482名(社会人講座434名・専門課程48名)、2016年406名(社会人講座365名・専門課程41名)、2015年381名(社会人講座343名・専門課程38名)、2014年389名(社会人講座333名・専門課程56名)、2013年439名(社会人講座380名・専門課程59名)、2012年401名(社会人講座356名・専門課程45名)、2011年606名(社会人講座549名・専門課程57名)、2010年625名(社会人講座579名・専門課程46名)、2009年742名(社会人講座683名・専門課程59名)、2008年1,242名(社会人講座1,176名・専門課程66名)、2007年964名(社会人講座933名・専門課程31名)、2006年495名(社会人講座487名・専門課程8名)

※大原生合格者は、合格目標年度の全国大原グループ公認会計士コースで合格に必要な科目(科目合格者(注)の場合は残り科目)の講義等をすべて受講して最終合格された方をいいます。(注)科目合格者については、合格目標年度の前年度または前々年度に全国大原グループ公認会計士コースで合格に必要な科目の講義等を受講し、かつ受講した年度に当該科目に合格した方のみを、合格者に含めています。

※旧二次試験の試験合格による短答免除者は含まれておりません。(2024年2月1日現在)

◎資格の大原の合格実績には、公開模試のみの受講生、出版教材のみの購入者、資料請求者、情報提供のみの登録者、無料の役務提供者は一切含まれておりません。

■ 税理士法人から大手企業まで幅広い就職・転職！

税理士

税理士は会計＋税務の知識でコンサルティングを行う職業です。
日商簿記の知識をそのまま活かすことができる試験であり、
科目合格が認められていることから働きながら学習されている方も多いです。

3級で税理士! 日商簿記3級の知識で簿記・財表の学習がスタートできます。

就職・転職は今がチャンス！

まだまだ売り手市場！
税理士法人から大手企業まで幅広い就職・転職!!

関与先企業の業務の高度化やIT技術革新により、税理士業務は、『記帳代行・税務申告業務』から『コンサルティング業務』へ活躍の場を広げています。このような税理士業務の拡大が、税理士法人などの採用意欲を高め、税理士の就職・転職市場は売り手市場の様相となっています。

2001年の税理士法改正により個人企業から会社化へ！
(個人開業から税理士法人勤務へ)

2021年には税理士法人が4,349法人※に!!
※2021年1月末日現在の主たる事務所数

今年も税理士試験官報合格者の半数以上が大原生です!!

■2023年度(第73回)税理士試験大原生官報合格占有率
(2024年2月10日現在)

53.3%

大原生合格者数 320名 (専門課程5名含む) / **全国官報合格者数 600名**

※大原生合格者は、全国大原グループにおいて合格するための授業、模擬試験等がすべて含まれたコースで、税理士試験合格に必要な受験科目の半数以上を受講した方を対象としています。

◎資格の大原の合格実績には、公開試験のみの受講生、出版教材のみの購入者、資料請求者、情報提供のみの登録者、無料の役務提供者は一切含まれておりません。

正誤・法改正に伴う修正について

本書掲載内容に関する正誤・法改正に伴う修正及び、シラバスの変更による情報については「資格の大原書籍販売サイト　大原ブックストア」の「正誤・改正情報」よりご確認ください。

https://www.o-harabook.jp/
資格の大原書籍販売サイト　大原ブックストア

正誤表・改正表の掲載がない場合は、書籍名、発行年月日、お名前、ご連絡先を明記の上、下記の方法にてお問い合わせください。

お問い合わせ方法

【郵　送】　〒101-0065　東京都千代田区西神田２－２－10
大原出版株式会社　書籍問い合わせ係
【ＦＡＸ】　03-3237-0169
【E-mail】　shopmaster@o-harabook.jp

※お電話によるお問い合わせはお受けできません。
また、内容に関する解説指導・ご質問対応等は行っておりません。
予めご了承ください。

日商簿記2級　過去問分析より徹底予想！　試験に出る問題集（第2版）

■発行年月日　2021年12月16日　初版発行
2024年３月１日　２版２刷発行
■著 者　資格の大原　簿記講座
■発 行 所　大原出版株式会社
〒101-0065
東京都千代田区西神田1-2-10
TEL 03-3292-6654
■印刷・製本　セザックス株式会社

ISBN978-4-86783-009-3 C1034

解答用紙のご利用にあたって

本書の解答用紙は抜き取り方式となっております。
抜き取り方法は裏面を参照して下さい。

なお、解答用紙だけの販売はしておりません。解き直しを希望される方は、あらかじめコピーをしていただくか、資格の大原書籍販売サイト　大原ブックストア内の「解答用紙ＤＬサービス」よりダウンロードし、印刷してご利用ください。

---

https://www.o-harabook.jp/

資格の大原書籍販売サイト　大原ブックストア

解答用紙の抜き取り方法について

本書の解答用紙は、抜き取り方式の小冊子となっております。
解答用紙の小冊子は、この白紙に軽くのりづけされていますので、
下記の要領に従い、本書から引き抜いて下さい。

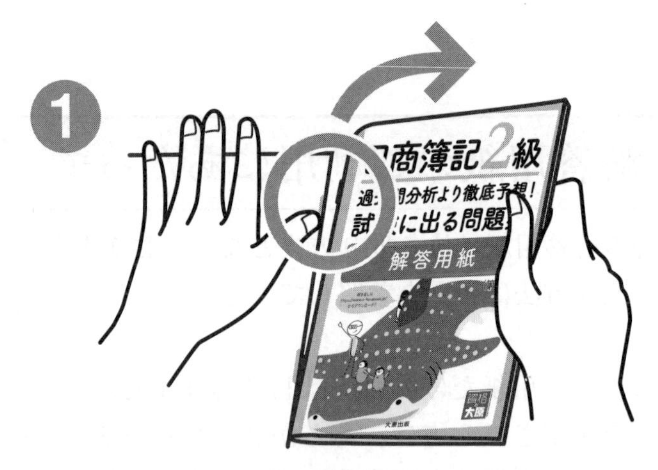

解答用紙の束をしっかりつかむ

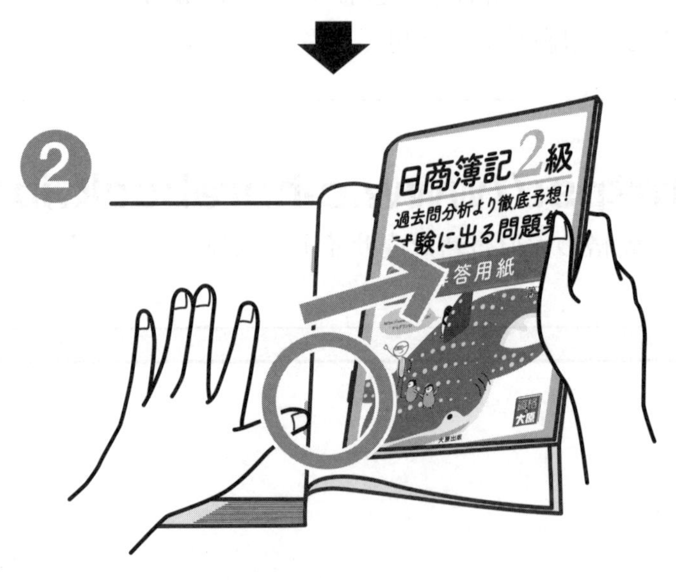

静かに引き抜く

解答用紙の抜き取り時の損傷等につきましては、お取替えはご容赦願います。

日商簿記2級

過去問分析より徹底予想！
試験に出る問題集

解答用紙

（第2版）

解き直しは
https://www.o-harabook.jp/
からダウンロード！

資格の大原

大原出版

解答用紙

解答用紙 目次

問題番号 1-01

役務収益・役務原価・商品売買等

		借方		貸方	
		記号	金額	記号	金額
1	(1)	(　)		(　)	
		(　)		(　)	
		(　)		(　)	
	(2)	(　)		(　)	
		(　)		(　)	
		(　)		(　)	
2	(1)	(　)		(　)	
		(　)		(　)	
		(　)		(　)	
	(2)	(　)		(　)	
		(　)		(　)	
		(　)		(　)	
	(3)	(　)		(　)	
		(　)		(　)	
		(　)		(　)	
3		(　)		(　)	
		(　)		(　)	
		(　)		(　)	
		(　)		(　)	
		(　)		(　)	
4		(　)		(　)	
		(　)		(　)	
		(　)		(　)	
		(　)		(　)	
		(　)		(　)	

問題番号 1-02 現金預金

		借方		貸方	
		記号	金額	記号	金額
1	(1)	(　　)		(　　)	
		(　　)		(　　)	
		(　　)		(　　)	
	(2)	(　　)		(　　)	
		(　　)		(　　)	
		(　　)		(　　)	
2	(1)	(　　)		(　　)	
		(　　)		(　　)	
		(　　)		(　　)	
	(2)	(　　)		(　　)	
		(　　)		(　　)	
		(　　)		(　　)	
	(3)	(　　)		(　　)	
		(　　)		(　　)	
		(　　)		(　　)	
	(4)	(　　)		(　　)	
		(　　)		(　　)	
		(　　)		(　　)	
3	(1)	(　　)		(　　)	
		(　　)		(　　)	
		(　　)		(　　)	
	(2)	(　　)		(　　)	
		(　　)		(　　)	
		(　　)		(　　)	

問題番号 **1-03**

債権・債務等

	借方		貸方	
	記号	金額	記号	金額
1	(　　)		(　　)	
	(　　)		(　　)	
	(　　)		(　　)	
	(　　)		(　　)	
	(　　)		(　　)	
2	(　　)		(　　)	
	(　　)		(　　)	
	(　　)		(　　)	
	(　　)		(　　)	
	(　　)		(　　)	
3	(　　)		(　　)	
	(　　)		(　　)	
	(　　)		(　　)	
	(　　)		(　　)	
	(　　)		(　　)	
4	(　　)		(　　)	
	(　　)		(　　)	
	(　　)		(　　)	
	(　　)		(　　)	
	(　　)		(　　)	
5	(　　)		(　　)	
	(　　)		(　　)	
	(　　)		(　　)	
	(　　)		(　　)	
	(　　)		(　　)	

問題番号 1-04

有価証券

	借方		貸方	
	記号	金額	記号	金額
1	(　　)		(　　)	
	(　　)		(　　)	
	(　　)		(　　)	
	(　　)		(　　)	
	(　　)		(　　)	
2	(　　)		(　　)	
	(　　)		(　　)	
	(　　)		(　　)	
	(　　)		(　　)	
	(　　)		(　　)	
3	(　　)		(　　)	
	(　　)		(　　)	
	(　　)		(　　)	
	(　　)		(　　)	
	(　　)		(　　)	

問題番号 1-05

固定資産1

		借方		貸方	
		記号	金額	記号	金額
1		( )		( )	
		( )		( )	
		( )		( )	
		( )		( )	
		( )		( )	
2		( )		( )	
		( )		( )	
		( )		( )	
		( )		( )	
		( )		( )	
3	(1)	( )		( )	
		( )		( )	
		( )		( )	
		( )		( )	
		( )		( )	
	(2)	( )		( )	
		( )		( )	
		( )		( )	
4		( )		( )	
		( )		( )	
		( )		( )	
		( )		( )	
		( )		( )	
5		( )		( )	
		( )		( )	
		( )		( )	
		( )		( )	
		( )		( )	

問題番号 1-06

固定資産2

		借方		貸方	
		記号	金額	記号	金額
1		( )		( )	
		( )		( )	
		( )		( )	
		( )		( )	
		( )		( )	
2		( )		( )	
		( )		( )	
		( )		( )	
		( )		( )	
		( )		( )	
3	(1)	( )		( )	
		( )		( )	
		( )		( )	
	(2)	( )		( )	
		( )		( )	
		( )		( )	
		( )		( )	
		( )		( )	
4		( )		( )	
		( )		( )	
		( )		( )	
		( )		( )	
		( )		( )	
5		( )		( )	
		( )		( )	
		( )		( )	
		( )		( )	
		( )		( )	

問題番号 1-07

為替換算会計

		借方		貸方	
		記号	金額	記号	金額
1	(1)	(　　)		(　　)	
		(　　)		(　　)	
		(　　)		(　　)	
	(2)	(　　)		(　　)	
		(　　)		(　　)	
		(　　)		(　　)	
	(3)	(　　)		(　　)	
		(　　)		(　　)	
		(　　)		(　　)	
2	(1)	(　　)		(　　)	
		(　　)		(　　)	
		(　　)		(　　)	
	(2)	(　　)		(　　)	
		(　　)		(　　)	
		(　　)		(　　)	
	(3)	(　　)		(　　)	
		(　　)		(　　)	
		(　　)		(　　)	
3	(1)	(　　)		(　　)	
		(　　)		(　　)	
		(　　)		(　　)	
	(2)	(　　)		(　　)	
		(　　)		(　　)	
		(　　)		(　　)	
	(3)	(　　)		(　　)	
		(　　)		(　　)	
		(　　)		(　　)	
4		(　　)		(　　)	
		(　　)		(　　)	
		(　　)		(　　)	

問題番号 1-08 引当金

	借	方	貸	方
	記　　号	金　　額	記　　号	金　　額
1	(　　　　)		(　　　　)	
	(　　　　)		(　　　　)	
	(　　　　)		(　　　　)	
2	(　　　　)		(　　　　)	
	(　　　　)		(　　　　)	
	(　　　　)		(　　　　)	
3	(　　　　)		(　　　　)	
	(　　　　)		(　　　　)	
	(　　　　)		(　　　　)	
4	(　　　　)		(　　　　)	
	(　　　　)		(　　　　)	
	(　　　　)		(　　　　)	
5	(　　　　)		(　　　　)	
	(　　　　)		(　　　　)	
	(　　　　)		(　　　　)	

1-09 法人税等

		借方		貸方	
		記号	金額	記号	金額
1		(　　)		(　　)	
		(　　)		(　　)	
		(　　)		(　　)	
2		(　　)		(　　)	
		(　　)		(　　)	
		(　　)		(　　)	
3	(1)	(　　)		(　　)	
		(　　)		(　　)	
		(　　)		(　　)	
	(2)	(　　)		(　　)	
		(　　)		(　　)	
		(　　)		(　　)	
4		(　　)		(　　)	
		(　　)		(　　)	
		(　　)		(　　)	
5	(1)	(　　)		(　　)	
		(　　)		(　　)	
		(　　)		(　　)	
	(2)	(　　)		(　　)	
		(　　)		(　　)	
		(　　)		(　　)	
	(3)	(　　)		(　　)	
		(　　)		(　　)	
		(　　)		(　　)	

問題番号 1-10

株式会社の純資産等1

	借方		貸方	
	記号	金額	記号	金額
1	(　　)		(　　)	
	(　　)		(　　)	
	(　　)		(　　)	
	(　　)		(　　)	
	(　　)		(　　)	
2	(　　)		(　　)	
	(　　)		(　　)	
	(　　)		(　　)	
	(　　)		(　　)	
	(　　)		(　　)	
3	(　　)		(　　)	
	(　　)		(　　)	
	(　　)		(　　)	
	(　　)		(　　)	
	(　　)		(　　)	
4	(　　)		(　　)	
	(　　)		(　　)	
	(　　)		(　　)	
	(　　)		(　　)	
	(　　)		(　　)	

問題番号

1-11 株式会社の純資産等2

	借方		貸方	
	記号	金額	記号	金額
1	(　　)		(　　)	
	(　　)		(　　)	
	(　　)		(　　)	
2	(　　)		(　　)	
	(　　)		(　　)	
	(　　)		(　　)	
3	(　　)		(　　)	
	(　　)		(　　)	
	(　　)		(　　)	
	(　　)		(　　)	
	(　　)		(　　)	
4	(　　)		(　　)	
	(　　)		(　　)	
	(　　)		(　　)	
	(　　)		(　　)	
	(　　)		(　　)	
5	(　　)		(　　)	
	(　　)		(　　)	
	(　　)		(　　)	
	(　　)		(　　)	
	(　　)		(　　)	

問題番号
1-12 本支店会計

	借方		貸方	
	記号	金額	記号	金額
1	(　　)		(　　)	
	(　　)		(　　)	
	(　　)		(　　)	
2	(　　)		(　　)	
	(　　)		(　　)	
	(　　)		(　　)	
3	(　　)		(　　)	
	(　　)		(　　)	
	(　　)		(　　)	
4	(　　)		(　　)	
	(　　)		(　　)	
	(　　)		(　　)	

問題番号 2-01 銀行勘定調整表1

問1

	借方		貸方	
	記号	金額	記号	金額
①	(　　)		(　　)	
②	(　　)		(　　)	
③	(　　)		(　　)	
④	(　　)		(　　)	
⑤	(　　)		(　　)	
⑥	(　　)		(　　)	

問2

(1)　銀行勘定調整表を企業残高・銀行残高区分調整法により作成した場合

銀 行 勘 定 調 整 表

大原銀行東西支店　　　×6年3月31日　　　(単位：円)

摘要		金額	
		銀行残高証明書残高	当座預金勘定残高
×6年3月31日現在残高		960,000	900,000
加算	(　　)	(　　)	
	(　　)		(　　)
	(　　)		(　　)
	(　　)		(　　)
計		(　　)	(　　)
減算	(　　)	(　　)	
	(　　)		(　　)
調整後残高		(　　)	(　　)

(2) 銀行勘定調整表を企業残高基準法により作成した場合

銀行勘定調整表

大原銀行東西支店	×6年3月31日	(単位：円)

摘　　要		金　　額	
当座預金勘定残高			900,000
加算	(　　　)	(　　　)	
	(　　　)	(　　　)	
	(　　　)	(　　　)	
	(　　　)	(　　　)	(　　　)
計			(　　　)
減算	(　　　)	(　　　)	
	(　　　)	(　　　)	(　　　)
銀行残高証明書残高			960,000

(3) 銀行勘定調整表を銀行残高基準法により作成した場合

銀行勘定調整表

大原銀行東西支店	×6年3月31日	(単位：円)

摘　　要		金　　額	
銀行残高証明書残高			960,000
加算	(　　　)	(　　　)	
	(　　　)	(　　　)	(　　　)
計			(　　　)
減算	(　　　)	(　　　)	
	(　　　)	(　　　)	
	(　　　)	(　　　)	
	(　　　)	(　　　)	(　　　)
当座預金勘定残高			900,000

問題番号 2-02 銀行勘定調整表2

問1

銀行勘定調整表

××年9月30日　　　　(単位：円)

銀行残高証明書の残高			(　　)
(加算)	[　　]	(　　)	
	[　　]	(　　)	(　　)
(減算)	[　　]	(　　)	
	[　　]	(　　)	(　　)
当座預金勘定残高			(　　)

※ [　　]には、〔資料B〕における番号1～4を記入しなさい。
(　　)には、金額を記入しなさい。

問2

借	方	貸	方
記　号	金　額	記　号	金　額
(　　)		(　　)	
(　　)		(　　)	
(　　)		(　　)	
(　　)		(　　)	
(　　)		(　　)	

※ 決算整理仕訳は、各行に1組ずつ記入しなさい。

問3

貸借対照表上の「現金預金」 ¥

内訳：現　　金 ¥

当座預金 ¥

問題番号 2-03

有価証券1

問1

売買目的有価証券

日付 年	月	日	摘要	借方	貸方	借/貸	残高
x2			(　　　　)				
			(　　　　)				
			(　　　　)				
			(　　　　)				
x3			(　　　　)				

有価証券利息

日付 年	月	日	摘要	借方	貸方	借/貸	残高
x2			(　　　　)				
			(　　　　)				
			(　　　　)				
			(　　　　)				
			(　　　　)				
			(　　　　)				
x3			(　　　　)				

問2　有価証券売却損益　¥＿＿＿＿＿＿　(　　　　)

2-04 有価証券2

問1

¥　　　　　（　　　）

（注）（　　）内には有価証券売却損であれば「ア」、有価証券売却益であれば「イ」と記入することと。

問2

¥　　　　　（　　　）

（注）（　　）内には有価証券売却損であれば「ア」、有価証券売却益であれば「イ」と記入することと。

問3

満期保有目的債券

年	月	日	摘要	借方	年	月	日	摘要	貸方
x6	7	1	（　　）		x7	3	31	（　　）	
x7	3	31	（　　）						
x7	4	1	（　　）						

問題番号 2-05

固定資産1

建　　物

月	日	摘要	借方	月	日	摘要	貸方
4	1	前期繰越	2,258,000	9	30	(　　)	
				3	31	(　　)	
					〃	(　　)	
4	1	前期繰越					

備　　品

月	日	摘要	借方	月	日	摘要	貸方
4	1	前期繰越	900,000	12	31	(　　)	
				3	31	(　　)	
4	1	前期繰越					

備品減価償却累計額

月	日	摘要	借方	月	日	摘要	貸方
12	31	(　　)		4	1	前期繰越	280,000
3	31	(　　)		3	31	(　　)	
				4	1	前期繰越	

固定資産売却損

月	日	摘要	借方	月	日	摘要	貸方
9	30	(　　)		3	31	(　　)	

固定資産除却損

月	日	摘要	借方	月	日	摘要	貸方
12	31	(　　)		3	31	(　　)	

2-06 固定資産2

(1) 当期の諸勘定（一部）

建　　物

日付 年	月	日	摘要	借方	貸方	借/貸	残高
x7	4	1	前期繰越				
	10	1	(　　　)				
x8	3	31	(　　　)				
x8	4	1	前期繰越				

備品減価償却累計額

日付 年	月	日	摘要	借方	貸方	借/貸	残高
x8	3	31	(　　　)				
		〃	(　　　)				
x8	4	1	前期繰越				

ソフトウェア

日付 年	月	日	摘要	借方	貸方	借/貸	残高
x7	4	1	前期繰越				
	10	1	(　　　)				
x8	3	31	固定資産除却損				
		〃	ソフトウェア償却				
		〃	(　　　)				
x8	4	1	前期繰越				

(2) 当期の固定資産除却損の金額　¥

問題番号 2-07
株主資本等変動計算書

株主資本等変動計算書

自×6年4月1日　至×7年3月31日　（単位：円）

	株主資本		
	資本金	資本剰余金	
		資本準備金	その他資本剰余金
当期首残高	(　　)	(　　)	(　　)
当期変動額			
剰余金の配当		(　　)	(　　)
別途積立金の積立て			
新株の発行	(　　)	(　　)	
吸収合併	(　　)	(　　)	
当期純利益			
株主資本以外の項目の当期変動額(純額)			
当期変動額合計	(　　)	(　　)	(　　)
当期末残高	(　　)	(　　)	(　　)

（下段へ続く）

（上段より続く）

	株主資本				評価・換算差額等	純資産合計
	利益剰余金			株主資本合計	その他有価証券評価差額金	
	利益準備金	その他利益剰余金				
		別途積立金	繰越利益剰余金			
当期首残高	(　　)	(　　)	(　　)	(　　)	0	(　　)
当期変動額						
剰余金の配当	(　　)		(　　)	(　　)		(　　)
別途積立金の積立て		(　　)	(　　)	(　　)		(　　)
新株の発行				(　　)		(　　)
吸収合併				(　　)		(　　)
当期純利益			(　　)	(　　)		(　　)
株主資本以外の項目の当期変動額(純額)					(　　)	(　　)
当期変動額合計	(　　)	(　　)	(　　)	(　　)	(　　)	(　　)
当期末残高	(　　)	(　　)	(　　)	(　　)	(　　)	(　　)

問題番号 2-08 連結精算表

連結精算表 (単位：円)

科目	個別財務諸表		修正・消去		連結財務諸表
	P社	S社	借方	貸方	
貸借対照表					連結貸借対照表
諸資産	36,900	14,800			
商品	4,900	1,800			
土地	20,000	7,500			
S社株式	10,200	——			——
のれん					
資産合計	72,000	24,100			
諸負債	(26,000)	(8,700)			( )
資本金	(22,000)	(8,000)			( )
資本剰余金	(10,000)	(2,000)			( )
利益剰余金	(14,000)	(5,400)			( )
非支配株主持分					( )
負債・純資産合計	(72,000)	(24,100)			( )
損益計算書					連結損益計算書
売上高	(68,750)	(18,800)			( )
諸収益	(3,500)	(5,100)			( )
受取配当金	(280)	——			——
固定資産売却益		(100)			——
売上原価	55,000	15,980			
諸費用	13,900	6,820			
のれん償却					
当期純利益	(3,630)	(1,200)			( )
非支配株主に帰属する当期純利益					
親会社株主に帰属する当期純利益	(3,630)	(1,200)			( )

※ （　）は、貸方金額を表す。なお、修正・消去欄は記入しなくてよい。

問題番号 3-01

決算整理後残高試算表

決算整理後残高試算表　　(単位：円)

借方	勘定科目	貸方
	現金預金	
	受取手形	
	売掛金	
	売買目的有価証券	
	繰越商品	
	貸付金	
	建物	
	備品	
	土地	
	その他有価証券	
	支払手形	
	買掛金	
	借入金	
	未払利息	
	貸倒引当金	
	資本金	
	資本準備金	
	利益準備金	
	別途積立金	
	繰越利益剰余金	
	その他有価証券評価差額金	
	売上	
	受取利息	
	受取配当金	
	有価証券評価損益	
	仕入	
	給料	
	保険料	
	消耗品費	
	棚卸減耗損	
	商品評価損	
	研究開発費	
	貸倒引当金繰入	
	減価償却費	
	支払利息	

問題番号 3-02

損益計算書1

損益計算書

自×2年4月1日　至×3年3月31日　　(単位：円)

Ⅰ 売上高		10,273,600
Ⅱ 売上原価		
1 期首商品棚卸高	( )	
2 当期商品仕入高	( )	
合計	( )	
3 期末商品棚卸高	( )	
差引	( )	
4 棚卸減耗損	( )	
5 商品評価損	( )	( )
売上総利益		( )
Ⅲ 販売費及び一般管理費		
1 給料	1,096,480	
2 保険料	173,350	
3 支払家賃	( )	
4 貸倒引当金繰入	( )	
5 減価償却費	( )	
6 退職給付費用	( )	( )
営業利益		( )
Ⅳ 営業外収益		
1 受取地代		181,600
Ⅴ 営業外費用		
1 支払利息	( )	
2 手形売却損	( )	
3 ( )	( )	
4 有価証券評価損	( )	( )
経常利益		( )
Ⅵ 特別利益		
1 固定資産売却益		72,800
税引前当期純利益		( )
法人税、住民税及び事業税	( )	
法人税等調整額	( )	( )
当期純利益		( )

問題番号 3-03 損益計算書2

損益計算書

自×5年4月1日　至×6年3月31日　（単位：円）

Ⅰ 売上高		(　　　)
Ⅱ 売上原価		
1 期首商品棚卸高	(　　　)	
2 当期商品仕入高	(　　　)	
合計	(　　　)	
3 期末商品棚卸高	(　　　)	
差引	(　　　)	
4 商品評価損	(　　　)	(　　　)
売上総利益		(　　　)
Ⅲ 販売費及び一般管理費		
1 給料	41,000	
2 通信費	(　　　)	
3 支払家賃	56,000	
4 棚卸減耗損	(　　　)	
5 貸倒損失	(　　　)	
6 貸倒引当金繰入	(　　　)	
7 修繕引当金繰入	(　　　)	
8 減価償却費	(　　　)	
9 のれん償却	(　　　)	(　　　)
営業利益		(　　　)
Ⅳ 営業外収益		
1 受取配当金	5,500	
2 受取手数料	16,000	
3 (　　　)	(　　　)	(　　　)
Ⅴ 営業外費用		
1 雑損		(　　　)
経常利益		(　　　)
Ⅵ 特別利益		
1 固定資産売却益		4,000
税引前当期純利益		(　　　)
法人税、住民税及び事業税		(　　　)
当期純利益		(　　　)

問題番号 3-04

損益計算書3

損　益　計　算　書

自××年1月1日　至××年12月31日　（単位：円）

Ⅰ 売上高		（　　）
Ⅱ 売上原価		
1 期首商品棚卸高	（　　）	
2 当期商品仕入高	（　　）	
合計	（　　）	
3 期末商品棚卸高	（　　）	
差引	（　　）	
4 棚卸減耗損	（　　）	
5（　　）	（　　）	（　　）
（　　）		（　　）
Ⅲ 販売費及び一般管理費		
1 給料	670,000	
2 消耗品費	4,700	
3 支払地代	160,000	
4（　　）	（　　）	
5 減価償却費	（　　）	（　　）
（　　）		（　　）
Ⅳ 営業外収益		
1 有価証券利息	（　　）	
2 受取手数料	3,300	（　　）
Ⅴ 営業外費用		
1 支払利息	1,100	
2（　　）	（　　）	（　　）
経常利益		（　　）
Ⅵ 特別利益		
1 保険差益		800
税引前当期純利益		（　　）
法人税、住民税及び事業税	（　　）	
法人税等調整額	（　　）	（　　）
（　　）		（　　）

貸借対照表1

貸　借　対　照　表

x4年3月31日現在　　（単位：円）

資　産　の　部		
Ⅰ 流動資産		
現金預金		（　）
受取手形	（　）	
貸倒引当金	（　）	（　）
売掛金	（　）	
貸倒引当金	（　）	（　）
（　）		（　）
商品		（　）
前払費用		（　）
Ⅱ 固定資産		
建物	（　）	
減価償却累計額	（　）	（　）
車両運搬具	（　）	
減価償却累計額	（　）	（　）
土地		（　）
長期貸付金		（　）
（　）		（　）
資産合計		（　）
負　債　の　部		
Ⅰ 流動負債		
支払手形		（　）
買掛金		（　）
短期借入金		（　）
未払法人税等		（　）
負債合計		（　）
純　資　産　の　部		
Ⅰ 株主資本		
資本金		（　）
資本準備金		（　）
利益準備金		（　）
別途積立金		（　）
繰越利益剰余金		（　）
純資産合計		（　）
負債・純資産合計		（　）

3-06 貸借対照表2

貸借対照表

×6年3月31日現在　(単位：円)

資産の部			負債の部		
Ⅰ 流動資産			Ⅰ 流動負債		
1. 現金預金		( )	1. 支払手形		( )
2. 受取手形	( )		2. 買掛金		( )
貸倒引当金	( )	( )	3. 未払金		( )
3. 売掛金	( )		4. 未払法人税等		( )
貸倒引当金	( )	( )	流動負債合計		( )
4. 商品		( )	Ⅱ 固定負債		
5. 未収収益		( )	1. 長期借入金		( )
6. 前払費用		( )	2. 退職給付引当金		( )
流動資産合計		( )	固定負債合計		( )
Ⅱ 固定資産			負債合計		( )
1. 建物	( )		純資産の部		
減価償却累計額	( )	( )	Ⅰ 株主資本		
2. 備品	( )		1. 資本金		( )
減価償却累計額	( )	( )	2. 資本剰余金		
3. 車両運搬具	( )		(1) 資本準備金	( )	
減価償却累計額	( )	( )	資本剰余金合計		( )
4. 土地		( )	3. 利益剰余金		
5. 投資有価証券		( )	(1) 利益準備金	( )	
固定資産合計		( )	(2) その他利益剰余金		
			繰越利益剰余金	( )	
			利益剰余金合計		( )
			株主資本合計		( )
			純資産合計		( )
資産合計		( )	負債・純資産合計		( )

問題番号 4-01 仕訳問題：材料費会計

	借方		貸方	
	記号	金額	記号	金額
1	( )		( )	
	( )		( )	
2	( )		( )	
	( )		( )	
3	( )		( )	
	( )		( )	
4	( )		( )	
	( )		( )	
5	( )		( )	
	( )		( )	

問題番号 4-02 仕訳問題：労務費会計

	借方		貸方	
	記号	金額	記号	金額
1	( )		( )	
	( )		( )	
2	( )		( )	
	( )		( )	
3	( )		( )	
	( )		( )	
4	( )		( )	
	( )		( )	
5	( )		( )	
	( )		( )	

問題番号 4-03 仕訳問題：経費・製造間接費会計

	借方		貸方	
	記号	金額	記号	金額
1	(　　)		(　　)	
	(　　)		(　　)	
2	(　　)		(　　)	
	(　　)		(　　)	
3	(　　)		(　　)	
	(　　)		(　　)	
4	(　　)		(　　)	
	(　　)		(　　)	

問題番号 4-04 仕訳問題：標準原価計算

	借方		貸方	
	記号	金額	記号	金額
1	(　　)		(　　)	
	(　　)		(　　)	
2	(　　)		(　　)	
	(　　)		(　　)	
3	(　　)		(　　)	
	(　　)		(　　)	
4	(　　)		(　　)	
	(　　)		(　　)	
5	(　　)		(　　)	
	(　　)		(　　)	

4-05 仕訳問題：工場会計の独立

	借方		貸方	
	記号	金額	記号	金額
1	(　　)		(　　)	
	(　　)		(　　)	
2	(　　)		(　　)	
	(　　)		(　　)	
3	(　　)		(　　)	
	(　　)		(　　)	
4	(　　)		(　　)	
	(　　)		(　　)	

4-06 個別問題：部門別計算

問1　予定配賦率　　　　円／時間

問2

直接配賦法　　　実際部門別配賦表　　　(単位：円)

費目	金額	製造部門		補助部門	
		切削部	組立部	動力部	修繕部
部門費合計	1,253,000	605,000	378,000	180,000	90,000
動力部費					
修繕部費					
製造部門費					

問3　予算差異　　　　円（　　　）

操業度差異　　　　円（　　　）

問題番号 4-07 個別問題：財務諸表

製造原価報告書

(単位：円)

Ⅰ 直接材料費		( )
Ⅱ 直接労務費		( )
Ⅲ 製造間接費		
実際発生額	( )	
製造間接費差異	([ ])	( )
当月総製造費用		( )
月初仕掛品棚卸高		( )
合計		( )
月末仕掛品棚卸高		( )
当月製品製造原価		( )

損益計算書

(単位：円)

Ⅰ 売上高		4,500,000
Ⅱ 売上原価		
1. 月初製品棚卸高	( )	
2. 当月製品製造原価	( )	
合計	( )	
3. 月末製品棚卸高	( )	
差引	( )	
4. 原価差異	([ ])	( )
売上総利益		( )
Ⅲ 販売費及び一般管理費		
1. 販売費	400,000	
2. 一般管理費	300,000	700,000
営業利益		( )

(注) [ ] には、加算するなら「+」、減算するなら「−」の符号を記入しなさい。

4-08 個別問題：単純総合原価計算

総合原価計算表 (単位：円)

	直接材料費	加工費	合計
月初仕掛品原価	1,088,000	399,960	1,487,960
当月製造費用	2,700,000	3,534,300	6,234,300
合計	3,788,000	3,934,260	7,722,260
差引：月末仕掛品原価	(　)	(　)	(　)
完成品総合原価	(　)	(　)	(　)

4-09 個別問題：工程別総合原価計算

工程別総合原価計算表 (単位：円)

	第1工程			第2工程		
	原料費	加工費	合計	前工程費	加工費	合計
月初仕掛品原価	0	0	0	612,000	192,000	804,000
当月製造費用	3,600,000	1,980,000	5,580,000		3,000,000	
合計	3,600,000	1,980,000	5,580,000			
月末仕掛品原価						
完成品総合原価						

4-10 個別問題：組別総合原価計算

組別総合原価計算表 (単位：円)

	A 製品			B 製品		
	直接材料費	加工費	合計	直接材料費	加工費	合計
月初仕掛品原価	50,250	99,900	150,150	43,440	28,710	72,150
当月製造費用	645,000			570,000		
合計	695,250			613,440		
月末仕掛品原価						
完成品総合原価						

問題番号 4-11 個別問題：等級別総合原価計算

① 当月の完成品総合原価		円
② 当月の月末仕掛品原価		円
③ 等級製品甲の完成品単位原価		円／個
④ 等級製品乙の完成品単位原価		円／個

問題番号 5-01 標準原価計算1

問1	製品Xの原価標準		円
問2	完成品原価		円
	月末仕掛品原価		円
問3	標準消費量		kg
問4	標準直接作業時間		時間

問題番号 5-02 標準原価計算2

問1	直接材料費差異		円（不利差異・有利差異）
問2	価格差異		円（不利差異・有利差異）
	数量差異		円（不利差異・有利差異）
問3	直接労務費差異		円（不利差異・有利差異）
問4	賃率差異		円（不利差異・有利差異）
	時間差異		円（不利差異・有利差異）

5-03 標準原価計算3

問1	直接材料費差異		円（借方差異・貸方差異）
	直接労務費差異		円（借方差異・貸方差異）
	製造間接費差異		円（借方差異・貸方差異）
問2	予算差異		円（借方差異・貸方差異）
	能率差異		円（借方差異・貸方差異）
	操業度差異		円（借方差異・貸方差異）

5-04 標準原価計算4

問1	予算売上高		円
	実際売上高		円
問2	売上高差異		円（有利差異・不利差異）
	販売価格差異		円（有利差異・不利差異）
	販売数量差異		円（有利差異・不利差異）
問3	予算差異		円（有利差異・不利差異）
	能率差異		円（有利差異・不利差異）
	操業度差異		円（有利差異・不利差異）

問題番号 5-05

CVP分析1

問1	貢献利益	円／個	貢献利益率	%
問2	販 売 量	個	売　上　高	円
問3	販 売 量	個	売　上　高	円

問題番号 5-06

CVP分析2

問1

直接原価計算方式の損益計算書　　（単位：円）

売　上　高	
変動売上原価	
変動製造マージン	
変動販売費	
貢 献 利 益	
固定費：製造原価	
：販売費および一般管理費	
営 業 利 益	

問2　　　　円

問3　　　　円

5-07 直接原価計算1

損益計算書　（単位：円）

売上高	4,500,000
変動費	
貢献利益	
固定費	
営業利益	

5-08 直接原価計算2

損益計算書（全部原価計算方式）　（単位：円）

売上高	(　　)
売上原価	(　　)
売上総利益	(　　)
販売費・一般管理費	(　　)
営業利益	(　　)

損益計算書（直接原価計算方式）　（単位：円）

売上高	(　　)
変動売上原価	(　　)
変動製造マージン	(　　)
変動販売費	(　　)
貢献利益	(　　)
固定費	(　　)
営業利益	(　　)

総合問題①

第１問（20点）

	借方		貸方	
	記号	金額	記号	金額
1	(　　)		(　　)	
	(　　)		(　　)	
	(　　)		(　　)	
	(　　)		(　　)	
	(　　)		(　　)	
2	(　　)		(　　)	
	(　　)		(　　)	
	(　　)		(　　)	
	(　　)		(　　)	
	(　　)		(　　)	
3	(　　)		(　　)	
	(　　)		(　　)	
	(　　)		(　　)	
	(　　)		(　　)	
	(　　)		(　　)	
4	(　　)		(　　)	
	(　　)		(　　)	
	(　　)		(　　)	
	(　　)		(　　)	
	(　　)		(　　)	
5	(　　)		(　　)	
	(　　)		(　　)	
	(　　)		(　　)	
	(　　)		(　　)	
	(　　)		(　　)	

第2問（20点）

株主資本等変動計算書

自x5年4月1日　至x6年3月31日　（単位：千円）

	株主資本		
	資本金	資本剰余金	
		資本準備金	その他資本剰余金
当期首残高	(　　)	(　　)	(　　)
当期変動額			
新株の発行	(　　)	(　　)	
剰余金の配当		(　　)	(　　)
別途積立金の積立て			
吸収合併	(　　)		(　　)
当期純利益			
当期変動額合計	(　　)	(　　)	(　　)
当期末残高	(　　)	(　　)	(　　)

（下段へ続く）

（上段より続く）

	株主資本			
	利益剰余金			株主資本合計
	利益準備金	その他利益剰余金		
		別途積立金	繰越利益剰余金	
当期首残高	(　　)	(　　)	(　　)	(　　)
当期変動額				
新株の発行				(　　)
剰余金の配当	(　　)		(　　)	(　　)
別途積立金の積立て		(　　)	(　　)	―
吸収合併				(　　)
当期純利益			(　　)	(　　)
当期変動額合計	(　　)	(　　)	(　　)	(　　)
当期末残高	(　　)	(　　)	(　　)	(　　)

第3問（20点）

損益計算書

自x7年4月1日　至x8年3月31日　　　（単位：円）

Ⅰ 売上高		(　)
Ⅱ 売上原価		
1 期首商品棚卸高	(　)	
2 当期商品仕入高	(　)	
合計	(　)	
3 期末商品棚卸高	(　)	
差引	(　)	
4 (　)	(　)	(　)
売上総利益		(　)
Ⅲ 販売費及び一般管理費		
1 給料	5,200,800	
2 水道光熱費	1,225,400	
3 租税公課	363,000	
4 雑費	108,640	
5 棚卸減耗損	(　)	
6 貸倒引当金繰入	(　)	
7 減価償却費	(　)	
8 ソフトウェア償却	(　)	
9 退職給付費用	(　)	(　)
営業利益		(　)
Ⅳ 営業外収益		
1 有価証券利息	(　)	
2 (　)	(　)	(　)
Ⅴ 営業外費用		
1 (　)		(　)
税引前当期純利益		(　)
法人税、住民税及び事業税	(　)	
法人税等調整額	(　)	(　)
(　)		(　)

第4問（28点）

(1)

	借方		貸方	
	記号	金額	記号	金額
1	(　　)		(　　)	
	(　　)		(　　)	
2	(　　)		(　　)	
	(　　)		(　　)	
3	(　　)		(　　)	
	(　　)		(　　)	

(2)

製造原価報告書　（単位：千円）

Ⅰ	直接材料費		(　　)
Ⅱ	直接労務費		(　　)
Ⅲ	製造間接費		
	実際発生額	(　　)	
	製造間接費差異	(　　)	(　　)
	当月総製造費用		(　　)
	月初仕掛品棚卸高		(　　)
	合計		(　　)
	月末仕掛品棚卸高		(　　)
	当月製品製造原価		(　　)

損益計算書　（単位：千円）

Ⅰ	売上高		20,000
Ⅱ	売上原価		
1.	月初製品棚卸高	(　　)	
2.	当月製品製造原価	(　　)	
	合計	(　　)	
3.	月末製品棚卸高	(　　)	
	差引	(　　)	
4.	原価差異	(　　)	(　　)
	売上総利益		(　　)

第5問（12点）

問1	製品甲　標準直接材料費		円	
	製品乙　標準直接材料費		円	
	製品丙　標準直接材料費		円	
問2	消費価格差異		円	（　　）
	消費量差異		円	（　　）
問3	直接労務費差異		円	（　　）

総合問題②

第１問（20点）

	借方		貸方	
	記号	金額	記号	金額
1	(　　)		(　　)	
	(　　)		(　　)	
	(　　)		(　　)	
	(　　)		(　　)	
	(　　)		(　　)	
2	(　　)		(　　)	
	(　　)		(　　)	
	(　　)		(　　)	
	(　　)		(　　)	
	(　　)		(　　)	
3	(　　)		(　　)	
	(　　)		(　　)	
	(　　)		(　　)	
	(　　)		(　　)	
	(　　)		(　　)	
4	(　　)		(　　)	
	(　　)		(　　)	
	(　　)		(　　)	
	(　　)		(　　)	
	(　　)		(　　)	
5	(　　)		(　　)	
	(　　)		(　　)	
	(　　)		(　　)	
	(　　)		(　　)	
	(　　)		(　　)	

第2問（20点）

連結精算表　(単位：千円)

科目	個別財務諸表（x5年3月31日）		修正・消去		連結財務諸表
	P社	S社	借方	貸方	
貸借対照表					
諸資産	165,000	65,000			
売掛金	90,000	40,000			
商品	48,000	35,000			
未収入金	32,000	5,000			
土地	250,000	50,000			
のれん					
子会社株式	80,000				
資産合計	665,000	195,000			
諸負債	85,000	30,000			
買掛金	70,000	50,000			
未払金	50,000	15,000			
資本金	290,000	50,000			
資本剰余金	50,000	10,000			
利益剰余金	120,000	40,000			
非支配株主持分					
負債・純資産合計	665,000	195,000			
損益計算書					
売上高	625,000	430,000			
売上原価	480,000	310,000			
のれん償却					
土地売却益	2,000				
その他諸費用	112,000	110,000			
当期純利益	35,000	10,000			
非支配株主に帰属する当期純利益					
親会社株主に帰属する当期純利益	35,000	10,000			

第3問（20点）

損益計算書

自20x1年4月1日　至20x2年3月31日　（単位：円）

Ⅰ 売上高		(　)
Ⅱ 売上原価		
1 期首商品棚卸高	(　)	
2 当期商品仕入高	(　)	
合計	(　)	
3 期末商品棚卸高	(　)	
差引	(　)	
4 棚卸減耗損	(　)	
5 商品評価損	(　)	(　)
売上総利益		(　)
Ⅲ 販売費及び一般管理費		
1 給料	1,556,000	
2 保険料	177,000	
3 支払家賃	(　)	
4 減価償却費	(　)	
5 貸倒引当金繰入	(　)	
6 退職給付費用	(　)	(　)
営業利益		(　)
Ⅳ 営業外収益		
1 (　)		(　)
Ⅴ 営業外費用		
1 支払利息	(　)	
2 (　)	(　)	
3 棚卸減耗損	(　)	(　)
税引前当期純利益		(　)
法人税、住民税及び事業税	(　)	
法人税等調整額	(　)	(　)
当期純利益		(　)

第4問（28点）

(1)

	借方		貸方	
	記号	金額	記号	金額
1	(　　　)		(　　　)	
	(　　　)		(　　　)	
2	(　　　)		(　　　)	
	(　　　)		(　　　)	
3	(　　　)		(　　　)	
	(　　　)		(　　　)	

(2)

総合原価計算表　　（単位：円）

	原料費	加工費	合計
月初仕掛品原価	1,540,000	790,000	2,330,000
当月製造費用	26,050,000	33,370,000	59,420,000
合計	27,590,000	34,160,000	61,750,000
差引：月末仕掛品原価	(　　　)	(　　　)	(　　　)
完成品総合原価	(　　　)	(　　　)	(　　　)

第5問（12点）

問1 ［　　　　］%

問2 ［　　　　］円

問3 ［　　　　］円

問4 ［　　　　］円

MEMO

MEMO